LEONARDO GONTIJO

"NÃO IMPORTA A PERGUNTA, A RESPOSTA É O AMOR"

Presidente:
Mauricio Sita

Capa:
Carolina Mota e Desenho Editorial

Diagramação:
Candido Ferreira Jr.

Edição de texto:
Mirtes Helena Scalioni

Revisão:
Samuri José Prezzi

Gerente de Projeto:
Gleide Santos

Diretora de Operações:
Alessandra Ksenhuck

Diretora Executiva:
Julyana Rosa

Relacionamento com o cliente:
Claudia Pires

Impressão:
Imprensa da Fé

Dados Internacionais de Catalogação na Publicação (CIP)
(Câmara Brasileira do Livro, SP, Brasil)

Gontijo, Leonardo
Não importa a pergunta, a resposta é o amor /
Leonardo Gontijo. -- São Paulo : Editora Ser Mais, 2015.

ISBN 978-85-63178-85-5

1. Autoajuda 2. Famílias - História 3. Gomes,
Eduardo Gontijo Vieira 4. Histórias de vida
5. Motivação 6. Projeto Mano Down 7. Síndrome de
Down - Relações familiares 8. Superação I. Título.

15-07589 CDD-616.858842

Índices para catálogo sistemático:

1. Pessoas com Down: Biografia
616.858842

Editora Ser Mais Ltda.
Rua Antônio Augusto Covello, 472 – Vila Mariana – São Paulo, SP – CEP 01550-060
Fone/fax: (0**11) 2659-0968
www.editorasermais.com.br

NOTA DO AUTOR:

Este livro é fruto de um relacionamento entre irmãos, sendo que um deles nasceu com síndrome de Down, daqui para a frente abreviado como pessoa com Down ou pessoa com deficiência - PCD. Ter na família alguém assim é uma experiência que nos dá uma melhor compreensão do mundo.

agradecimentos

Devo muito a muita gente. Em especial, a todos os integrantes direta e indiretamente do Instituto Mano Down. Gostaria de registrar um agradecimento especial a duas mulheres de fibra que contribuíram de maneira inestimável para a confecção deste livro: Mirtes Helena Scalioni e Carolina Mota, por todo apoio e dedicação.

Agradeço com carinho a todos que participaram efetivamente do livro, com seus depoimentos sobre a convivência com o Dudu.

Às minhas filhas Eduarda e Laura que sempre me inspiram e me fazem acreditar num mundo menos preconceituoso e mais humano.

Aos meus pais e a todos os familiares e amigos (presenciais e virtuais) que contribuíram para a formação do Eduardo Gontijo.

A todas as pessoas com Down com as quais já tive contato e que me ensinam a viver. Eu tenho um sonho. O sonho de ver as pessoas com Down serem vistas por suas habilidades e não pelo número de cromossomos. Obrigado por me fazerem respirar.

E a todos que lutam contra o preconceito e que constroem com atitudes e ações, uma sociedade mais diversa e igualitária.

apresentação

Não queremos ser exemplo de nada, muito menos solucionar problemas de famílias semelhantes a nossa. Ao contrário, o que queremos é apenas oferecer nossa experiência de vida para afirmar que vale a pena lutar, acreditar e trabalhar pelas pessoas com Síndrome de Down. Não sou especialista no tema. Sou especialista na convivência com um irmão com SD, sou especialista em Dudu. E o que o Eduardo deseja e precisa não é de piedade e sim de respeito, que todos o tratem como gostariam de ser tratados.

É notória a falta de literatura relacionada ao tema "Irmãos de pessoas com Síndrome de Down". Andei recebendo questionamentos sobre o assunto e sempre ressalto que o que tenho é apenas a experiência de conviver com meu irmão. Sugiro sempre aos pais e parentes de pessoas com a síndrome que conversem sobre o assunto com elas. O silêncio e a falta de respostas às perguntas e questionamentos jamais formulados não levam ao crescimento. Pelo contrário, escondem situações que, muitas vezes, podem prejudicar o entendimento e o desenvolvimento de quem tem uma deficiência intelectual.

O essencial é o incentivo a uma comunicação aberta, de forma a eliminar receios e esclarecer concepções muitas vezes errôneas sobre o assunto. Não há como negar que, em geral, os irmãos das pessoas com SD experimentam uma grande variedade de sentimentos. Nesse contexto, só o diálogo e a orientação permitem desenvolver o reconhecimento e a compreensão de tais atitudes. A consequência da falta de esclarecimento e de informação é, certamente, a ansiedade e o sofrimento de pais, irmãos e filhos.

Muitas vezes, o percurso do entendimento dos irmãos é uma trajetória solitária, já que o cotidiano familiar e social centra suas atenções na pessoa com Down, não oportunizando um olhar cuidadoso para os demais irmãos. Qualquer mudança em um integrante da família afeta todos os demais, dependendo do estado psicológico daquele grupo. Mas se abrirmos nossos horizontes e quebrarmos tabus, abre-se a possibilidade de ampliar vínculos de amor, solidariedade e companheirismo.

A convivência estreita com pessoas com Síndrome de Down é, com certeza, uma fonte inesgotável e constante de aprendizado. É preciso ficar atento e aprender conjuntamente. Somente a informação séria, o diálogo e a transparência conseguem reverter mitos e tabus que rondam o imaginário de quem não tem a experiência de conviver com pessoas com qualquer deficiência.

Neste momento, vale a reflexão: diversidade é o conjunto de diferenças e semelhanças que nos caracterizam, não apenas de diferenças. Diversos não são os outros que estão em situação de vulnerabilidade, desvantagem ou exclusão. Esta maneira de encarar a diversidade como uma característica de todos nós, e não de alguns, faz toda a diferença quando trabalhamos o tema. Não se trata de incluir os que ficaram do lado de fora porque eles são diversos. Eles ficaram de fora porque estamos cometendo injustiças.

Nas rodas de amigos, navegando na web e em artigos que leio, notei que muitos confundem preconceito com discriminação. Isso acontece porque o preconceito vem, muitas vezes, carregado de discriminação, pois, por meio dele, a pessoa vai moldar seu comportamento diante do outro. Mas preconceito, de acordo com o dicionário Aurélio, deriva de "pré" + "conceito" e significa "conceito ou opinião formados antecipadamente, sem maior ponderação ou conhecimento dos fatos; ideia preconcebida". Preconcebida, por sua vez, quer dizer "concebido ou planejado sem maior reflexão".

Já discriminação refere-se ao ato ou efeito de discriminar – diferençar, distinguir, separar, apartar. Daí, podemos tirar nossas conclusões. Quase todas as pessoas têm conceitos preconcebidos. O que temos que evitar é, sem questionar nossos preconceitos, agir de forma discriminatória. Resumindo, preconceito é a ideia. Discriminação é a ideia colocada em "prática". Querem um exemplo? Você pode não gostar de homossexuais - esse é um preconceito. Mas a partir do momento que você passa a insultá-los ou agredi-los, ocorre a discriminação.

Neste trabalho, abro espaço para as histórias do meu irmão Eduardo Gontijo Vieira Gomes a partir dos seus 21 anos. Caçula de uma família que já tinha três filhos, ele chegou para agregar. Se no nosso primeiro livro, "Mano Down: relatos de um irmão apaixonado", falo sobre a sua chegada e seus primeiros passos rumo ao desenvolvimento, neste "Não importa a pergunta, a resposta é amor (Mano Down: mais relatos de um irmão apaixonado) conto como o Dudu criou comigo o Projeto Mano Down, falo da nossa incansável maratona de palestras Brasil afora, do seu inquestionável aprimoramento musical, que o transformou no Dudu do Cavaco, e da nossa eterna luta para que o amor supere a exclusão.

O que torna as pessoas especiais?

Marina Lima

Estava pronta pra dormir, quando fui tomada por esta pergunta.
Pergunta que poucos se fazem.
Pergunta que deveria ser obrigatória para todos nós, todos os dias.
Ao menos a pergunta.
A resposta não é tão importante quanto a pergunta.

A pergunta nos faz lembrar que ninguém é mais do que ninguém.

Ela nos faz suavizar o olhar.

Isso significa respeito, cuidado, carinho.

Significa olhar sempre na mesma altura, nem de cima, nem de baixo.

Quando suavizamos o olhar, retiramos todos os excessos, todo o supérfluo.

Quando suavizamos o olhar, somos mais, bem mais humanos.

Somos especiais quando nos damos as mãos, nos ajudamos e nos respeitamos.

Quando, não podendo fazer nada, abraçamos e escutamos em silêncio a dor do outro. Quando vibramos junto.

Quando temos a coragem e nos permitir conhecer o diferente, o novo, o além das aparências.

Quando nós realmente vamos além.

(uma pausa)

Existem várias maneiras de sermos especiais.
Várias maneiras de sermos especiais.

(outra pausa)

E...
Se temos tantas chances de sermos especiais,
por que, tantas vezes, não somos?

prefácio

Escrever um prefácio de um livro é uma atitude e uma tarefa que me causa uma alegria sem tamanho! Trata-se de conhecer uma obra em sua versão primeira, cheia de sonhos, antes de ser mostrada ao mundo. Geralmente sou convidado a escrever apresentações e prefácios a trabalhos realizados por pessoas próximas a mim, à minha linha de pesquisa, aos meus estudos, ao meu universo acadêmico. Fico sempre muito feliz com a distinção que me conferem, sinto-me honrado em poder proceder assim e lograr participar desse singular momento de produção, de socialização de um texto, de uma obra, que sempre é a realização de um sonho, de uma intencionalidade afetiva - o que é de fato o substrato de todo escritor -, bem como de toda obra escrita. Escrever é entregar-se ao mundo, é revelar-se às pessoas, à sociedade, é deixar uma trilha de pistas sobre o que se ama, sobre o que você pensa e acredita, sobre a vida, a história, o mundo, a arte, enfim, o amor, o sofrimento, a cultura, entre tantas outras dimensões. Sempre considero corajoso quem escreve e quem entrega o que escreve ao conjunto da sociedade, numa obra sempre reveladora de seu autor, ou de seus autores ou protagonistas, de seus passos e descompassos, de suas intenções e propósitos.

Recebi o convite de Leonardo Gontijo para prefaciar o seu lindo e amoroso livro, aqui destacado, sobre a trajetória dele e de seu irmão Dudu do Cavaco, que é o nome artístico de Eduardo Gontijo, hoje com 24 anos, que brilha em tantos e diversos lugares deste nosso imenso Brasil, seja com sua música, com sua alegria, seja ainda mais com sua presença marcante, iluminada por sua alegria plena e dadivosa, e por sua inalienável e impressionante originalidade e identidade na expressão inovadora da condição ontológica de ser uma pessoa, linda e única, com Síndrome de Down. Eduardo ou Dudu reinventa a identidade social e cultural da pessoa com Síndrome de Down.

Fui lendo os relatos e apreciando as fotos, os liames poéticos e as interpretações que Leonardo Gontijo faz dessa vida "madura e adulta" de seu irmão Eduardo. Se o primeiro livro escrito por Leonardo, um sucesso esplendoroso, retratava a infância e a aprendizagem da convivência entre irmãos, este segundo livro completa a narração, com a histórica análise e o generoso registro de Leonardo dos passos e descobertas novas de seu irmão-artista, seja pelos espaços públicos e particulares, por universidades e estádios, escolas e praças públicas, ou ainda por hospitais e meios de comunicação de massa, todos admirados da originalidade, vitalidade, ternura e esperança que brotam dos dedos de Dudu do Cavaco, que jorram de seus olhos, de seu sorriso franco e de sua alma vibrante, integrada à sua inteligência e sensibilidade singulares. Não me contive, em muitos lugares e trechos, descritos e narrados, emocionei-me, noutros fiquei encantado e enaltecido, com a perene e perseverante linha que Leonardo empreendeu no texto como um todo, a alinhavar as palavras e episódios com o tear do amor e da dedicação por seu irmão. Esta é a urdidura estrutural do livro: o amor de Leonardo Gontijo por seu irmão, por seu crescimento, sua autonomia, suas descobertas, seus amores, suas conquistas e sua originalidade. O amor é que narra tudo, sem medos e sem falsidades, na brilhante carreira recente, social, musical e cultural, empreendida por Dudu em todos os universos já indicados.

Ao mesmo tempo, o testemunho de Leonardo Gontijo sobre a vida exuberante de Eduardo ou Dudu do Cavaco é uma prova cabal da potencialidade, da riqueza e da extraordinária condição das pessoas com Síndrome de Down. Suas conquistas e suas ações demonstram a beleza da diversidade humana e a profunda superação que temos que produzir em nossa cultura e sociedade para erradicar o preconceito e a discriminação, de toda sorte! O autor demonstra, pelos relatos e pelas expressões de seu irmão, amiúde guardadas e registradas, como o Mano Down, o Dudu do Cavaco, assim como todas as crianças com Síndrome de Down, são plenamente capazes, sensíveis, criativas, amorosas. A diferença ou a especialidade da Síndrome de Down é hoje a marca da diversidade e da beleza e não mais o estigma do preconceito e da exclusão.

Não é um livro acadêmico, no estrito sentido da palavra, e não é igualmente um livro de ufanismos, somente! É um texto cheio de esperanças, de posições reflexivas, de opiniões ponderadas, de conceitos e impressões destacadas por Leonardo na condução e na comunhão diária com seu irmão, sua carreira, suas lutas e suas infinitas realizações. Leonardo expõe suas ideias, revela suas crenças e expressa suas esperanças. Dudu está presente na cidadania política, no universo cultural, junto aos artistas, educadores, crianças, junto a outras pessoas com Síndrome de Down, Dudu está na vida, no mundo, na praça, na alegria de viver! Esta é para mim a maior lição desse texto: um hino de afirmação do amor, um libelo pela capacidade de todos em superar-se sempre!

Eu recomendo a todos os pais, educadores, gestores, professores, estudantes, pesquisadores, enfim, a todas as pessoas que sabem nutrir esperanças de amor. A condição humana é sempre surpreendente e inovadora. Cada pessoa marca a história de nossa marcha histórica e cultural, e abre horizontes infindáveis de possibilidades e de originais emancipações. Dudu é um desses esticadores de horizontes, com seu irmão Leonardo Gontijo, que apontam juntos na direção de um mundo superando as dominações, protagonizado por novos sujeitos sociais e marcado por práticas de acolhimento e de humanização, universais e singulares.

Este livro é um convite. A reafirmar a fé na vida, na condição humana, na marcha libertadora da sociedade civil e da cultura brasileira recente. A sua leitura transforma a nossa alma, muda nossos olhares sobre a pessoa com Síndrome de Down, altera nossos rótulos esmaecidos pelo tempo. Do cavaco de Dudu, das palavras e orações de Leonardo se ergue um monumento de amor ao mundo, ao bem, ao irmão, à grandeza da existência de cada pessoa neste mundo. Estou muito realizado e feliz por fazer esse prefácio: quem quiser amar, que siga as páginas, os capítulos e as palavras que se seguem. Valerá mais que a pena, valerá o testemunho da verdade, de que o amor cura, de que a palavra orienta, de que a vida é muito mais do que sabemos ou pensamos sobre ela!

Campinas, outono de 2015

Professor Doutor César Nunes
Professor Titular de Filosofia e Educação da UNICAMP.
Endereço: (cnunes@unicamp.br)

sumário

capítulo 1
TEMPO DE COLHER

*"Afagar a terra/ Conhecer os desejos da terra/
Cio da terra, propícia estação/ E fecundar o chão"*

("O Cio da Terra", de Chico Buarque e Milton Nascimento)

Uma noite memorável! Foi com essa sensação que saí da Casa Una de Cultura no dia 19 de setembro de 2011, quando comemoramos o 21° aniversário de Eduardo Gontijo Vieira Gomes, meu querido irmão Dudu, e lançamos o livro "Mano Down: relatos de um irmão apaixonado". Com certeza, o evento foi o marco de uma nova etapa em nossas vidas e em nosso relacionamento. Surgia ali a semente do Projeto Mano Down que, a partir daí, vem crescendo e se desenvolvendo com todos os erros e acertos peculiares aos programas que são pioneiros e buscam novos rumos. É esse o nosso caso, pois estamos em busca de caminhos inclusivos e começamos cheios de esperança. Até porque, faço questão de frisar, esta é uma jornada de amor.

Na noite do lançamento, Dudu pôde sentir a relevância do momento. Mesmo sem falar abertamente, percebi isso em seu olhar de felicidade e de esperança diante da possibilidade de sonhar e de ser o protagonista de sua própria vida. Recebemos mais de 300 convidados, que nos brindaram, a mim e ao meu irmão, com boas conversas, flores, incentivo e carinho. Foi emocionante vê-lo cercado por todos. Claro que ele tocou cavaquinho, se emocionou, chorou, circulou, travou, destravou, dançou, deu autógrafos e, como ele mesmo disse, se esbaldou.

Noite do lançamento do Livro: família reunida

Cheguei em casa realizado e, como sou muito emotivo, chorei bastante. Um choro que até hoje não sei explicar, porque era um misto de alívio, de sensação do dever cumprido e de expectativa. Novos rumos se abririam em nossas vidas.

Passada a emoção do lançamento, começamos a planejar a concretização do Projeto Mano Down. Definimos produtos, objetivos e ações. Começamos com a criação do blog/site www.manodown.com.br no qual, diariamente desde então, inserimos fatos da vida do Dudu, reportagens sobre a Síndrome de Down e reflexões sobre a vida. Por mais que pareça e seja trabalhoso, alimentar o site todos os dias é uma tarefa sublime para mim. É o momento em que me dedico a um *hobby* que ficou sério. Em pouco tempo, três anos, foram mais de 100 mil acessos, mil posts,

Dudu do Cavaco sendo entrevistado

550 comentários, 200 vídeos e discussões. Isso nos fortalece na busca de nosso sonho e na organização do material para futuros trabalhos. Com o uso mais efetivo do Facebook, criamos uma página no portal, que também alimenta nosso site. A ideia é que o Dudu também alimente o blog. Essa, aliás, é uma das nossas metas. E vamos atingi-la.

Para o lançamento, conseguimos mobilizar a sociedade mineira. Convidamos personalidades, atletas e jornalistas, que abriram espaço para o tema. Tudo começou com uma visita à Toca da Raposa, centro de treinamento do Cruzeiro Esporte Clube. Fomos até lá para convidar o jogador Montillo para o lançamento, uma vez que seu filho Santino também tem Síndrome de Down. Por sorte, as redes de TV Globo e SBT se interessaram pelo assunto, quiseram saber mais sobre o Dudu do Cavaco, sobre o livro e divulgaram o evento.

A noite do lançamento foi um momento mágico, porque foi cercada de muitas boas energias. Isso nos fortaleceu e nos deu combustível para transformar um singelo livro em um projeto de vida e, por meio dele, falar de amor e, de alguma forma, contribuir com a humanidade.

Após o evento, conversei muito com o Dudu sobre seus sonhos, vontades, necessidades, dificuldades e expectativas. Traçamos um planejamento para avançar no processo de autonomia do meu irmão, pois acreditamos ser a independência financeira a base de tudo.

Nós dois no dia do lançamento

Começamos formatando alguns produtos para serem comercializados, uma vez que, antes do livro, a maioria das atividades dele era gratuita. Pensamos muito e chegamos à conclusão de que não somos coitados. O Eduardo tem seus talentos e isso pode e deve ser reconhecido, inclusive financeiramente. Obviamente que fazemos vários eventos e palestras voluntárias, pois o foco não é ficarmos ricos e sim ajudar mais pessoas. De toda forma, o dinheiro é muito importante, principalmente para investirmos na carreira e na autonomia do Dudu.

Meus pais ficaram muito felizes com a repercussão do lançamento do livro e puderam sentir a força e o potencial do filho. Conversei muito com eles sobre o futuro do Eduardo, sobre o que estávamos pensando e o que pretendíamos fazer. Na verdade, o lançamento do "Mano Down – relatos de um irmão apaixonado" me permitiu e me ajudou a falar abertamente sobre isso. A partir daí, me empenhei em pesquisas, estudos e trocas de ideias e experiências sobre o assunto e tive a confirmação de que o diálogo é a melhor forma de pavimentar esse caminho. Dizer simplesmente "eu sei o que é melhor para você" ou "um dia você irá entender" não levam a nada.

Pouco tempo antes do lançamento do livro, eu havia participado de um seminário sobre Tecnologias Ambientais no Centro Universitário UNA, coordenado pela professora Fernanda Wasner. E lá ouvi uma expressão bem interessante que me levou a pensar mais. Na abertura do evento, ela disse, de forma notável, que "a maior de todas as tecnologias é a humana". Vale ressaltar que o meu irmão Eduardo abriu o evento tocando seu inseparável cavaco.

Mas ao escutar a fala da professora, refleti sobre o quanto ainda deixamos de dar prioridade ao humano. Fascinados pelas novidades da informática, dos telefones e das mídias, e buscando estar constantemente atualizados, muitas vezes deixamos de usufruir e de nos aprimorar na tecnologia humana. Passei a questionar: por quê? Será pelo fato de não existir um manual para lidar com o ser humano? Estaríamos preparados para aprender com a maior de todas as tecnologias? Estaríamos menosprezando nossa infinita capacidade? Ou será que preferimos nos apegar às nossas limitações?

Claro que não tenho as respostas e nem a pretensão de obtê-las rapidamente. Penso somente que devemos nos capacitar cada vez mais para o uso dessa valiosa tecnologia humana que, apesar de não vir com manuais nem possuir sites explicativos, tem a vantagem de poder ser aprimorada no dia a dia da convivência. Penso que devemos sim aproveitar nossa potencialidade, cada um na sua área de atuação, e continuar desenvolvendo equipamentos, sistemas e técnicas que possam levar todos os seres humanos a se manifestarem melhor e também a atingirem seus anseios. Mas, ressalte-se: para toda a humanidade e não apenas para um grupo seleto, eleito.

Para mim, a humanidade não deve pensar no desenvolvimento tecnológico como seu objetivo final, pois a tecnologia alcançada deve servir de subsídio para que o ser humano cresça e evolua. E quando o ser humano descobrir seu objetivo grandioso, que pode até ser ajudar outros seres humanos que ainda não se reconheceram, aí sim a tecnologia também estará em sintonia com esse objetivo, que é, em última análise, servir ao ser humano.

Por isso, pode-se perceber que a maior conquista não está na tecnologia, mas sim no reconhecer-se como humano e saber aplicar todo o conhecimento adquirido para o bem da humanidade. Concordo com o Papa Bento XVI quando ele diz que "mesmo em uma era amplamente dominada e por vezes condicionada pelas novas tecnologias, o valor do testemunho pessoal continua a ser essencial". Nesse raciocínio, após o seminário pude concluir que ainda estou longe de dominar a mais moderna de todas as tecnologias: a humana.

Forte e sustentável

A marca Mano Down foi projetada com o intuito de passar a ideia de união, irmandade, superação e alegria. A flor transmite uma suavidade e, com o jogo de cores, forma um bonequinho, o Mano Down. Várias cores também representam a diversidade e as diferenças que, unidas, formam o ponto central, o miolo da flor. O boneco, por sua vez, passa a ideia de movimento, dando dinamismo à logo. A tipografia usada é arredondada, mas ao mesmo tempo tem a cor marrom, forte. É isso que o Projeto Mano Down quer ser: forte e sustentável. A superação está nas cores, que vão passando do vermelho ao amarelo mais suave, mais alegre. Enfim, é a marca que traduz o respeito às diferenças, a superação, a alegria, o amor. Foi feita pela publicitária Carolina Mota, minha mulher. Tudo em família. O slogan do Projeto Mano Down é "Respeite as diferenças fazendo a diferença".

A ideia primordial do Projeto Mano Down é criar oportunidades de maior autonomia para o Dudu, para que ele possa exercer um controle cada vez maior sobre sua vida, além de demonstrar todo seu talento artístico e capacidade. Aos poucos, porém, o programa foi se tornando mais amplo, abrangendo não só a vida do Dudu, mas de várias pessoas com deficiência, o que vem sendo ótimo.

Marca do Projeto Mano Down

Sabemos todos que a invisibilidade social imprime um tipo de sofrimento que fere o cerne da dignidade humana. Mesmo que muitas pessoas com deficiência já participem do mercado de trabalho ou possuam uma vida ativa em outras áreas sociais, pensamos que uma parte da existência deles clama por um lugar de maior expressão e participação. Queremos minimizar essa invisibilidade social para que as pessoas com Down e outros deficientes tenham liberdade para dirigir a própria vida, mesmo que, para isso, seja necessário suporte de amigos, familiares e de outras pessoas do meio social para que eles possam fazer suas próprias escolhas e projetos de vida. Queremos que Dudu e outras pessoas com Down sejam reconhecidos e possam exercer uma profissão com dignidade.

Indiretamente, queremos demonstrar que a inclusão só vai acontecer de fato quando aceitarmos as diferenças inerentes aos seres humanos de forma igualitária. Esperamos com esta iniciativa, tangencialmente, abrir espaços para outras famílias. E que pessoas com deficiência mostrem suas habilidades e talentos muitas vezes escondidos ou com pouco espaço para expressão social.

Após a criação do Mano Down, as adesões e repercussões ficaram mais evidentes. Iracema Machado, parceira do projeto, nos escreveu:

"Sou mãe de dois lindos meninos: Iuri, nascido no dia 16 de maio de 2003 com Síndrome de Down, e Bernardo, que é de 11 de maio de 2006. Costumo dizer que meu mundo mudou duas vezes nestes últimos anos. A primeira vez, quando chegou Iuri, tão especial quanto teria de ser meu filho. Nunca havia conhecido alguém com SD, por isso não fazia diferença em minha vida. Iuri nasceu de sete meses e foi logo para a incubadora do Hospital das Clínicas. Fiquei uma semana namorando meu filho com o olhar que passava por um acrílico transparente e bem limpo da UTI pediátrica.

Exatos sete dias depois, nos reuniram, a mim e ao papai do Iuri, em uma saleta fria e me disseram que meu filho tinha SD. Fiquei estática e, por 10 segundos, me senti 'falha' em algum momento da gestação. Mas, passado esse tempinho, me restabeleci e foi quando senti que meu mundo se transformaria pela primeira vez.

E mudou mesmo. Passei a procurar saber o que era a Síndrome de Down e o que eu poderia fazer para dar uma melhor qualidade de vida para o meu filho. E descobri que o mundo era realmente complexo, pois as pessoas eram mais que sempre diferentes umas das outras.

Segui o fluxo da minha vida normalmente. Tive outro filho três anos depois, mas em momento algum fiz diferença entre um e outro. Sempre foram tratados de forma igual, corrigidos igualmente, alimentados igualmente, amados igualmente.

Em 2012, meu irmão me contou uma linda história de um rapaz com SD e seu irmão apaixonado. Me mandou o livro 'Mano Down: relatos de um irmão apaixonado' e pediu para eu entrar em contato com eles. Foi quando houve a segunda grande mudança em minha vida: conheci o Léo e o Dudu, 'o mano Down'. Descobri como o amor de um irmão e de uma família pode mudar outra(s) pessoa(s).

Dudu me mostrou, desde o dia em que o vi, que seu mundo era igual ao meu, mas muito mais colorido, pois seus óculos são feitos de amor puro, sem maldade e sem rancor. Amor que flui, que contagia. Dudu é uma motivação pra mim e para meus filhos. Iuri é louco, apaixonado por ele e, como um espelho e uma inspiração, dedilha as cordas do violão e do tambor que ganhou do padrinho. E eu, como mãe, nutro a certeza de que, assim como o Dudu, meu filho pode com muito amor ter uma vida mais que normal.

Dudu é um amor que não vem somente por ter SD e sim por ter um coração que foi moldado esmeradamente pelas mãos divinas e que é implantado em nosso peito como um bem-sucedido transplante de órgãos. O órgão chamado Dudu.

Obrigada, Léo e Mano Down, por me permitirem seguir com vocês e contribuir para a construção dessa história linda que é a vida do Dudu. Amo vocês."

Do fundo do coração

Na entrevista que fizemos na CBN após o lançamento do livro e que teve grande repercussão, tive a oportunidade de contar à nossa entrevistadora como o olhar das pessoas vai mudando na medida em que elas vão convivendo com uma pessoa Down. São tantos os sentimentos positivos que os possíveis trabalhos e dificuldades ficam minimizados. E quando ela me perguntou se havia algum problema na relação com pessoas Down, não hesitei em dizer que os grandes entraves são o preconceito e a insegurança quanto ao futuro.

Falamos também do papel dos irmãos no desenvolvimento da pessoa com Síndrome de Down. Contei que me sinto uma referência na vida do Dudu e que isso me enche de responsabilidade, mas também de orgulho. Como meu outro irmão e minha irmã se casaram e não moram em Belo Horizonte, eu é que fiquei convivendo mais com o Eduardo e tenho por ele um amor de pai.

Outro assunto da entrevista foi a música. A jornalista ficou encantada de saber que, por mais paradoxal que possa parecer, o Dudu, que tem muitas dificuldades com a lógica dos números e da matemática, estava aprendendo música com muita facilidade. Ele pega tudo fácil, muitas vezes na base da observação.

Aproveitei a oportunidade para falar das minhas preocupações em relação ao Dudu, que são a sexualidade e a própria compreensão dele em relação às suas limitações. Percebia, na época, que ele desconversava quando falávamos disso e essa questão ainda era uma interrogação para mim. No final da entrevista, que foi por telefone, passei o aparelho pra ele que, ao saber que estava falando com os ouvintes da CBN, disse, entre outras coisas: "É muito bom ser músico profissional".

Após a reportagem, Dudu ficou empolgado e escreveu o seguinte comentário no blog:

"Estou muito feliz de ter um irmão igual o Leo. Esse *blogger* do livro meu vai ficar cada vez melhor na minha vida. Se o Leo não estivesse aqui comigo, eu não fazia esse *blogger* com muito carinho paz e amor e no fundo do meu coração. Depois dessa reportagem que saiu na CBN, eu fiquei muito alegre e fiquei muito emocionado. Quando o Leo falou de mim essas palavras, me deixou eu todo arrepiado. Que seja muito feliz de estar perto de um irmão que eu amo muito. E na minha vida ainda bem que eu tenho ele perto de mim. Estou postando isso e o que eu sinto com muito amor desse *blogger*. Um beijo do Dudu. Agradeço a CBN pelo espaço".

Escrever um livro é um trabalho de fôlego. Requer muito esforço e disciplina. Tenho certeza de que, ao final daquela jornada, me tornei uma pessoa melhor. Não melhor do que ninguém, mas sim melhor do que eu era e melhor do que eu mesmo seria se não tivesse um irmão como o Dudu, esse ser humano encantador que me emociona e me faz sentir mais humano. A ele devo a ascensão da minha alma e a sensação de plenitude. A ele devo a luz que hoje tenho no meu caminho. A ele devo todo o amor e gratidão. Foi ele quem me inspirou nesta jornada. Impossível não me emocionar com esse post dele.

Como o poder da mídia é forte, após a veiculação da reportagem em vários veículos, inclusive no Globo Esporte da TV Globo, recebi inúmeros e-mails e telefonemas. O que me marcou muito também foi a conversa com o jogador Montillo, seu profissionalismo e sua força de vontade. Isso é o que vale. Ele, como eu, busca inspiração em seu filho Santino para, a cada dia, se superar. É isso que apreendo sempre com o Dudu. A luta é diária e contínua.

Sempre falo para o meu irmão que, no dia que ele completou 21 anos, não poderia dar a ele um presente melhor do que colocar num livro o tanto que ele representa para mim. Não me canso de dizer que cada minuto ao lado dele é uma eternidade para mim. Ele simplesmente mudou a minha história e me inspira todos os dias. Ele me faz ter mais gana de viver. O meu amor por ele foi capaz de transformar o aluno mediano de Português que sempre fui em um escritor.

Mas, por mais que eu tenha me esforçado para colocar no papel toda a nossa história no livro "Mano Down – relatos de um irmão apaixonado", percebi que o amor é um sentimento para carregar com a gente e não para ser materializado em algumas folhas de papel. Sobre esse afeto tão desmedido, reproduzo aqui uma reflexão de José de Alencar: "Tentei lhe dizer muitas coisas, mas acabei descobrindo que amar é muito mais sentir do que dizer. E milhões de frases bonitas jamais alcançariam o que eu sinto por você".

Nem tinha ainda conseguido me refazer da emoção e dos momentos mágicos vividos no lançamento do livro quando me deparei, ao acordar no dia seguinte, com uma mensagem de Deivison Pedrosa, presidente do Grupo Verde Ghaia. Realmente pude reafirmar, naquele momento, que o amor vale a pena.

Vejam que bela a mensagem dele:

"Leonardo, parabéns pela iniciativa. Você não só quebrou a inércia daquilo que parecia óbvio. Você está movimentando a corrente da felicidade! A felicidade está nos detalhes da vida, no cotidiano, nas coisas que, para muitos, parecem banais. A felicidade está em revelar no outro o sentimento de amor incondicional com um sorriso que vem da alma. A felicidade não é sólida nem líquida; não é vento e tampouco terra. Se vira pedra, fica inflexível. Se vira muro, não se permite ver o outro lado e tampouco avançar. Se vira castelo, fica estático, pedante e imortalizado. Se a felicidade é amor, então, que seja coragem. Parabéns, você teve coragem!

Você sabe que, antes mesmo de nascer, o mundo já reservava vários caminhos para seguirmos. Alguns levaram a quilômetros de distância entre o 'eu desejo' e o 'eu cheguei lá'. Outros são bem mais curtos, porém, o destino não é nenhum paraíso. E acho que talvez esteja aí a essência de sua vida e de sua felicidade. Ter para onde seguir e ter o que buscar. O mais curioso é que o melhor caminho a seguir não está escrito nas entrelinhas ou em placas de beira de estradas, e muito menos nas cifras de um cavaquinho, como todo mundo pensa. Mas sim em uma coisa que já nasce conosco. E, mesmo sem nenhum manual de instrução, já nos sentimos prontos para usá-la: a coragem de viver e amar o próximo e principalmente a si mesmo. Sim, coragem talvez seja também sinônimo de amor. E por que não?

A mesma coragem de mostrar para o mundo memórias de uma vida particular e ao mesmo tempo exposta, com uma pessoa especial. A mesma coragem que te impulsiona em uma vida de dedicação, uma vida sem ter ideia do que irá encontrar lá na frente. O engraçado é que o 'lá na frente' é o hoje. Logo, você vive pela coragem de amar. Todos os dias. Isso é coragem!

Coragem, definitivamente, é o que motiva as pessoas a tentar, sempre, buscar desafios, sair da zona de conforto. Talvez seja esse o maior motivo de Deus estar em você. Permita-se conhecer o novo o tempo todo. É ele que nos dá o frio na barriga e nos dá a vontade de experimentar. O mundo está cheio de possibilidades. Ame e tenha coragem! Parabéns pelo Livro!".

Trocando em miúdos

Zan Mustacchi é médico responsável pelo Departamento de Genética Médica do Hospital Estadual Infantil Darcy Vargas, de São Paulo, e coordenador técnico do CIAM - Centro Israelita de Apoio Multidisciplinar. Vejam como ele fala sobre a Síndrome de Down e das mudanças pelas quais a sociedade passou em relação a essa deficiência:

"No passado, era chamada de mongolismo porque a fenda palpebral inclinada, característica das pessoas com Down, lembra o formato de olhos dos orientais. Pessoas com Down apresentam outros traços peculiares – cabeça mais achatada na parte de trás, língua protusa, orelhas um pouco menores e implantadas mais abaixo, hipotonia muscular, uma linha única na palma da mão – e comprometimento intelectual.

A Síndrome de Down, ou trissomia do cromossomo 21, é causada por um erro acidental na divisão das células durante a fecundação. Como se sabe, todos os tecidos do organismo são formados por coleções de células. O núcleo de cada uma delas contém 46 cromossomos, 23 herdados da mãe e 23 herdados do pai. Nas pessoas com Síndrome de Down, em vez de dois cromossomos no par 21, existem três cromossomos iguais.

Não faz muito tempo, crianças nascidas com Down eram afastadas do grupo social e familiar e, em geral, não viviam mais do que 30, 35 anos. À medida, porém, que se investiu na estimulação precoce para ajudar no desenvolvimento dessas crianças e de suas potencialidades, a expectativa de vida aumentou consideravelmente e, embora num ritmo mais lento, elas se mostraram capazes de vencer as limitações e foram sendo integradas na sociedade.

Cinquenta por cento das crianças Down apresentam cardiopatia resultante da hipotonia já presente na vida embrionária. As dificuldades de aprendizagem estão correlacionadas com o grau de comprometimento intelectual. Existem, ainda, outras características do fenótipo próprias da síndrome, como língua mais protusa, por causa da hipotonia associada, bochechas mais redondas e andar característico. No entanto, tudo isso pode ser trabalhado por profissionais e familiares para melhorar a condição das pessoas com Down com bons resultados.

Sabe-se que metade das crianças com Down nascidas com defeito no coração tem indicação cirúrgica absoluta em idade o mais tenra possível. Ou seja, 25% do universo total das pessoas com Down precisam necessariamente fazer a cirurgia que, na maioria dos casos, apresenta bons resultados, pois mais de 90% da população operada passa a ter vida praticamente normal, sem nenhum problema. Além da melhor qualidade de vida, o tempo de sobrevida também é uma conquista importante. Nos últimos 20 anos, pessoas sem a síndrome tiveram um ganho de sobrevida de dez anos, isto é, a expectativa de vida passou de 60 para 70 anos. Nesse mesmo período, a sobrevida na população com Síndrome de Down foi de 25, 30 anos para 60, 65 anos. Portanto, elas ganharam 30 anos de sobrevida com qualidade, graças à atenção médica e da família que passaram a receber".

Dudu e a equipe da PUC Minas

"Como é grande o meu amor..."

Distantes e despreocupados dos tais pares de cromossomos, Dudu e eu continuamos nossa vida, levando em frente nossos projetos. Com a enorme repercussão do livro, estivemos também na TV PUC, da Pontifícia Universidade Católica de Belo Horizonte, onde fomos muito bem-recebidos por uma equipe harmônica, profissional e atenciosa. Sem dúvida, foi um lindo momento, que culminou num programa especial. Cada vez fica mais claro o poder de aglutinação do Eduardo. Vejam o e-mail da jornalista Bruna Aguiar:

"Essa foi uma entrevista diferente. Já sabia que seria assim desde o momento em que peguei o *release* e tomei conhecimento desta história de amor. Empolguei-me ainda mais quando consegui ter em mãos o livro 'Mano Down – relatos de um irmão apaixonado'. Tirei uma tarde inteira para estudá-lo. Envolvi-me bastante com o Dudu, mesmo sem conhecê-lo. Perguntei, ao produtor do programa, como tinha sido a matéria. Estava ansiosa, queria logo saber se não tinha me enganado quanto ao fato daquela família, na sua essência, ter escondido uma grande história. O produtor chegou empolgado e disse que foi demais toda a gravação. Cheguei mais cedo e deixei tudo pronto para receber o Leonardo e o famoso Dudu. Chegaram com bastante alegria na redação e já fizeram festa. Confesso que aquela situação me deixou ainda mais inquieta para o programa.

Sentamos lá fora para um bate-papo. Passei as perguntas com o Leonardo e depois com o Dudu. Ele disse que não ia ter problema, que não estava travado. Fiquei supertranquila e tive a certeza de que teria que me segurar durante a apresentação para conter toda a emoção. Conversamos sobre teatro e aula de canto. Percebi que o palco é uma das nossas paixões em comum. Dudu se mostrou bem conversado. Percebi que ele estava por dentro de tudo, inclusive de todas as redes sociais. Eu, no meu papel de mediadora dessa história, falando sem parar, às vezes perdi a fala. Um desses momentos foi quando Dudu me mostrou que tocava cavaquinho. Ele só decidiu fazer isso após a insistência, sempre com 'jeitinho', do Léo, e depois de um pedido meu, o que me deixou honrada. A escolha da música foi 'Aquarela' e poucos acordes foram suficientes para fazer o meu dia ficar mais alegre.

Chegou a hora de ir para o estúdio e passar o som. Dudu não teve muito problema com isso. Foi o primeiro a chegar. Gostou de ver o retorno da sua imagem na tela, perguntou o que eram os equipamentos e ainda quis conhecer um por um. Pela primeira vez, vi a equipe do controle-mestre parar. Todo mundo queria aquele momento, queria trocar uma conversa e, claro, ouvi-lo tocar. E o Dudu fez até gracinha, tocou de costas. Só se recusou, até o último momento, a tocar o Hino do Cruzeiro. Mas tenho esperança que ele ainda vai ceder.

A entrevista começa e o desenrolar das perguntas acontece naturalmente. O Dudu realmente estava bem solto, deu uma resposta linda para o que perguntei e ainda tocou 'Como é grande o meu amor por você'. Aí foi a hora mais difícil de todo o programa, hora de engolir o choro e não parar a gravação.

Esse dia realmente foi muito especial. Afinal, nunca vi os meninos tão empolgados com o programa. Foram mais de 15 minutos de bate-papo e música e, mesmo assim, para todos, pareceu pouco. O Dudu contagiou toda a equipe com seu alto astral, sua simpatia e sua doçura. Prometeu voltar à TV e, como promessa é dívida, já estamos todos à espera do seu retorno. Conseguiu encher a nossa tarde, que parecia ser apenas mais uma no ano de muito amor e sabedoria. Agradeço pelo prazer de vocês terem me concedido a entrevista. Vou guardar com muito carinho o programa de hoje, juntamente com o livro que ganhei. Desejo ainda mais amor e felicidade para vocês, se é que é possível. Obrigada pelo livro e pelas palavras de carinho."

Vejam também um trechinho da entrevista que o Dudu deu à repórter:

O que é independência para você?
"Independência é andar sozinho, mexer com dinheiro e andar de táxi sozinho, ou seja, fazer as coisas sozinho. Eu sou independente. Eu aprendi a mexer com o meu dinheiro, aprendi a pegar táxi sozinho".

Quando iniciou sua carreira e como descobriu sua paixão pela música?
"Eu aprendi a tocar cavaquinho vendo um primo meu que chama Igor. Eu via e pegava um pouco, aí eu fui evoluindo mais ainda. Desde criança eu gostava de ouvir música e também de instrumentos musicais. Só pedia de presente alguma coisa que fazia som."

Mas como aprendeu a tocar e quem foram seus professores?
"Eu faço aula com um professor que se chama Hudson Brasil e com o Pablo. Percussão eu via o meu tio Maurício tocar atabaque e enfiava minha cara dentro do atabaque, observava e peguei um pouco. E faço aula de percussão com o Bill Lucas, integrante da minha banda, o 'Trem dos Onze'."

Aprender a tocar pandeiro e outros instrumentos é fácil ou difícil?
"Pra quem é músico é fácil, porque tem que ter um ritmo muito grande, além de ter um bom ouvido musical. Sim, eu tive mais dificuldades para aprender a música, porque meus dedos são mais largos e tive que aprender por um método muito especial, através de números, e tenho que treinar mais ainda do que as outras pessoas para não errar. Tem que treinar e aperfeiçoar mais ainda o instrumento musical. Quando eu estou tocando, eu pego a minha emoção, a minha alma, e coloco no meu cavaquinho e jogo para todo mundo e me sinto muito feliz. Meu sonho é me tornar músico profissional e tocar com o rei Roberto Carlos."

Por falar em entrevistas e repórteres, vejam o que fala sobre o Dudu a brilhante Fernanda Honorato, a primeira repórter com Síndrome de Down:

"Na realidade, bem antes de conhecer o livro 'Mano Down', meu pai já tinha visto os vídeos do Dudu no Youtube e achei muito legal ver uma pessoa com Down dando um show no cavaquinho, principalmente tocando vários chorinhos. Depois tive o prazer de conhecer e ser indicada pelo Dudu para participar do 'Programa da Xuxa' na semana do Dia Internacional da Síndrome de Down, com mais algumas pessoas com Síndrome de Down. Aí começou nossa amizade.

A história do Dudu fez minha produtora Ângela convidar ele e o Léo para participar do 'Programa Especial' e eu entrevistei os dois. Hoje em dia somos muito amigos e estamos sempre em contato em eventos e, na época do carnaval, saímos juntos na bateria da Escola de Samba Embaixadores da Alegria, eu como Rainha de Bateria e o Dudu tocando repinique. E também na minha querida Portela que amamos muito, né, Dudu?

Espero que meu amigo Dudu continue a fazer sucesso como músico e como palestrante, junto com seu irmão Léo, que são muito unidos. Ganhei um grande amigo, espero que continuemos a ser amigos para sempre".

Outra repercussão que nos deixou orgulhosos foi a carta muito gentil do então deputado federal Eduardo Azeredo. Vejam a reprodução:

Belo Horizonte, 19 de Março de 2012.

Prezado Leonardo Gontijo,

Meus cumprimentos.

Ao receber seu livro "Mano Down" com uma carinhosa dedicatória, apressei-me em iniciar sua leitura na certeza de que o mesmo me faria conhecer um pouco mais desta bela história de vida.

Gostei muito do livro e também assisti à apresentação do Dudu, sábado, no programa da Xuxa.

Pessoas como seu irmão e sua família é que me incentivam a continuar na vida pública, lutando para reduzir as diferenças e por um Brasil melhor.

Sirvo-me da oportunidade para cumprimentá-la e colocar o meu Gabinete de Deputado à sua disposição.

Atenciosamente,

Eduardo Azeredo

Síndrome de gente feliz

Eis um texto esclarecedor - e que é a síntese do meu pensamento - que encontrei na minha caminhada. É da Disability Scoop, tradução de Patrícia Almeida, que divido com vocês, meus leitores:

"Ter um filho com Síndrome de Down pode ser uma surpresa, mas é uma boa experiência. É o que famílias vêm relatando em três novos estudos. Pesquisadores entrevistaram mais de 3.000 membros das famílias de pessoas com a ocorrência cromossômica nos Estados Unidos para o que se acredita ser um dos maiores levantamentos sobre a vida de pessoas com Síndrome de Down jamais realizado. Os resultados, que foram publicados em três artigos na edição de outubro do American Journal of Medical Genetics, descrevem um cenário bastante animador.

A grande maioria dos pais disse ter uma visão mais positiva sobre a vida por causa de seu filho com Síndrome de Down. E quase 90 por cento dos irmãos indicaram que sentem que são pessoas melhores por causa de seu irmão ou irmã com a deficiência de desenvolvimento. Quase todos os entrevistados com a síndrome disseram que são felizes com suas vidas, consigo mesmos e com sua aparência. Apenas quatro por cento disseram que não estavam satisfeitos com suas vidas. 'Enquanto a discussão internacional gira em torno dos novos testes pré-natais para detectar a Síndrome de Down, os familiares já sabiam o que dizer sobre a vida com a síndrome', disse Susan Levine, da ONG Family Resource Associates, que trabalhou no estudo com pesquisadores do Hospital Infantil de Boston e Dana-Farber Cancer Institute. 'E, mais importante, as pessoas com Síndrome de Down declararam claramente que consideram suas vidas valiosas'.

Pesquisadores disseram reconhecer que a população do estudo poderia ser um pouco tendenciosa, uma vez que todos os entrevistados são de famílias que são membros de associações de Síndrome de Down. No entanto, eles dizem que as descobertas são importantes, porque oferecem o 'retrato maior e mais abrangente da vida com Síndrome de Down até hoje'".

Concordo em gênero, número e grau com esse estudo e não me canso de declarar, com todas as letras, que a chegada do meu irmão Eduardo mudou definitivamente a minha vida. Costumo dizer que ele é meu mestre, pois me ensinou - e continua me ensinando - a ver a vida por outro ângulo: o do amor.

Ainda dentro da grande repercussão do livro "Mano Down - relatos de um irmão apaixonado", vejam como a nossa publicação foi capaz de resgatar um texto lindo feito por Mariângela R. Repolês, prima do nosso pai, que reside em Alvinópolis, Minas Gerais, que, por circunstâncias da vida, só recentemente apareceu. O poema é dedicado ao Dudu. Ficamos muito emocionados:

No soy igual a los demás

"Outrora fui apenas
uma célula que se deitou silenciosa,
em um ritmo mais lento,fruto de um mero detalhe,
de um desvio genético, de um descuido da natureza.
Sou hoje uma luz que cega
desvestindo os estigmas,
rompendo as fronteiras,
superando os desafios,
desalinhando os (pré) conceitos,
esgarçando as amarras.
Em promessas se abrem minhas pupilas amendoadas,
meus sonhos sonolentos,
minha vida onipotente amanhecida,
resgatando em bálsamo azul
o caminho que me levará
até ao paraíso dos olhos luminosos".

Lindo poema, não?

Outro dia escutei esta frase da Madre Tereza de Calcutá: "Não devemos permitir que alguém saia da nossa presença sem se sentir melhor e mais feliz". Fiquei pensando comigo e cheguei à conclusão de que essa frase pode ser considerada o lema do Dudu. Como ele tem habilidade de tornar esta frase real! Todos que convivem com ele se tornam mais humanos e amorosos.

Passados dois meses do lançamento do livro, a repercussão continuou e, no seu rastro, demos andamento ao Projeto Mano Down. Todo o nosso esforço estava valendo a pena. Sinceramente, não esperava nem um décimo de todo o carinho e retorno que tivemos. Penso que, quando lançamos um projeto e colocamos amor nele, nunca sabemos como serão os desdobramentos. A realização de um sonho realmente se alimenta mais dos resultados intangíveis, inesperados, espontâneos.

De tudo tem ficado a certeza de que vale a pena acreditar em nossos ideais, nosso instinto, nosso coração. É gratificante ajudar as pessoas a acreditar nos seus sonhos, seu potencial, sua história. Estamos sempre renovando o compromisso de divulgar a temática onde quer que seja. Onde houver espaço, atuaremos para conseguir dar um pequeno passo em busca de uma sociedade mais justa, humana e inclusiva. Estamos em contato com pessoas de quase todos os estados do Brasil e de Portugal.

Continuamos recebendo mensagens de agradecimento pelo livro. Uma delas veio de Regina Coeli. Vejam:

"Recebi o lindo livro. Fiquei muito feliz! É tão especial que se parece com o livrinho 'Minutos de sabedoria e de amor'. Toda página que leio traz amor e sabedoria. Faço essa comparação elogiando, pois a sua linda história de amor pelo Dudu nos contagia. Fico revezando a leitura com minha filha. Tudo de mais sublime para vocês! Parabéns por serem tão especiais!

Muito obrigada por nos dar essa oportunidade de encher nossos olhos e coração. Se Deus quiser, vou num show do 'Trem dos onze' ver o Dudu. Abraços! Abraços! Abraços!".

Eis outra mensagem, de Jeanete Fernandes:

"Caro Léo, fico imensamente feliz por estar colhendo frutos que não esperava. Contudo, saiba que esses frutos estão apenas começando. Muita coisa ainda virá e te surpreenderá mais. Tudo isto é resultado de sua coragem e de sua sensibilidade diante de algo que nossa sociedade encara cheia de preconceitos. Seu amor é incondicional. Acredito, sinceramente, que sua vida vai mudar muito a partir desse livro. Você se tornará o protagonista de uma história de vida feliz e o Brasil vai apoiar, não tenho dúvida. Nada supera a coragem diante de um fato tão importante e para o qual a alma humana ainda não havia acordado. Somos todos iguais, independentemente de raça, cor, status ou condição física. Que Deus te abençoe e abençoe o Dudu também".

Eu e ele

Claro que, aos poucos, eu ia mostrando ao meu irmão as mensagens e a repercussão do lançamento do livro. Ele ficava orgulhoso e o assunto virou motivo de mais e mais conversas. Não me canso de dizer que conversar com ele é sempre prazeroso e enriquecedor, por mais que falemos de algo que pareça banalidade. Por exemplo, durante toda a minha relação com o Dudu, ele e eu sempre estamos buscando novos apelidos um para o outro que, no fim das contas, acaba sendo o nome pelo qual nos chamamos carinhosamente durante um bom tempo, até que um novo apelido surja. Mas temos um código: para que o apelido seja válido, ambos têm que aceitá-lo, aprová-lo. Faz parte da nossa cumplicidade. Já nos chamamos de Tuquinho, Branquinho, Cavalo, Banana de pijamas, Zinho Branquinho, Anjo etc.

Ultimamente iniciamos um novo apelido. Estávamos tomando Schweppes, refrigerante do qual gostamos muito, e acabei chamando-o de Schweppezinho. Ele, prontamente propôs, vendo escrito, na garrafa, que o refrigerante era Citrus:

— Então tá bom. Eu sou o Schweppezinho e você vai ser o Citrinho.

E assim ficou. Infantil? Também acho. Mas é um pacto cheio de ternura, significados e afeto.

Como consequência do lançamento e repercussão do livro, começaram a aparecer convites para palestras e, no início, aprendi mais uma com o meu irmão, que vive me ensinando. Cada um tem um ritmo diferente e ele sempre me lembra disso com palavras ou com ações. A questão é que ele precisa de um tempo maior para fazer as coisas, mas com certeza isso não quer dizer incapacidade. Ficou o aprendizado: cada um no seu ritmo e sempre avante.

Outra lição que nos é dada pelas pessoas com SD é a capacidade de surpresa diante do milagre do dia a dia. Elas nos ensinam a ter paciência em um mundo hiperveloz, constância em um mundo que valoriza a banalidade e o jeitinho errado e fácil de alcançar objetivos. Ensinam-nos tranquilidade em um mundo prisioneiro do relógio, amor desinteressado e verdadeiro em um mundo interesseiro e a viver o agora em um mundo que valoriza apenas o futuro. Ensinam-nos o amor pela vida em um mundo violento, inseguro e agressivo, e o entusiasmo pela vida em um mundo que valoriza a aparência. Ensinam-nos a nos doar em um mundo individualista, a valorizar os pequenos acontecimentos e as pequenas vitórias em um mundo que dá valor apenas a grandes feitos. Ensinam-nos a agradecer em um mundo permanentemente insatisfeito e a viver e a amar em um mundo caótico.

Entre as muitas coisas que recebi, destaco esta, que me foi enviada por Paula Gramado:

Oração das crianças especiais

(autor desconhecido)

"Bem-aventurados os que compreendem o meu estranho passo a caminhar.

Bem-aventurados os que compreendem que ainda que meus olhos brilhem, minha mente é lenta.

Bem-aventurados os que olham e não veem a comida que eu deixo cair fora do prato.

Bem-aventurados os que, com um sorriso nos lábios, me estimulam a tentar mais uma vez.

Bem-aventurados os que nunca me lembram que hoje fiz a mesma pergunta duas vezes.

Bem-aventurados os que compreendem que me é difícil converter em palavras os meus pensamentos.

Bem-aventurados os que me escutam, pois eu também tenho algo a dizer.

Bem-aventurados os que sabem o que sente o meu coração, embora não o possa expressar.

Bem-aventurados os que me amam como sou, tão somente como sou, e não como eles gostariam que eu fosse".

Este texto também vale a reprodução. Quem escreveu foi o colunista Bruno Astuto:

Anjos de asas curtas

"O drama de toda mãe é saber se ela foi boa o suficiente. Ser boa o suficiente significa ter o filho encaminhado na vida, agindo dentro das fronteiras do caráter; que ele encontre um grande amor (não tão grande como ela, claro) e que ele seja feliz. Do momento em que engravida até o último suspiro, uma mãe jamais terá certeza de que deu o melhor de si e que agiu corretamente na maioria das situações difíceis que se apresentaram a ela. A única coisa que uma mãe sabe é que amou profundamente aquele ser, mais às vezes do que a si própria.

Uma mãe com um bebê no colo ignora o que o futuro lhe reserva: se ela terá leite suficiente, se o pai estará presente ainda que eles se separem, se as mães dos amiguinhos dirão que ele é um anjo de comportamento, se o filho vai andar cedo ou tarde, se tirará boas notas na escola, se vai sofrer na mão das mulheres, se vai arrumar um bom emprego, se não vai sofrer nenhum acidente, se vai telefonar quando sair para beber com os amigos, se não sucumbirá às glórias e às ilusões deste mundo. Uma mãe nasceu para ver o coração quicando na boca ao estômago, mas pelo menos ele sempre estará cheio.

Aquele ser indefeso na maternidade pode se tornar um médico competentíssimo, um empresário de sucesso, um advogado cheio de ideais, o Presidente do Brasil ou até um perigoso traficante de drogas. Por acaso, a mãe do Polegar imaginava que seu bebê um dia seria preso no Paraguai, acusado de chefiar uma das maiores quadrilhas do Rio de Janeiro? Se soubesse, ela o teria abandonado no hospital?

Pois me chocou muito o recente caso dos pais que abandonaram seu bebê com Síndrome de Down num hospital do Rio de Janeiro. Ter um filho com a síndrome não é fácil. A sociedade vira as costas para essas crianças, que precisam lutar muito para descobrir meios para sobreviver num mundo que, infelizmente, não foi feito para elas. Mas suas deficiências terminam aí.

Não sei o que motivou esse casal a cometer tal ato abjeto; se foi o desespero, a inexperiência, um momento de insanidade. Mas nenhuma das alternativas o isenta do fator crueldade e do desprezo pelo que é humano. Ele se ateve a um dado genético e mental de seu bebê e não se deu conta de que colocar um filho no mundo, seja ele deficiente ou não, é um gesto de loteria. Pior do que ter uma criança com Síndrome de Down é criar um filho sem caráter.

Eu tive a sorte de conviver com uma irmã com Síndrome Down, a Emi, que acabou se tornando uma filha e, infelizmente, se foi no ano passado. Por ter sido abençoado com sua presença iluminada, sempre achei curioso dizer que alguém era especial, excepcional ou deficiente. No meu repertório, essas palavras nunca existiram, porque as diferenças entre os seres humanos sempre foram encaradas por mim e por minha família como uma coisa natural, como ter cabelo preto ou louro, encaracolado ou liso, ter a sobrancelha fina ou mais grossinha. Em casa, essas bobagens jamais tiveram importância, simplesmente não existiam, como não existem até hoje.

Em algum momento da vida, todos nós acabamos por enfrentar alguma deficiência, algum obstáculo, seja para comprar o carro que desejamos, construir a casa com que sempre sonhamos, precisar de óculos para ler ou assistir a um filme, encontrar energia para brincar com os filhos depois de um dia de intensa labuta.

Só fui capaz de entender isso por causa da minha irmã, que realmente era especial, porque ninguém me amou de uma maneira tão profunda, pura e irrestrita, fazendo com que eu e todos que a cercaram, em seus 53 anos de vida, nos sentíssemos verdadeiramente únicos. E ela também era um exemplo porque, no mundo de hoje, esse amor tão cristalino, tão generoso e sem limites infelizmente virou uma exceção. E excepcional vem dessa palavra: exceção.

Emi ganhou várias medalhas esportivas, foi pintora e grande pianista, fez aula de inglês e recebeu várias faixas de miss colecionadas nas excursões que fazia pelo Brasil e pelo mundo. Tinha planos de se casar com o rei Roberto Carlos, mas depois mudou para o Daniel. Gostava de sorvete de abacaxi, sundae de caramelo, banana split, mamão amassado de sobremesa. Era muito amiga dos amigos, dava tchau para todos os desconhecidos da rua como se fosse atriz de cinema, pedia 'por favor' e dizia 'obrigada' para tudo. Adorava cachorrinhos (mas só os pequenos) e ouvia música o dia inteiro. Fosse Natal, aniversário ou Dia das Crianças, não queria carrinhos, bicicletas ou viagens. Só gostava de ganhar canetinhas de tampas brancas e cadernos para colorir. E usava meias pretas com tênis brancos. Um dia perguntei:

— Por que você só usa meias pretas?

E ela:

— Porque é moda.

Outro detalhe fundamental: ela tinha a idade que queria. Passou muito tempo com 28 anos, depois aceitou fazer 32 e, nos últimos anos, estava com algo entre 36 e 39 anos. Em sua última festinha de aniversário, já meio fraquinha, alguém comentou que ela estava completando 53. E, quase sem voz, ela corrigiu: 39. Essa também era a Emi, que tampouco nunca confiou em escadas rolantes.

A melhor definição que ouvi sobre minha irmã e todas as pessoas iguais a ela veio de minha mãe: são anjos de asas curtinhas, que precisam da nossa ajuda para voar. Mas acontece que todos nós nos vemos, mais dia, menos dia, com as asas curtinhas, porque viver não é brincadeira. E são pessoas únicas como ela que fazem o movimento contrário e nos ajudam a voar, num gesto de abundante generosidade.

Tenho muita pena desses pais que abandonaram seu bebê Down no hospital. Eles jamais conhecerão a dor de enfrentar o mundo para torná-lo um lugar mais digno para os nossos deficientes. E sequer conhecerão a delícia de acordar melhor com as lições que eles nos ensinam todos os dias.

Eis a única coisa que uma mãe pode esperar de seu filho: que ele a surpreenda."

As mensagens de apoio não paravam de chegar, nos enchendo de orgulho e, claro, de responsabilidade. Vejam mais estas manifestações carinhosas:

> *"Não conheço o protagonista desta história, mas sua caminhada já está comigo e me é muito cara. Dudu do Cavaco, irmão do amigo Leonardo Gontijo, nos dá verdadeiras lições de vida. Estes projetos me interessam em vários sentidos: pelo exemplo de dedicação, pela criação de um sentimento cívico, pela inclusão social e respeito à dignidade humana (tema de meu mestrado na França), pela cultura, etc. Em suma, por tudo. Vale a pena conferir, divulgar e participar."*
>
> (Lucas Guimarães)

"Sou fã incondicional do Dudu e estou aqui assistindo e agradecendo a Deus por essas coisas tão maravilhosas que acontecem. Realmente, ele faz tudo perfeito! Com tantas barbáries acontecendo, é um bálsamo para qualquer coração o talento, a expressão, a alegria de realizar um trabalho com tanta paixão. E a sua família nos bastidores, amparando, abrindo caminhos para ele brilhar. Cada vez que vejo o Dudu tocar, me renovo, me traz uma alegria e uma motivação incríveis. Que Deus ilumine sempre vocês e que o Dudu continue assim, tocando nossos corações."

(Maria Lúcia e Vivi)

"Tenho pouco tempo no grupo, pois tenho um filhote de quatro meses com SD, o Arthur. E pessoas como você têm me mostrado como é especial a convivência com eles. Muitas vezes bate medo, ansiedade, preocupação, mas você e o Dudu dão paz ao nosso coração de mãe e nos mostram como tudo será simples e que precisamos ter calma. Tenho feito tudo pelo Arthur. Ele faz fono e físio e está superespertinho. Adora conversar. Cada coisinha, que para qualquer mãe passa sem nem notar, para nós é uma grande vitória. Imagine que a troca de fralda de RN para P foi uma festa aqui em casa. Lutamos muito por ele. Quando nasceu, ficou 25 dias na UTI. Teve parada cardíaca e quase o perdemos. Fez cirurgia cardíaca aos dois meses e hoje está superestabilizado. Dessa forma, essa vitória do Dudu e seu amor por ele são o que nos inspira e nos abastece de energia para ir em frente nessa caminhada, numa viagem não programada que nos faz aprender outra língua sem direito a cursos."

(Marilu e família)

Há também este e-mail que recebemos de Juliana Fernandes que, por sua vez, nos foi repassado por uma amiga e que cita o Dudu e o nosso livro:

"Vou tentar descrever o que senti ao saber que meu filho tinha Down. Somos educados para amar nossos filhos, educá-los, fazer tudo para que sejam felizes e bem-sucedidos como pessoas e profissionais. Quando engravidamos, só pensamos em ter um bebê Johnson. Dizemos sempre que o importante é eles terem saúde. Mas e se não tiverem saúde? Não vamos amá-los?

Tenho um filho de 13 anos e tudo que nos é cobrado em relação a um filho eu tentei fazer. Hoje ele é um filho maravilhoso, sensível e inteligente. Aí chegou 'meu poetinha' e eu não estava preparada para educar e vivenciar algo que não tinham me ensinado. Sofri muito. Vinícius nasceu com um probleminha cardíaco e com insuficiência respiratória. Ficou na UTI um mês. Em uma semana ficou bom do coração, mas pegou uma infecção e uma meningite. Passei 15 dias chorando. Minha família não sabia mais o que fazer. Meu marido sofria porque nosso pequeno estava na UTI, mas feliz porque o amou desde o primeiro momento, só que não podia ficar feliz porque eu só chorava.

As pessoas chegavam junto de mim falando que eu era especial e que por isso tinha recebido um filho especial, mas, mesmo sabendo que todos estavam tentando me confortar, eu não queria ser especial nem queria um filho especial. Chorava compulsivamente, não aceitava, tinha medo, olhava para ele indefeso e sofria porque não conseguia imaginar que eu, logo eu, uma mãe exemplar, uma mãe apaixonada pelo ato de ser mãe, como, logo eu, poderia estar rejeitando meu pequeno, meu filho tão esperado? E todo dia ele era submetido a exames e suas taxas só baixavam. Cheguei a desejar que ele não resistisse. Seria mais confortável achar que Deus quis assim.

Foi quando recebi de presente o livro 'Mano Down'. As palavras do Leonardo me fizeram acordar. Chorei de alegria. No dia seguinte, arrumei seu quartinho e fui à maternidade. Parece mentira, mas cheguei lá disposta a amá-lo e trazê-lo para casa. Quando segurei em suas mãozinhas pequenas, ele apertou com tanta força que, deste dia em diante, suas taxas sanguíneas só melhoraram. Ele ficou bom da infecção e saiu em uma semana.

Chorei ainda algumas vezes ao olhar para ele dormindo, mas me apaixonei perdidamente. Não poderia ser diferente. Hoje sei porque somos especiais. Porque só nós, mães de filhos especiais, podemos saber quão bom é ter um filho ao qual só desejamos que sejam felizes. Não criamos as expectativas como de um filho 'normal', porque tudo neles vai ser surpresa, as melhores.

A alegria quando ele ergueu a cabecinha sozinho, quando se sustentou sentadinho, quando peço um beijo e um abraço e ele me entende e ganho o melhor abraço do mundo é indescritível. Hoje não tenho pressa. Curto muito suas vitórias e acho que o mais importante é saber que eles sempre serão felizes, independentemente se terão empregos, se o resto do mundo vai aceitá-los. Nós só damos e recebemos amor.

Procure no Youtube entrevistas com Fernanda Honorato. Emocione-se com a desenvoltura do Dudu do Cavaco. Não sei se você conhece, ele é um encanto de pessoa. Outro link que você poderá ver no Youtube é o filme 'Do luto à luta'. Perfeito. Nele, o autor colocou tudo o que queria ter ouvido quando sua princesa nasceu. E ainda tem outro filme, já com *trailer* no Youtube, que se chama 'Colegas, o filme'. É divertido, leve, como a vida deveria ser. Tudo tem no Youtube. Limitações todos temos, mas eles têm uma qualidade a mais: sorriem com a alma, são mais sinceros e felizes. O que mais uma mãe quer para um filho?".

E mais esta maravilha de reflexão, "Trajetória de uma mãe especial", escrita pela amiga Renata Demkoff:

"E foi assim: quando eu pensava que você não era, tive que aceitar que era. E aprender a te amar mesmo assim. Quando eu imaginava que você não podia, você foi lá e fez. Nos momentos difíceis, eu me desesperava e você sorria. É uma guerreira como eu queria ser. Onde te julgam coitada, você se faz vencedora. Mesmo sendo criança, me fez crescer. Sem sentar, sequer, você mudou minha postura. Sem andar, você me fez caminhar. Com todas as suas dificuldades, você me ensinou a resolver as suas e as minhas. Mesmo antes de falar sua primeira palavra, ensinou-me o diálogo. A sua imaturidade fez-me madura. E com sua dependência diária você me fez independente. Lutando, você me ensinou a lutar. Vencendo adversidades, me mostrou como vencer. Você, grande guerreira, fez de mim mulher forte e vencedora. Obrigada, filha, pela sua existência. Você é única e grandiosa. Só sendo enviado por um ser supremo para realizar tamanha façanha: ser feliz acima de qualquer coisa. Eu te amo, Juliana, e dou graças a Deus pela sua vida!".

Há também esta mensagem linda do professor Bernardo Nogueira:

"Caro amigo, queria primeiro falar de coisas menos expressivas. Então, digo que me mudei pra BH, fui aprovado em outro concurso na Newton e estou a lecionar lá na faculdade da Avenida Catalão. Bom, isso só para dizer que gostaria muito de encontrá-lo para falarmos. É sempre bom. Agora queria me desculpar por não ter ido ao lançamento do seu livro. Nossa, sinto-me envergonhado, mas tantas aulas e as mudanças me deixaram um tanto errante. Ademais, queria muito lhe enviar grandes sentimentos de admiração e dizer que li o livro como se fosse uma história fictícia, porque afora em meus poemas e algumas trocas, parece que sua história e do seu irmão artista nem é real.

Aliás, meu amigo, queria dizer que seu olhar sobre seu irmão e a condição linda dele é que não são reais. Saiba que a existência do outro sempre depende daquilo que criamos para ela e por ela. Sua composição daquilo que o Dudu é me parece uma canção que será entoada como clássico do amor. Queria dizer que sinto uma grande felicidade sempre que vejo suas ações e sinto que seu sorriso e olhar sinceros trazem vida nova ao seu irmão artista e ao entorno que te rodeia.

Que sorte eu ter lhe conhecido, que sorte que você tem o Dudu, que sorte que o amor tem suas ações para conduzi-lo. O abraço sincero do amigo Bernardo".

E esta de Elaine Amaral, de Campinas. Ela é mãe de Ana Laura e chamo este texto de "Para almas sedentárias". Vejam:

"Queria falar a respeito do livro. Tenho lido lentamente. Um pouco a cada noite, às vezes dia sim, dia não. Não que não esteja me interessando! Muito pelo contrário. Explico o porquê por meio de uma analogia. Sinto que o livro 'Mano Down', suas histórias e depoimentos, funcionam como uma ginástica para a alma. Aquelas palavras, aquelas demonstrações de amor, vão nos tocando de uma forma. E o resultado é de uma melhora, sim, do estado do leitor. Mas com as almas 'sedentárias e enferrujadas' que temos, chega a doer tanto exercício movido a amor. Quando termino a leitura, me sinto mais leve, vejo que a cada dia estou mais 'condicionada' e que sou uma pessoa melhor. Estou ficando com a alma 'sarada', graças a vocês. Me emociono demais.

Dois pontos muito marcantes até agora foram sua carta (escrita no avião) e o depoimento de sua irmã. Li uma vez em meu 'Evangelho Segundo o Espiritismo' que sentir a alma 'doer' (por exemplo, quando você vê um mendigo dormindo na rua e sente piedade por ele) é uma mostra de que, naquele momento, estamos nos aproximando de Deus. Lembrei disso quando me veio à cabeça essa analogia do livro com o exercício para a alma. Grande abraço, fiquem com Deus".

Convém registrar aqui também a carta que Fabianne Ferri, do Projeto Mano Down SP, mandou para o meu irmão:

"Dudu,

Em maio de 2013, quando meu filho Lucca tinha quatro meses, fui presenteada com o livro 'Quer saber eu vou contar' e a leitura tão rica me trouxe alegria, acalento, esperança e motivação em um momento em que o medo do diferente pairava sobre o meu mundo. Naquele instante, eu jamais imaginei que um dia seria sua amiga.

O destino cruzou nossos caminhos da forma mais inusitada. Em uma viagem ao exterior, conheci sua mãe (Marina Gontijo – Torta), em uma conversa que começou guiada, despretensiosa, seguiu num tom leve e descontraído e a prosa trouxe à tona muitas revelações para uma mãe que, recém-presenteada com um filho com Síndrome de Down, se encontrava ainda um pouco perdida. E, se não bastasse tanta contribuição naquele papo rápido na fila da imigração do aeroporto, ainda tive uma surpresa tamanha quando ela me revelou ser mãe de Eduardo Gontijo, nosso querido e amável Dudu do Cavaco. Naquele momento tive a certeza de que estava sendo mais uma vez tocada por Deus. Daí para frente, começamos a estreitar nossos laços de amizade.

Quando te conheci em 2014, em BH, foi amor à primeira vista. Você é uma pessoa que transborda pureza, alegria, amor a quem o rodeia. Ao partir de volta para casa, tive a certeza que um pedaço do meu coração havia ficado por lá. Fui embora com a certeza de uma amizade eterna.

Passando-se os meses, me veio o convite de tocar seu projeto em São Paulo. Fiquei muito feliz, felicidade que não cabia no peito.

Novamente em viagem a BH, em 2015, pude ter mais contato e ai 'paixonei' geral! Queria ficar com você o tempo inteiro. Pude ver o carinho, amor e afeto que a família e amigos nutrem por esse menino de ouro. Por onde você passa, deixa um pouquinho de sua luz e uma sementinha de esperança de um mundo melhor e mais inclusivo.

Com você tudo é resolvido de forma muito leve. Em uma conversa, eu lhe perguntei: 'Dudu, sua namorada não tem ciúmes de você?'. E, para a minha surpresa, você disse: 'Eu já expliquei para ela que tenho dois corações, um coração é dela e o outro é do mundo inteiro'. E ainda diz isso com sua voz rouca, cadenciada e musical – com a sua voz de anjo. Se todos soubessem de fato o que é o amor, o amor que você emana, o mundo estaria livre de toda essa maldade que podemos vivenciar nos dias de hoje.

A distância me obriga a abrandar a saudade através da troca de mensagens, mas fazer isso com você é uma delícia, pois me inspira a estimular meu filho mais e mais. Ao conviver com a sua força de vontade, disciplina, destreza e leveza, só tenho a certeza que, assim como você, todos, independentemente das limitações aparentes, podem alcançar autonomia, ter qualidade de vida e realizar seus sonhos.

Você me tornou uma pessoa melhor, hoje meu mundo é mais colorido por tê-lo como parte de minha família. A cada dia que passa, me orgulho mais e mais por ser sua amiga.

Você é inspiração para muita gente. Por isso, eu digo: Obrigada, Deus, por ter tido a oportunidade de cruzar com o seu caminho.

Dudu, como é grande o meu amor por você. Forever".

Diploma de gente que faz

MUNICÍPIO DE BELO HORIZONTE

"Honra ao Mérito"

O povo de Belo Horizonte, por seus representantes,
concede o presente
Diploma de Honra ao Mérito
Eduardo Contijo Vieira Gomes
"Dudu do Cavaco"
em reconhecimento de sua relevante atuação em
favor do interesse coletivo.

Câmara Municipal de Belo Horizonte, 07 de novembro de 2012

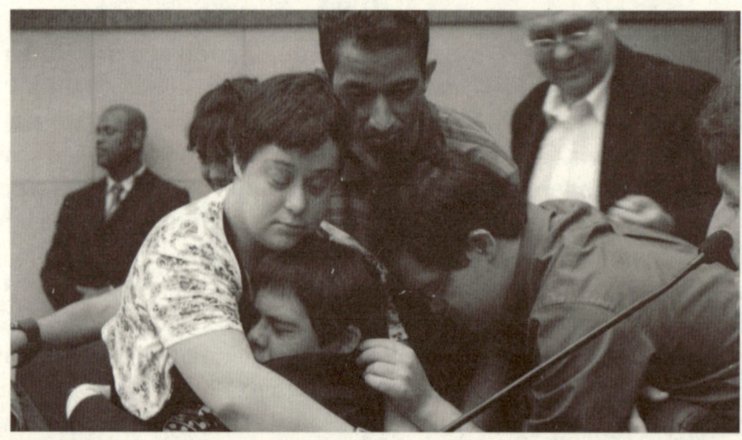

Fotos: Homenagem Câmara Municipal de Belo Horizonte

A vida seguiu seu curso e, no dia 7 de novembro de 2012, meu irmão Dudu recebeu o Diploma de Honra ao Mérito da Câmara Municipal de Belo Horizonte. A proposta partiu do vereador Iran Barbosa e de seu assessor, Guilherme Papagaia. E aqui está o meu discurso de agradecimento. Nem é preciso dizer que foi difícil parar de chorar para começar a falar. Mas consegui e compartilho com vocês:

"Exmo. Sr. presidente da solenidade, vereador Iran Barbosa e toda sua equipe; e um cumprimento muito especial a todos aqui presentes.

O paradoxo constituiu a base do ser humano. Como diriam os gregos, habitam dentro de nós tanto a bondade quanto a maldade. Eros e Thanatos formam o desenho ainda incompleto do humano. Um é cuidado, amor; outro, destruição e ódio.

Sabemos que o ser humano é erro e acerto, certeza e dúvida, grandeza e decadência. Somos capazes de acolher e repelir, criar e destruir, agredir e afagar, cantar e protestar. Dudu desperta em todos aqueles que convivem com ele o lado Eros, pelo menos em 99% das ações.

Eros representa o amor e deve ser nossa única esperança de uma sociedade mais inclusiva. Dudu espanta o Thanatos que existe em nós. Seja com uma música, um sorriso ou uma palavra. Ou melhor, a sua simples presença parece que atrai Eros. Por isso minha enorme admiração por ele. Quanto mais convivo com ele, mais aprendo a sair da ambivalência humana e usar o lado bondade, o lado amoroso, o lado da justiça social, o lado Eros, o lado Dudu.

Ver o Eduardo Gontijo receber este tão honrado título mostra que estamos avançando em direção a uma sociedade mais inclusiva. Quando iríamos pensar, ou alguém imaginou, que Dudu receberia tão importante título? Desde que nasceu, tido por muitos como incapaz, fadado ao fracasso, dia após dia vem conquistando seu espaço. Esta cerimônia demonstra que quem tem limite é município e que, com esforço, dedicação e principalmente amor, todos somos capazes.

Não sei quantas vezes já ouvi que não adiantaria tentar, que seria impossível o Dudu tocar, palestrar, atuar. Você é louco! Ele possui poucos recursos de linguagem, pouca memória de curto prazo, hipotonia, etc., tudo isso junto. Penso que na vida sempre temos escolhas. Temos que definir se vamos continuar nos apoiando nas desculpas, na deficiência, ou vamos olhar por outra perspectiva, arranjando meios de driblar a biologia com cultura e estímulo. Todos nós conhecemos as pessoas. Sabemos que todos podem aprender. Frequentemente as pessoas nos surpreendem, demonstrando alguma habilidade que não esperamos delas. As pessoas com deficiência, com certeza, podem aprender, mas é bem difícil se nós não ensinarmos.

Podem não ser opções simples, mas são opções. Podemos sim optar pela confiança, pela competência, pela superação. É uma escolha. Essa foi nossa opção. Definitivamente os cromossomos não possuem a última palavra.

Com esta decisão, um caminho novo se abre. A construção a cada dia da trilha. Não dá para garantir onde vai chegar. Mas o caminho usual, por aonde a maioria vai, sabemos onde vai dar: na reclusão social. A opção pela autonomia é uma opção que pode ser feita agora. Amanhã tem de ser feita de novo. E isso não nos isenta de renovar o propósito depois de amanhã. Claro que a deficiência ainda vai estar lá, porém com uma menor invisibilidade social.

O projeto Mano Down se sente honrado ao contribuir com pequenas ações em prol de uma sociedade mais cidadã. Cidadã no sentido grego da palavra. No sentido de participação social. Só nos dispomos da empreitada do projeto Mano Down pela confiança e pelo incentivo de todos aqui presentes. Não sei se somos merecedores disso. Atuamos sem pretensões políticas, financeiras, etc. Queremos apenas deixar nossa marca, com atitudes e amor para que possamos abrir espaço para mostrar que a normalidade é um padrão inalcançável.

Eduardo me levou para lugares que nunca imaginaria estar. Ele vem, dia após dia, provando que rótulos são feitos para serem quebrados, tabus para serem questionados e limites para serem superados. Dudu me faz ter certeza de que, como disse o mestre Paulo Freire, 'Não há saber mais. Não há saber menos. Há saberes diferentes'.

Penso que, à luz de nosso projeto, podemos encontrar um sentido para o que estamos celebrando hoje. Ver meu amado irmão receber o diploma de honra ao mérito não pode ser apenas uma vaidade, mas um compromisso. Lembra-nos o ditado 'quem não vive para servir não serve para viver'. Se estamos aqui é porque queremos contribuir com a construção de uma cidade, um município que seja morada de todos. E para esta construção será necessária a matéria-prima dos mais elevados valores éticos e muita humanidade. Neste momento, em que as instituições passam por uma profunda e violenta crise de valores, de modo especial a instituição política, faz-se urgente o empenho de todos e todas para a disposição de construir o bem comum, a política, alicerçados na honestidade, na justiça, na paz e no altruísmo. Nossa vida só terá sentido, somente seremos verdadeiramente felizes e construiremos algo que valha a pena, se seguirmos a trilha do caminho do serviço às pessoas e à cidade onde vivemos, pensando não somente em nossos próprios interesses, mas no bem de todos, de modo especial dos menos favorecidos.

É preciso trabalhar para modificar o contexto. Ele não vai se modificar sozinho. Estamos optando pela deficiência ou pela competência? Mais do que isso, estamos construindo um ou outro caminho?

Com esse desejo e com este compromisso faz sentido receber títulos que sejam expressão não simplesmente de aparências ou vaidades, mas reflexo da nossa própria alma. É na atuação local, em nossos municípios, que temos o dever de atuar e mudar a realidade. É na urbes que devemos iniciar o mutirão de cidadania, uma caravana do amor, um cometa de inclusão, um comboio de Dudus.

Todo ser humano precisa e deve buscar a autodeterminação, o controle das próprias decisões. Como diz Espinoza, ser produtor de si mesmo. Dudu busca tudo isso à sua maneira, com suas dificuldades. Quem não as tem? As pessoas não são almas navegando por aí. Têm corpos, vontades, sonhos e necessidades.

Como enfatiza Leonardo Boff, precisamos mais de cuidado. Cuidado com o outro, com o ser humano, com a cidade, com as relações sociais. O cuidado é uma das qualidades mais importantes do ser humano. Infelizmente tão pouco incentivada e, em grande parte, esquecida. A atitude de cuidar é uma das finalidades básicas do amor, pois implica encontro, proteção, apego. Se não tivermos cuidado com o nosso semelhante, não teremos cuidado com nós mesmos. O cuidado é, portanto, um pertencer da essência humana. Eu cuido do Dudu e ele cuida de mim. Nosso destino, de certa forma, já está escrito e previsto, mas os caminhos que trilhamos estão repletos de surpresas e de infinitas aventuras. Conhecemos, descobrimos e nos aprofundamos naquilo que vai nos enriquecer e nos acrescentar.

Este diploma com certeza aumentará nossa responsabilidade em zelar por nossa atuação para que possamos viver em uma cidade mais inclusiva, mais cuidadora e menos preconceituosa. Honra maior é poder conviver com meu irmão que, independentemente de qualquer título, carrega consigo o título de ser humano. Muitas vezes olhado com desconfiança, com dó, piedade, com pena. Que este diploma possa um pouco minimizar a invisibilidade humana das pessoas com deficiência. Que toda esta carga e marca desde o nascimento superem diariamente os contratempos de nossa sociedade ainda em formação.

Recentemente assisti ao filme 'Intocáveis'. Certamente um dos melhores que já vi e, talvez, o melhor abordando questões da deficiência (um dos protagonistas é tetraplégico). O momento que define a filosofia do filme é quando um amigo do personagem tetraplégico (Philippe) vem alertá-lo para tomar cuidado com o sujeito que ele arranjou como cuidador, um senegalês com antecedentes criminais. O diálogo diz:

'Antoine: Esses sujeitos de rua não têm piedade.

Philippe: É tudo que eu quero: nenhuma piedade. É assim que gosto de ser tratado'.

Não queremos piedade e sim respeito. Não queremos dó e sim oportunidades. O Dudu já faz demais, mas queremos avançar sempre. Ou será outro nosso sentido neste mundo? Não queremos ser exemplo de nada, muito menos solucionar problemas de famílias. Ao contrário, o que queremos é apenas oferecer nossa experiência de vida para afirmar que vale a pena lutar, acreditar e trabalhar pelas pessoas com Síndrome de Down e, em última instância, acreditar no ser humano. Penso que o estigma de que uma vida será de dependências, caridade, assistencialismo, infantilização, negando ao ser humano o direito de sonhar, idealizar e viver seus sonhos é um dos maiores castigos que pode haver.

Enfim, presenciar meu estimado irmão receber este título consiste em privilégio, prazer e responsabilidade. Privilégio de vê-lo receber um título que vi diversas pessoas que admiro receberem. Prazer de contar com pessoas e amigos que acreditam antes de tudo no ser humano. Responsabilidade de continuar nossa caminhada prestando serviços relevantes para nossa cidade, promovendo a inclusão, o amor e o cuidado.

Somente construiremos uma sociedade mais amorosa e inclusiva se contarmos com a efetiva participação de todos. Cada um a sua maneira, com boa vontade, amor, trabalho e o desejo de dar de si antes de somente pensar em si. Acredito que as pessoas, independentemente de suas deficiências, têm o direito ao convívio na sociedade e às mesmas oportunidades de estudo, trabalho, lazer e saúde. Como diz Claudia Werneck, 'o conceito de inclusão nos ensina não a tolerar, respeitar ou entender a deficiência, mas sim a legitimá-la como condição inerente ao conjunto da humanidade'. Como diz a música de Arnaldo Antunes, 'que preto, que branco, que índio o quê?/Somos o que somos: inclassificáveis'. Acredito que podemos ousar um pouco mais e cantar: 'Que normal que deficiente o quê?/Somos o que somos: inclassificáveis'.

Quem dera se cada um de nós pudesse visitar o labirinto da mente do Dudu e colher ali sementes de sonhos, desejos, superação, cidadania, paz e amor para que depois pudéssemos semear e multiplicar seus ensinamentos. Eduardo, Toquinho, Fizão, Vey, Mano, Bonequinho Doce, Dudu do Cavaco, Citrinho, Zinho, Branquinho, seu maior título é ser você. Te amo e parabéns por mais esta conquista".

Homenagem na Câmara Municipal de Belo Horizonte

Foi muito emocionante. Imaginem que até o governador do Estado de Minas Gerais na época, Antonio Anastasia, nos mandou uma carta:

MENSAGEM DO GOVERNADOR

DUDU DO CAVACO – CÂMARA MUNICIPAL

Belo Horizonte, 7 de novembro de 2012.

Senhor Presidente Léo Burguês de Castro,
Prezados Parlamentares,
Caro Eduardo,
Senhoras e Senhores aqui presentes.

Impedido de estar presente, em razão de viagem oficial ao Japão, faço questão de registrar, nesta mensagem, meus cumprimentos ao Eduardo Gontijo Vieira Gomes, mais conhecido como "Dudu do Cavaco", pelo Diploma de Honra ao Mérito, merecida homenagem que hoje recebe da Câmara Municipal de Belo Horizonte.

Minas Gerais muito se orgulha de ser o berço de pessoa tão especial, exemplo de talento, determinação e superação, que mostra a todos nós que diferenças e obstáculos só nos impedem de realizar nossos sonhos se assim acreditarmos.

Amante da música, para a qual demonstrou especial aptidão desde criança, Dudu do Cavaco, com apenas 22 anos, toca vários instrumentos musicais, em especial o cavaquinho, que domina com maestria, tendo participado de diversas apresentações de artistas famosos. Foi atração especial na abertura do ICLEI 2012, ocasião em que brindou a todos com a execução do Hino Nacional.

É também ator, tendo participado de projeto da Companhia Teatral Crepúsculo *a partir de 2009, e no final de 2010 foi dos poucos escolhidos para permanecer* no Grupo de Teatro Profissional daquela Companhia.

Amparado pelo amor e respeito da família, sua trajetória plena em realizações foi inspiração para seu irmão Leonardo Gontijo na escrita do livro "*Mano Down – Relatos de um irmão apaixonado*".

Neste momento tão especial, é com satisfação que parabenizo o jovem Eduardo Gontijo Vieira Gomes pelo talento, garra, determinação e alegria de viver que conquistam e inspiram todos que o conhecem. Cumprimento também seus familiares, que sempre o apoiaram e incentivaram de forma incondicional, o *que certamente contribuiu para que encontrasse sua realização pessoal.*

Caro Dudu, desejo que seu caminho continue pleno de êxitos, alegrias e novas conquistas!

Muito obrigado.

Antonio Augusto Junho Anastasia
Governador do Estado de Minas Gerais

E vejam só o e-mail que recebi do meu irmão após a cerimônia:

"To feliz com isso e quando eu vi o meu irmão o Léo emocionar eu ia chorar junto com ele mais não deu mais deu tudo certo e acabei chorando de alegria porque eu lembrava de tudo que eu fazia durante esse ano e foi por isso que chorei muito ontem a noite eu não esperava isso de mim fiquei super feliz e muito emocionado de receber uma homenagem tão linda que eu recebi na minha vida eu to cada dia melhor e pode deixar que um dia nos vamos chegar lá viu Léo eu estou agora saiu uma pedra do meu coração ontem e falei pra mim mesmo agora eu faço de tudo perfeito e errar tb faz parte da minha vida errando a gente aprende mais coisas novas e estou batalhando pra chegar aonde eu quero viu Léo.

Como falar do meu irmão o Leonardo ontem me considerou uma honra muito grande da minha vida sem o Léo eu não vivo com aquelas palavras que vc flw pra mim ontem eu fiquei muito emocionado e super feliz de ter um irmão como vc cada vez que passa eu me sinto uma brita que saiu dentro de mim para uma pessoa tão especial que eu tenho com vc Léo então pra mim finalizar eu quero te dizer que eu te amo para a vida toda e sempre estarei ao seu lado um beijo do Dudu "

A repercussão do livro na mídia continuou por um bom tempo. Foi tão maravilhosa, tão rica a participação do Dudu no "Programa Planeta", da Rede Minas, que até escrevi para a equipe este texto:

Matéria com a Jornalista Aline Rezende, da TV Minas

"Sinceramente, eu pensava que não tinha mais como abordar a temática das pessoas com Síndrome de Down de uma forma tão didática, emocionante, otimista, realista, sincera e engrandecedora. Vocês superaram todas as nossas expectativas e mostraram que o cromossomo não tem a última palavra".

Aline Resende começou o programa com a frase 'sem saber que era impossível, ele foi lá e fez' e cada dia mais me convenço de que 'quem tem limite é município'. Obrigado por retratar a vida como ela é, sem máscaras, hipocrisia e falsos discursos. Obrigado por nos emocionar e abrir espaço para trabalhos e pessoas que encaram a vida com otimismo, força, superação e cabeça erguida. Que as lágrimas que escorreram ao ver o programa e ao escrever estas linhas se transformem em mais ações e iniciativas para comprovar que o amor é o combustível para a superação de barreiras e construção de possibilidades. O projeto Mano Down, emocionado, bate palmas de pé para todos, especialmente para Aline Resende e Rogéria, pelo amor que colocaram na pauta.

Ainda no quesito imprensa, quero compartilhar aqui a reportagem de Camila Campos, publicada pelo jornal "Viver AlphaVille", veículo oficial dos associados e residentes do AlphaVille Campinas. O título é: "O amor em parceria: a história do Projeto Mano Down dos irmãos Gontijo". Vejam:

"A palavra irmão pode ser definida de várias formas. Além da ligação familiar, um irmão também pode se encaixar no forte conceito do adjetivo amigo. Já dizia Benjamin Franklin que 'um bom amigo será sempre como um bom irmão'. É quando esse conceito resume esses dois significados, o de irmão e amigo. Pois é assim o que define os irmãos e amigos Leonardo e Eduardo Gontijo.

Mineiros, esses dois personagens mostram diariamente para o mundo que o amor não tem fronteiras para as diferenças, sejam quais forem. E foi nesse aprendizado que Léo e Dudu construíram o Projeto Mano Down, vislumbrando a autonomia do Eduardo, que tem Síndrome de Down - alteração genética produzida pela presença de um cromossomo a mais no par 21. Porém, o projeto foi se tornando mais amplo, abrangendo não só a vida do Dudu, mas de várias pessoas com deficiência.

Parte desse projeto é o livro 'Mano Down: relatos de um irmão apaixonado', onde Leonardo narra e declara seus momentos de amor e amizade juntamente com Dudu. 'No livro tem fotos de nós dois desde pequenos, com o mesmo olhar de cumplicidade. A diferença da nossa idade é de quase 13 anos e, quando o Dudu nasceu, fiquei um pouco confuso, mas rapidamente descobri um novo mundo. Conviver com meu irmão é motivo de muito orgulho, admiração e aprendizado. Nossa ligação é muito forte e nossa cumplicidade é percebida rapidamente por todos. Nossa troca de olhares diz tudo', relata Leonardo.

E Dudu foi - e continua – progredindo tanto que seu trabalho e talento musical já são conhecidos por Minas Gerais e outros lugares do Brasil. O Dudu do Cavaco, além da sua carreira solo, também é um dos destaques da banda mineira 'Trem dos Onze'. Além do cavaco, ele também sabe tocar pandeiro, dominando rodas de samba por onde passa. 'Observei o meu primo Igor tocar cavaquinho, gostei do que vi e fui fazer as aulas com meus professores de música, Hudson Brasil e Pablo. São vários os artistas que me inspiram, porque eu sou eclético. Chico Buarque é um deles. Além da música, faço teatro e dança contemporânea', comenta Dudu. Seu repertório é composto por mais de 60 músicas, do samba à MPB, tudo isso compartilhado em seus shows.

Um sentido especial à vida. A experiência de ver o mundo com um olhar mais humano. A alegria e o amor de dois irmãos que todos os dias aprendem um com o outro. 'Hoje sou conhecido por ser irmão do Dudu do Cavaco. Os cromossomos não possuem a última palavra. É nas curvas da vida que aprendemos a amar. Basta apenas querer aprender com as surpresas que a vida nos reserva. Com o Dudu aprendi a respeitar a diversidade e acreditar sempre em nossos sonhos', disse Leonardo".

capítulo 2
PÉ NA ESTRADA

"Pegou um sonho e partiu/ pensava que era um guerreiro/ com terras e gente a conquistar/ havia um fogo em seus olhos/ um fogo de não se apagar"

("Com a perna no mundo", de Gonzaguinha -1945-1991)

A partir do lançamento do livro "Mano Down – relatos de um irmão apaixonado", começamos a desenvolver o Projeto Mano Down que, desde o início, teve o apoio e a adesão de muita gente a quem só tenho a agradecer pela participação e pela torcida. Essa energia nos incentiva na busca de uma sociedade mais justa, humana e inclusiva. Sabemos que a mídia é fugaz e o projeto é maior do que isso. Claro que nos enche de orgulho acompanhar a repercussão das conquistas do meu irmão Eduardo. Ficamos felizes e realizados e não podemos negar que isso tudo nos motiva.

Após o lançamento do livro, foi inevitável a chegada de convites para palestras. Não deu outra. Muito animados, Dudu e eu botamos o pé na estrada. Formatamos uma conferência musicada, em que eu falo sobre superação, conto minhas histórias junto com o meu irmão, destacamos a importância do amor no processo de superação e ele exibe seus dons de cavaquinista. Temos visitado inúmeras cidades por este Brasil afora e me encanta a disposição do Dudu, que não se incomoda de acordar cedo para as viagens e nunca reclama de cansaço.

Nunca vou me esquecer da primeira palestra do Dudu, no dia 4 de outubro de 2011, no curso de Administração da Faculdade Pitágoras, quando ele recebeu muitas palmas. Sem falsa modéstia, a palestra Mano Down ficou linda, com muito amor, música, conteúdo e emoção.

"O amor como combustível para superação de barreiras e construção de possibilidades". Esse é um dos nossos temas. A partir do conceito de inclusão, e tendo como pano de fundo o amor, Eduardo e eu contamos, por meio de histórias e músicas, o percurso de dois irmãos em busca de superação. Relatamos trajetórias de vidas que se cruzam e desenvolvemos os seguintes temas: trabalho em equipe, liderança, motivação, disciplina, perseverança, comunicação, comportamento e definição de metas. Trata-se de uma palestra com bastante sentimento, emoção e abordagens sobre inclusão, diversidade, superação, força de vontade, motivação, perseverança, empatia e cumplicidade, mas, sobretudo, muito amor.

A palestra não fala simplesmente da Síndrome de Down e sim de como uma pessoa é capaz de instaurar inúmeras mudanças em nossas vidas. Contamos nossa história com palavras e músicas e fazemos analogias com o mundo empresarial. Entre os tópicos abordados estão:

- O amor como o maior motivador da vida;
- Como desenvolver valores;
- Como aprender com as diferenças;
- O que podemos aprender com o universo da música;
- A nova forma do líder pensar, sentir e agir para atingir metas e melhores resultados;
- Reflexões sobre as verdadeiras lições de uma relação amorosa;
- Resiliência, sonhos e capacidade de realizar.

Primeira palestra na Faculdade Pitágoras

Com o tempo, acabamos formatando outras palestras e hoje temos quatro tipos. Uma delas, "O amor como prevenção de acidentes de trabalho", vem ganhando cada vez mais espaço. Como sou engenheiro de Segurança, aproveito para contar nossa história e trazer conceitos do mundo da prevenção. Afinal, segurança é, antes de tudo, cuidar.

Aula de inclusão

O Dia Internacional das Pessoas com Deficiência, 3 de dezembro, é uma data comemorativa, instituída pelas Nações Unidas desde 1998, com o objetivo de promover maior compreensão dos assuntos referentes à deficiência para mobilizar a defesa da dignidade, dos direitos e o bem-estar das pessoas. Essa celebração procura também aumentar a consciência dos benefícios trazidos pela integração das pessoas com deficiência em cada aspecto da vida política, social, econômica e cultural. A cada ano o tema é baseado no objetivo do exercício pleno dos direitos humanos e da participação na sociedade, estabelecido pelo Programa Mundial de Ação a respeito das pessoas com deficiência, adotado pela Assembleia Geral da ONU em 1982. Essa data, juntamente com o Dia Internacional da Síndrome de Down, celebrado em 21 de março, são as mais procuradas para as nossas palestras. E nós fazemos questão de ir para dar nosso recado. Vale esclarecer que a data 21/03 foi inteligentemente escolhida, porque a Síndrome de Down é, como muitos já sabem, uma alteração genética no cromossomo 21, que deve ser formado por um par, mas, no caso da síndrome, aparece com 3 exemplares, a trissomia. Muito criativa essa ideia de brincar com os números 21 e 3.

O primeiro Dia Internacional da Síndrome de Down oficial foi celebrado na sede da ONU em Nova York, em 21 de março de 2012, com a Conferência "Construindo o nosso futuro". Educação inclusiva, participação política, vida independente e pesquisas científicas foram alguns dos tópicos discutidos por autodefensores, além de especialistas na síndrome, representando todos os continentes.

O Brasil foi fortemente representado por jovens da Associação Carpe Diem de São Paulo, que foram convidados para lançar o livro de autoria deles, "Mude o seu falar que eu mudo o meu ouvir", um guia de acessibilidade na comunicação para pessoas com deficiência intelectual. A publicação é a primeira no gênero de que se tem notícia no mundo e terá versões em português e inglês. As ações pela promoção da inclusão em parceria com a mídia do Instituto MetaSocial, da campanha Ser Diferente é Normal, em comerciais e novelas, entre outras, e as comemorações do Dia Internacional da Síndrome de Down, celebrado no Brasil desde que foi lançado em 2006, também tiveram destaque.

O amor de dois irmãos e a superação como combustível para motivar pessoas na carreira ou na vida pessoal. Esse é o mote das palestras musicadas que Dudu e eu fazemos. Temos falado em empresas, instituições, faculdades e escolas espalhadas por todo o Brasil. No total, já fizemos mais de 100 palestras em Belo Horizonte, Rio de Janeiro, São Paulo, Brasília, Recife, Campinas, Mato Grosso do Sul, Espírito Santo e interior de Minas.

O público diversificado vai de adolescentes de escolas públicas a executivos de empresas. O que não muda é o sentimento que fica: emoção e a percepção de que, mesmo com as limitações pertinentes a todos os seres humanos, é possível vencer barreiras e obstáculos. As pessoas percebem isso ao ver a superação ao vivo. O Dudu ali, participando da palestra, tocando cavaquinho e percussão, falando em público, dialogando. É como se elas se questionassem: se o Dudu consegue, eu também consigo.

A ideia das palestras começou mesmo a partir do livro sobre a vida do Eduardo. Essa publicação, na qual conto fatos que vão das dúvidas da nossa família quando soube da síndrome, passando pela rejeição em algumas escolas, até a consagração do Dudu como músico, foi a semente. O objetivo do livro era esclarecer um pouco às pessoas sobre o assunto. Mas deu tão certo que viramos uma referência, principalmente para as famílias com casos de síndrome. Passamos a ser procurados para esclarecer dúvidas e dar dicas sobre o tema. A partir daí, criamos o Projeto Mano Down, que tem como objetivo dar maior visibilidade às pessoas com a Síndrome de Down. Lançamos alguns produtos para nos sustentar e crescer, como camisas, livros e CDs. E essas palestras se tornaram o nosso produto mais importante. São, em média, quatro palestras por mês, com formatos variados: de 35 minutos ou 1h10min. Dependendo do tempo disponível e do assunto a ser abordado, adaptamos o conteúdo.

Os temas variam, mas todos trabalham inovação, superação, motivação, liderança, sonhos, conquistas e amor. Trabalhamos quatro temas: "O amor como combustível para superação de barreiras e a construção de possibilidades", "O amor como prevenção de acidentes de trabalho", "O amor como base para a implantação do programa 5S" e "Adversidade e diversidade: superando a diferença e deficiências". Claro que tudo é feito com muito preparo. Estudamos e aprendemos muito sobre o que vamos falar. Por isso, creio que os *feedbacks* são positivos.

Dudu do Cavaco e a apresentadora Xuxa

Mas naquela segunda-feira, dia 6 de fevereiro de 2012, a apresentadora Xuxa Meneghel encontrou uma turma muito especial no Projac, da Rede Globo, onde costumava fazer seu programa. Talentosos baixinhos e altinhos a aguardavam para a gravação do TV Xuxa em homenagem ao Dia Internacional da Síndrome de Down, festejado no dia 21 de março.

Ao entrar, Xuxa ganhou abraços, beijos e muitos presentes. Foram quadros emocionantes, quando os baixinhos mostraram, a cada apresentação, que ser diferente é normal. E, claro, entre os convidados estava o nosso Dudu do Cavaco, que realizou um sonho antigo de tocar ao lado de uma de suas bandas preferidas, a 'Inimigos da HP'.

Mágico, indescritível, arrepiante. Uma aula magna de inclusão. Assim defino a participação do meu irmão Dudu no programa da Xuxa. Com certeza, ficará gravado para sempre em nossa memória e no nosso coração. Não há palavras para descrever a quantidade de amor exalada em cada camarim, em cada metro quadrado, em cada profissional envolvido. Somente as lágrimas puderam demonstrar a importância daquele momento vivido.

Dudu com Sebá, vocalista da Banda Inimigos da HP

Quando a Rainha dos Baixinhos finalizou a gravação, disse que, independentemente da audiência, da luta ferrenha pelo Ibope, o que valia mesmo eram os momentos vividos, o palpitar dos corações, os olhares vivenciados, as lágrimas despejadas. Sinceramente, apenas por esse dia, valeu a pena estar vivo. Sem exagero. A felicidade sincera estampada em cada pessoa presente, as falas contagiantes e verdadeiras, nos fazem acreditar efetivamente na espécie humana.

Particularmente para o Dudu e para nossa família foi o coroamento de um projeto. Ver a alegria e o brilho nos olhos dele foi o indicador mais fiel do rumo certo da nossa caminhada. Se nos faltam palavras, sobram sentimentos para agradecer a toda equipe. E a repercussão foi mais do que positiva. Até o Daniel Alves, jogador do Barcelona, tuitou: "Que lindo o programa da Xuxa! Somos todos iguais e o Dudu toca muito. Ser diferente é ser normal". Dudu adorou.

Importante dizer que o Projeto Mano Down tem por objetivo alcançar maior autonomia para o Dudu, para que ele possa exercer um controle cada vez maior sobre sua vida. Queremos que ele seja reconhecido e possa exercer uma profissão com dignidade e demonstrar todo seu talento artístico e sua capacidade musical. Que ele, por conta própria e com seu trabalho, possa ter o direito de ir e vir ao seu modo, possa falar por si mesmo.

Impressionante como o Dudu é capaz de mudar a cara de um ambiente. Após a participação dele no TV Xuxa, estávamos no Aeroporto Galeão, no Rio, aguardando a chamada do nosso voo de volta a Belo Horizonte. Passava das 11 da noite e era nítido o cansaço das pessoas, o clima pesado no ar, muita gente voltando para casa após um longo dia de trabalho. Eis que, dentro do ônibus que nos levava até o avião, Dudu saca seu cavaco e começa a tocar. De repente, todos começam a sorrir e os semblantes ficam mais leves. No fim da música, ele é aplaudido e continua seus solos até a entrada do avião. Mais uma prova de como podemos fazer a diferença.

Samba no pé e na alma

Dudu do Cavaco na bateria da Embaixadores da Alegria, na Sapucaí

Um sonho, um momento mágico, um encontro inesquecível. Uma emoção jamais sentida, uma confluência de amor, sinergia poucas vezes encontrada. Assim resumo os momentos que vivi na Marquês de Sapucaí naquele fevereiro de 2012, quando o Dudu desfilou na Escola de Samba Embaixadores da Alegria. Sem dúvida, um momento que será eternizado em nossos corações.

Tantas vezes esbarrei em pessoas ditas normais, infelizes e amarguradas. Jamais havia visto uma unanimidade de sentimentos tão positivos, uma alegria tão verdadeira e sincera. Chorei por toda a Sapucaí, com o olhar incrédulo de ver que aquilo era possível. Foram 110 minutos de levitação, guiados por uma força que dificilmente sentirei outra vez. Uma força humana de vontade de viver, de gana por superar, de determinação por simplesmente mostrar. Para se conhecer a capacidade de um ser humano, dê a ele apenas uma oportunidade. Pois os Embaixadores da Alegria, da inclusão, do amor, já fizeram isso com 8.000 pessoas.

A Escola de Samba Embaixadores da Alegria nunca mais será esquecida por todos que amam essa instituição. Ainda me emociono ao resgatar os momentos vividos naquele desfile. Aquelas pessoas me ensinaram efetivamente o que é inclusão na prática, na avenida, ao vivo, com suor, lágrimas, esforço, amor e paixão. Aquela gente provou que tudo é possível. Sonhar é possível, realizar é possível. A inclusão só vai acontecer efetivamente se iniciar em nossos corações e se concretizar nas atitudes.

Vida longa a esses embaixadores, aos quais seremos eternamente gratos por esta bomba de amor, este cometa de alegria. O grupo me trouxe para uma nova realidade, deu à minha vida um sentido ainda mais especial. Para mim, é uma escola que já nasceu campeã pelo simples fato de existir. Não precisa transmissão, jurados ou quesitos porque é nota 1000 no amor, na essência do ser.

Quem vê um desfile da Embaixadores da Alegria jamais sai ileso. O sentimento é tão forte, que as pessoas saem dispostas a rever seus conceitos. Não há luxo, mas sentimento. Não há celebridades, mas pessoas essenciais, que efetivamente fazem a diferença. A verdade é que saí daquele desfile com a alma lavada, o espírito renovado, o coração limpo e a mente feliz. Fiquei dias sem conseguir dormir, pensando na dimensão daquele evento. Ouso dizer que a Escola de Samba Embaixadores da Alegria mudou a minha vida e a do Dudu.

Organização social que trabalha sério para fazer as pessoas sorrirem, a Embaixadores da Alegria é a única escola de samba do mundo que abrange todas as deficiências num só guarda-chuva: o da inclusão. Há cinco anos consecutivos ela sai na Marquês de Sapucaí, sempre levando enredos leves, autênticos e responsáveis socialmente.

Para que possamos entender o nosso semelhante é preciso muito afeto. Na Escola de Samba Embaixadores da Alegria, persistência e amor são componentes permanentes. Por isso, ela é primeira e única no mundo voltada para pessoas com qualquer tipo de deficiência. Para o Carnaval 2012, por exemplo, a Embaixadores escolheu o esporte como tema, ferramenta essencial no cotidiano das pessoas com deficiência e seus familiares: "Olêlê, Olálá – a Paralimpíadas vem aí – e a alegria vai pegar". A ideia era transformar a avenida em um verdadeiro coliseu e torcer pelos foliões que superam obstáculos todos os dias, fazendo com que o espírito olímpico de superação e esforço invadam o sambódromo do Rio de Janeiro com o desfile de uma escola de samba que reúne atletas paralímpicos e pessoas com deficiência e seus familiares.

Eu e Dudu do Cavaco desfilando na Sapucaí

Segundo o site da revista Exame, em um barracão do centro da cidade, a 'Embaixadores da Alegria' se prepara, como qualquer outra participante do carnaval, para mostrar na Avenida Marquês de Sapucaí que os problemas físicos não são uma limitação e, com isso, dar uma lição de esforço e solidariedade excepcionais. "Queremos mostrar como as pessoas com deficiência são capazes de trabalhar e ser úteis para a sociedade", explicou o presidente da escola, Caio Leitão. Anualmente, são cerca de 1,8 mil brasileiros com limitação motora, auditiva, visual, paralisia cerebral e Síndrome de Down, além de seus amigos e familiares que participam de um desfile que não é apenas uma festa, mas 'um trabalho de inclusão social e emocional através da arte e da cultura do carnaval', como destacou Leitão.

De acordo com um dos diretores da Embaixadores da Alegria, Paul Davies, naquele ano eram, ao todo, 1.800 componentes, entre pessoas com qualquer tipo de deficiência, parentes e amigos, que iriam atravessar a avenida numa lição de esforço e inclusão social por meio da arte. Um grande carro alegórico prateado e com muitas cores, que em nada deixa a desejar aos das grandes escolas que contam com milhões de reais de orçamento por meio de subsídios e patrocínios, recebeu os atletas paralímpicos para o desfile no sambódromo.

'Estou nervoso, só tinha visto os desfiles pela televisão, nunca pude participar e ver tudo tão de perto, é um momento mágico para mim', comentou na época, com orgulho, Marcelo Cardoso dos Santos, nadador paralímpico de 19 anos.

Um gol no Maracanã

Um sonho, uma conquista, uma quebra de barreiras. Quando alguém iria imaginar que o Dudu do Cavaco e o Projeto Mano Down pudessem chegar à Unicamp, uma das mais respeitadas universidades do País? Confesso que nem eu!

Quando recebemos o convite de Edison Lins, gerente de benefícios da Unicamp, senti um misto de orgulho e medo. Orgulho por poder levar nossa mensagem para fora de Minas Gerais pela primeira vez. E medo por saber da importância e responsabilidade da tarefa.

Convite feito e aceito, começamos os preparativos. Atraso de voo, cansaço, chegamos ao belíssimo campus da Unicamp por volta de 11:30 da noite de uma quinta-feira. Que estrutura! O hotel para receber professores e convidados era de primeira linha. Arrumamos as coisas que são muitas (livros, camisas, computador, caixa de som, fios, *banners*, etc.) e fomos jantar. Ao lado do Dudu, me sentia realizado. Após o jantar, fomos dormir.

Dudu, com sua tranquilidade e calma habituais, dormiu rapidamente. Já eu, ansioso e preocupado com todos os detalhes, arrumei o material, fiz os últimos ajustes e conferi se estava tudo certo. Ao me deitar e olhar para o Dudu ali relaxado, chorei de alegria ao constatar que nosso projeto faz sentido. Ele já deu um passo importante para sua autonomia. Chorei ao ver que, ali do meu lado, estava um homem responsável e profissional ao extremo.

Dudu do Cavaco no saguão do aeroporto, aproveitando o tempo

Pensei no nascimento dele, em suas dificuldades, e acabei pegando o livro que ele comprou no aeroporto e leu bastante e que conta a história de Anderson Silva. Como foi bonito vê-lo se interessar pelo livro, pelo assunto e pedir o livro na livraria. Li algumas páginas e vi que a história dos dois se assemelha, ou melhor, qualquer história de sucesso se assemelha com outra. Tem muita determinação, força de vontade, vitórias, derrotas e muito esforço, trabalho e sonhos. Passava das duas da madrugada quando peguei no sono.

Sete horas de sexta-feira o despertador toca e levantamos. Olho no olho do Dudu para ver como ele estava. Como sua sabedoria natural, disse:

— Léo, deixa comigo. Vamos detonar.

Ainda cansados, mas confiantes, tomamos café e aguardamos a equipe da Unicamp.

Eram 8h quando Rodrigues, outro gerente da Unicamp, veio nos receber. Tranquilo, com um papo agradável, foi respeitoso e muito educado. Parecia feliz por participar daquele momento. Entramos no carro e vislumbramos, desta vez de manhã, a imensidão daquele Campus. Era nosso principal jogo, era como um jogador de futebol estrear no Maracanã. Sabíamos da responsabilidade, nos preparamos para aquele dia. Sabíamos da dimensão daquilo.

Chegamos ao auditório, arrumamos as coisas, checamos todos os detalhes. Dudu, sempre atento, participava de tudo, especialmente da parte sonora. Em seguida, chegaram Ziara Roque e Maria Cristina, ambas analistas de benefícios da Unicamp, que, com muita simpatia e carinho, nos deixaram à vontade. Quando Edison Lins chegou, confirmamos o que havíamos sentido por e-mail e telefone. Trata-se de um ser humano do bem, que quer fazer a diferença.

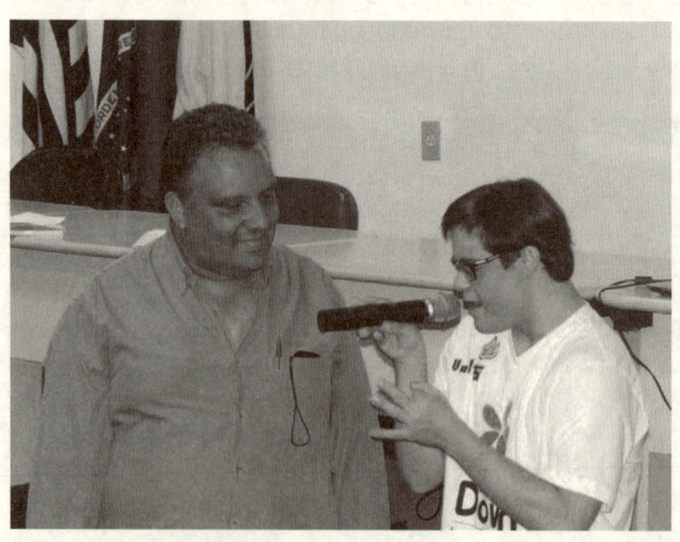

Dudu do Cavaco agradecendo a Edison Lins

Tudo pronto, palestra dada, emoção sentida. Meu olho brilhava ao ver a desenvoltura do Dudu. Um talento, um gigante na arte da superação. Um exímio orador à sua maneira, ao seu tempo. Contamos nossa história, demos nosso recado. Fomos maravilhosamente bem recebidos.

Saímos mais fortes para a segunda palestra. E não é que a segunda foi ainda melhor? Auditório cheio, pessoal animado. Dudu, mais uma vez, se superou. Cantou, dançou, interagiu, conquistou o público e o protagonismo na palestra. Ao final, fomos surpreendidos com a plateia de pé. Foi demais. Chorei novamente ao entender a dimensão daquilo. Dudu ensina tocando, falando, agindo, sorrindo. Ele é vida e isso todos perceberam.

Chegamos ao aeroporto, exaustos, porém, mais vivos. Constatei o crescimento pessoal e profissional do Dudu e devo isso muito ao Edison e a todo pessoal do GGBS - Grupo Gestor de Benefícios Sociais - que acreditam em nós e nos fazem seguir em frente. Essa nossa viagem foi em maio de 2012. Depois disso, voltamos mais duas vezes a Campinas. Sempre com sucesso.

Dudu do Cavaco concedendo entrevista e tocando para a TV Unicamp

Para não parecer que exagero, vejam o que foi veiculado no jornal da Unicamp sobre a nossa ida a Campinas:

"Léo abdicou do seu posto de caçula, quando, aos 12 anos, nasceu seu irmão Dudu com a Síndrome de Down. Desde então, uma grande amizade os une, a mesma que motiva os dois, os irmãos Gontijo, para alguns projetos de vida em comum. Léo conta que nunca tinha reparado em nenhuma pessoa com deficiência, pelo menos não com os olhos com que hoje enxerga o irmão. Fruto dessa experiência com Dudu, Léo publicou um livro recentemente, pela Editora São Jerônimo, 'Mano Down: relatos de um Irmão apaixonado'. Há dias, eles deixaram Belo Horizonte para participar do evento comemorativo do Dia das Mães no auditório da Biblioteca Central César Lattes na Unicamp. O encontro foi prestigiado por funcionários, visitantes e alunos.

Leonardo falou sobre as mudanças de rota que advieram com o nascimento de Eduardo, às quais ele prefere qualificar de grandes possibilidades. Os dois irmãos relataram o percurso da superação através da fala e da música. Entrou então em cena o Dudu do Cavaco, o músico, relatando a sua vida que, no livro, vem intercalada com depoimentos, cartas e informações sobre a Síndrome de Down. Além do livro, Léo e Dudu trabalham no Projeto Mano Down, que deu nome à obra, cuja sede fica em Belo Horizonte e que busca auxiliar as famílias na inserção dos filhos com a deficiência.

A família Gontijo, comenta Leonardo, tem feito de tudo para que Dudu consiga levar uma vida mais próxima do comum. Desde cedo, o garoto manifestou gosto pela música e foi levado a estudar cavaquinho. Outra coisa: Dudu faz teatro, atuando com o grupo Crepúsculo, em Minas Gerais. Fala com desenvoltura e sabe ler e escrever, tendo uma nítida habilidade para as artes. Por causa do projeto, os irmãos têm viajado o País para dizer que a Síndrome de Down pode representar uma mudança de rota, mas bem-sucedida. Recentemente, estiveram num programa de televisão transmitido aos sábados pela Rede Globo e os compromissos na agenda aumentaram.

Segundo Léo, 'o intuito deste livro é partilhar experiências e, antes de tudo, mostrar meu amor pelo Eduardo. E enfim, divulgar a alegria e a riqueza que é conviver com um irmão Down'.

De acordo com o organizador do evento, Edison Lins, responsável pelo GGBS, a vinda dos irmãos Gontijo para a Unicamp foi providencial pelo fato de colocar em discussão um tema emergente de responsabilidade social que é a inclusão. 'Este projeto aposta nas pessoas com Síndrome de Down, no seu desenvolvimento e na sua integração. Tudo o que puder ser feito para diminuir o preconceito ajuda a eliminar os equívocos e a entender melhor a questão', pontuou.

Diário de uma paixão

Claro que a partir da nossa ida a Campinas, nasceu uma bela amizade entre nós e o Edison Cardoso Lins, nosso anfitrião. Funcionário da Unicamp, onde atua no Grupo Gestor de Benefícios Sociais e professor da rede estadual de SP, esse mestre em Educação também mandou sua mensagem para este livro. Confiram:

"Sabe aqueles sábados à tarde em que você está em casa descansando e nada sugere alteração de uma boa rotina, o meio do fim de semana e, de repente, surge na tela da TV ligada na sala algo que te instiga? Talvez até pela surpresa de que um programa de entretenimento trouxesse tanta contribuição e para uma vasta audiência. Foi assim que conheci os irmãos Léo e Du Gontijo. Sotaque mineiro, com quem tenho certa familiaridade pela família materna, falavam e cantavam sobre um tema desafiador, a inclusão e, de forma muito específica, algo que deveria ser natural, a inclusão daqueles seres tão especiais, com a chamada Síndrome de Down.

Foi tanto impacto que, de imediato, procurei pelas redes sociais, consegui o contato e enviei mensagem. Houve resposta. Vi sintonia de propósitos.

Tanto no pessoal como no profissional. Sou gestor de um órgão que tem como missão institucional fomentar também o desenvolvimento humano e a cidadania. Houve o convite. Vieram. Palestraram. Cantaram. Encantaram. Palestra musicada. Livro cantado. Pude levar gente a quem amo muito para ter contato com um belo mundo real. Saíram, as meninas, apaixonadas pelo Du. Ficaram amigos. Voltaram depois.

Até parece que, nessas idas e vindas, confirma-se a afinidade de Campinas com Minas, não só com o Sul de Minas, mas também com Belo Horizonte, capital inclusiva. Que tem nos irmãos, representantes por natureza. O Léo parece não enxergar barreira na missão de fazer crescer a adesão a uma luta que não é só dele. Não pode ser só dele. É também do Du e de todos nós. Para envolver a todos nós na causa, é assim que eles se mostram. E o fazem com verdades.

A chegada do irmão, a luta da família, o preconceito encarado e superado. O exemplo de que de fato não existem barreiras. Em 2015 também voltaram. O Léo, junto com o Du, conquistou um espaço mais amplo, em um Simpósio Internacional em Campinas, na Unicamp – Universidade pública estadual, para que houvesse espaço para que o talentoso Eduardo Gontijo, para quem os limites não limitaram, apresentasse seu talento e sua arte.

E como não há tempo a perder, o Leonardo Gontijo, também ambientalista, falou de outra causa. Sobretudo, falaram do novo livro. Vincularam novos militantes para a causa Down. O livro está aqui. Cheio de verdades e de reflexões. Provavelmente, cheio de "causos" reais, não só mineiros, mas totalmente universais. Mais que um livro, um diário da paixão por uma missão, por uma causa. Ler o livro, recomendar, fazer com que muitos o leiam. Contribuir para uma missão de todos nós, na qual precisamos estar juntos. Juntos e sempre".

Entre os bons

Dudu do Cavaco com a equipe Dean Rodney Singers

Dudu do Cavaco com a equipe Dean Rodney Singers

Dois dias de real e intensa inclusão. Assim resumo os momentos que passamos em São Paulo em abril de 2012 para a gravação da parte brasileira do projeto internacional liderado pela Cia Inglesa Heart n' Soul chamado Dean Rodney Singers. Trata-se da colaboração entre aproximadamente 72 artistas de diversos países do mundo, músicos e bailarinos, com e sem deficiência, conectados na internet, para materializar, por meio da música, dança e linguagens eletrônicas, a visão de mundo do jovem Dean Rodney, artista com autismo e curador desse trabalho. (www.deanrodneysingers.com/)

Foram 11 artistas brasileiros selecionados e o Dudu do Cavaco, após indicação do DefestMinas, foi aprovado. Chegamos a São Paulo numa quinta-feira cedo e meu irmão estava muito apreensivo, uma vez que não tínhamos muitas informações sobre o projeto. Aos poucos, com sua naturalidade, foi conquistando seu espaço e fazendo contatos e sons. Abrilhantou o evento com sua ótima participação.

Às vezes sou acometido por uma sensação agradável de avanço. Cada vez mais me convenço de que o amor pode ser realmente o combustível para a superação de barreiras e a construção de possibilidades. Mas há ocasiões que são especiais, como o dia em que eu ganhei um *iPad* de presente do Dudu. E o mais importante: o aparelho foi comprado com o fruto do seu esforço, dedicação, força de vontade e amor à música. Na verdade, Dudu ganhou outro *iPad* após concluir seu trabalho no projeto Dean Rodney, veiculado na Paralimpíadas de Londres de agosto de 2012. Foi o cachê pela sua árdua participação no projeto. O *iPad* veio com vários softwares para criação e desenvolvimento de músicas e, como ele já tinha um, me presenteou com o seu antigo. Fui surpreendido com esse gesto espontâneo, generoso e carinhoso dele. Muito além do objeto em si, o que fica é o gosto de vitória e superação do meu irmão que, aos poucos, e com muita luta, vem quebrando paradigmas e superando prejulgamentos.

Continuamos nossa carreira de palestrantes com o pé na estrada e, em junho de 2012, participamos do 13 *workshop* da Verde Ghaia. Foi um dia intenso, repleto de conteúdo, debates e muita emoção. Fiquei emocionado ao receber um broche comemorativo dos sete anos de Verde Ghaia. Realmente, Deivison Pedroza e Daniela Cavalcante, os proprietários da empresa nos emocionaram bastante. Foi um excelente evento, em que predominou a valorização dos seres humanos.

Na parte da tarde, Dudu do Cavaco e eu apresentamos a palestra "O amor como combustível para superação de barreiras e construção de possibilidades para toda empresa". Agradecemos mais uma vez o apoio da presidência da Verde Ghaia, empresa onde eu trabalhava na época, por acreditar e nos apoiar no Projeto Mano Down.

Ouviram do Ipiranga

"Belo Horizonte, 15 de maio de 2012.

Prezado Senhor,

A Comissão Organizadora da III Conferência Estadual dos Direitos da Pessoa com Deficiência convida V.Sª para executar o Hino Nacional Brasileiro na solenidade de abertura da III Conferência Estadual dos Direitos da Pessoa com Deficiência.

A Conferência será realizada pela Secretaria de Estado de Desenvolvimento Social por meio da Subsecretaria de Direitos Humanos e a Comissão Organizadora da III Conferência Estadual dos Direitos da Pessoa com Deficiência, nos dias 19, 20 e 21 de junho de 2012,em hotel de Belo Horizonte a ser definido.

A mesa de abertura está prevista para o dia 19 de junho, às 16h00min.

Solicitamos a gentileza de nos informar sobre a necessidade de algum equipamento específico para sua apresentação.

Agradecemos antecipadamente e colocamo-nos à disposição para quaisquer esclarecimentos adicionais.

Atenciosamente,

Ana Lúcia de Oliveira, pela Comissão Organizadora da III Conferência dos Direitos da Pessoa com Deficiência."

Dudu do Cavaco abrindo a III Conferência
Estadual dos Direitos da Pessoa com Deficiência

Claro que foi uma emoção receber — e aceitar — esse convite. Dudu, como de costume, chegou antes do horário previsto no dia da apresentação. Olhou para a plateia, afinou seu instrumento e 'sentiu o clima', como ele gosta de falar. Conversamos um pouco sobre a importância daquele momento e da magnitude do evento. Ele me olhou, sorriu e disse:

— Deixa comigo. Treinei muito e estou preparado.

Dito e feito. Ele tocou com muito amor e harmonia e foi aclamado pelo público. Após a execução do hino, ainda ficamos um pouco no evento. Ele interagiu bem com as pessoas e até deu alguns autógrafos. E recebeu elogios e convites para novos eventos.

Não sei se ele se tocou sobre a importância e o significado de um evento daquele tamanho. Aliás, é uma característica que percebo nele: independentemente do público - tamanho, autoridade ou importância -, ele encara a apresentação com o mesmo profissionalismo e naturalidade, apesar de sempre gostar de tocar com casa cheia. E diz sempre que "adora encantar várias pessoas".

Há coisas que não têm preço. Teve muita repercussão uma palestra que fizemos em Patos de Minas. Destaco esta, que recebemos de Celsa: "Dudu e Léo, foi com muita emoção e leveza no espírito que saí da apresentação de vocês no Unipam em Patos de Minas – vocês me fizeram ver, com o amor genuíno que têm um pelo outro, que ainda é possível crer nos homens. Confesso que andava meio descrente desse sentimento por uma série de situações que a vida me impôs. Que Deus nunca deixe esse amor puro e desinteressado de vocês se extinguir e que vocês possam levar adiante o belo projeto que os move. Beijo grande! Sucesso sempre!".

Outra novidade: abrimos o ICLEI, em maio de 2012. Na verdade, o Dudu do Cavaco abriu. Ele solou o Hino Nacional antes da fala do prefeito de BH, Márcio Lacerda, nesse encontro que foi o primeiro Congresso Mundial do ICLEI na América Latina. O ICLEI, para quem não sabe, é uma associação democrática e internacional de governos locais e organizações governamentais nacionais e regionais que assumiram um compromisso com o desenvolvimento sustentável. Mais de 1100 cidades, municípios e associações fazem parte da comunidade cada vez maior de membros dessa instituição.

Maratona para os fortes

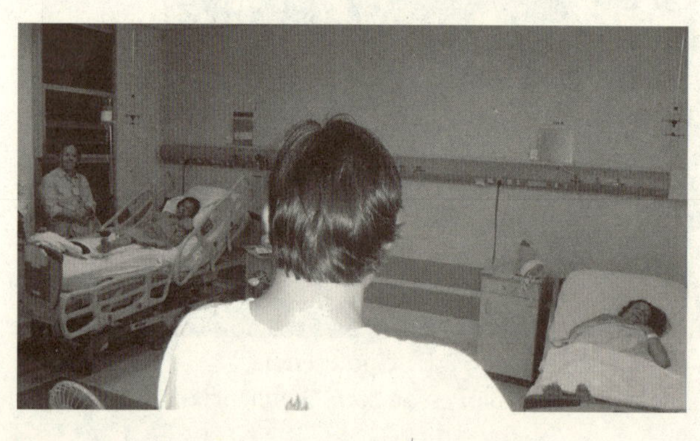

Dudu do Cavaco no hospital em Campinas: música para levantar o astral

Quando peguei o Dudu na casa dele, naquela sexta-feira de novembro de 2013, senti que ele estava preparado para sua intensa agenda. Estávamos a caminho de Campinas pela segunda vez, de novo a convite do GGBS - Grupo Gestor de Benefícios Sociais da Unicamp. Mal chegamos ao Aeroporto de Confins e já começamos a festa. A área de embarque aprovou quando Dudu lançou mão do seu cavaco e deu uma palhinha pra aquecer a temporada, que se revelou uma maratona para os fortes.

Chegamos em Campinas, no Aeroporto Viracopos, por volta das 16 horas de sexta-feira e, enquanto esperávamos as bagagens, resolvemos descontrair um pouco. Dudu voltou a tocar para alegria de todos. Depois de deixarmos as malas no hotel, fomos almoçar. Foi uma conversa engrandecedora, quando percebi que o Dudu cada vez mais se coloca no mundo. Ele não ficou satisfeito com o atendimento e me disse como é ruim ser tratado com desprezo e falta de atenção. No caso, ele estava se queixando do garçom que, segundo ele, apenas entregou a comida sem perguntar se estava tudo bem e sem qualquer outro comentário. Ele não gostou. Aproveitamos e alinhamos alguns assuntos de nosso projeto.

Acabamos de comer e era hora de nos preparar para um momento especial. A convite de Edison Lins, o gerente de Benefícios da Unicamp, fomos conhecer o belíssimo trabalho do Hospital da Mulher Professor Doutor José Aristodemo Pinotti. Na entrada, fomos muito bem recebidos por toda a equipe. Meus olhos brilhavam e o Dudu estava focado para entender melhor o que iríamos conhecer e fazer. Após conhecer o objetivo do hospital e suas atividades (vale a pena uma visita ao site http://www.caism.unicamp.br/), iniciamos nossos trabalhos. Primeiro, um bate-papo e, obviamente, muita música e alegria. Eram 19 horas e iniciamos pelo quarto andar, ala da ginecologia. Dudu estava apreensivo e, ao ver as pacientes desanimadas, logo soltou:

— Pessoal, vamos levantar o astral.

Ele tocou 12 músicas. Que momento inesquecível! Ver as pacientes, funcionárias e a diretoria soltando a voz foi um momento de rara emoção. Foi aí que conhecemos um médico com uma alma muito humana e que nos marcou muito: Dr. Fernando Gabiach, que até ensaiou umas batidas no pandeiro. Saí arrepiado e com a certeza de que o Projeto Mano Down pode trazer isso para Belo Horizonte, não somente para os pais de crianças com Down, mas para todas as famílias.

Continuamos nossa caminhada e fomos levar uma mensagem de amor e superação aos pacientes que não podem sair do quarto. Claro que não aguentei e as primeiras lágrimas começaram a cair. Meu coração acelerou e a emoção prevaleceu. Fomos à ala de Oncologia, onde o clima estava mais pesado, pois é onde ficam vários pacientes terminais, muitos que não têm mais o que fazer em termos clínicos. Estava previsto que Dudu iria tocar "Como é grande o meu amor por você", porém, ao perceber o ambiente, ele mudou o repertório e disse que iria tocar apenas canções para alegrar. Foi um dos momentos mais lindos que já vivi.

Com um sentimento que não consigo descrever, nos despedimos e fomos em direção a outro andar. Os olhos do Dudu brilhavam e conversamos sobre a importância do carinho para o ser humano. Num dos corredores do hospital, li esta frase em um quadro que me chamou a atenção:

> *"Existem homens que lutam um dia e são bons. Existem outros que lutam um ano e são melhores. Existem aqueles que lutam muitos anos e são muito bons. Porém, existem os que lutam toda a vida. Estes são os imprescindíveis."*
>
> Bertold Brecht (1898-1956)

Percebi que o idealizador do hospital é um dos homens que lutaram a vida toda. O Centro de Atenção Integral à Saúde da Mulher - CAISM - nasceu de uma proposta dos docentes da Faculdade de Ciências Médicas da Unicamp, particularmente do Departamento de Tocoginecologia. Idealizado para ser o "Hospital da Mulher" da Unicamp, foi inaugurado em março de 1986 e hoje é referência regional em complexidade terciária e quaternária na assistência à saúde da mulher e do recém-nascido, inclusive para casos de emergência. Pelo pioneirismo regional, consolidou-se como referência nacional para o tratamento de câncer ginecológico e mamário. Atendendo exclusivamente através do SUS, constitui-se num hospital que presta assistência multiprofissional e interdisciplinar, além de promover o ensino, a pesquisa e a extensão. Instalado no complexo hospitalar da área de saúde da Unicamp, é formado por um conjunto de oito prédios que totalizam cerca de 15 mil metros quadrados de área construída.

Dudu do Cavaco tocando no hospital em Campinas

Considerado a maior unidade hospitalar de atenção à saúde da mulher do interior do Estado de São Paulo, o CAISM dispõe de 139 leitos distribuídos entre as subespecialidades da Obstetrícia, Neonatologia, Ginecologia, Oncologia Ginecológica e Mastologia, por onde já passaram mais de 1,5 milhões de pacientes. O hospital conta ainda com uma Seção de Apoio Social, estruturada para oferecer alojamento às pacientes com dificuldades em manter o tratamento ambulatorial ou que necessitem estar próximas dos seus filhos recém-nascidos em tratamento intensivo na Neonatologia.

Passava das nove e meia da noite quando, na saída do hospital, juntaram-se a nós pessoas da comunidade do entorno da Unicamp, funcionários e pacientes. E Dudu nos brindou com um belíssimo show. Não sei dizer o que senti. Ao finalizarmos a primeira etapa da nossa jornada de trabalho, tive certeza de que o prêmio recebido pelo hospital era mais do que merecido. Saí com a certeza de que poucas vezes na vida vi uma equipe de trabalho tão harmônica e humana e isso contribui para a excelência do trabalho prestado por eles. Já eram quase 10 horas quando a analista da Unicamp Rosane Prado e seu marido nos deixaram no hotel. Com uma sensação de leveza e revigorado, nos encontramos com os músicos e amigos da banda "Trem dos onze". Começava então a segunda parte de nossa jornada. Ao nos juntarmos ao grupo, nos organizamos para o show do dia seguinte pela manhã. E, mesmo cansados, buscamos forças e fomos assistir ao show do excelente grupo "Zé da Guiomar", também de BH. A apresentação foi ótima e contou com uma excelente plateia na Casa São Jorge. Já era uma da manhã quando Dudu foi chamado ao palco e deu seu recado. Mais uma vez, as lágrimas correram.

Dormimos pouco e, tão logo acordamos, no sábado, às 8 horas, seguimos para a Unicamp para o show do "Trem dos Onze". Meu irmão acordou animado. Foi muito bacana conhecer mais de perto toda a banda e comprovar a simplicidade com que eles fazem o trabalho, bem como os seres humanos que são. Fica sempre nosso agradecimento a eles.

Tomamos café e, como sempre, fomos muito bem tratados pelo Rodrigues, outro analista da Unicamp e pelo Edison. Sem palavras para agradecer o carinho. Dudu até fez um texto para o Edison e postou no Facebook:

"Edson, muito obrigado por me receber na Unicamp. Eu fiquei muito feliz de voltar aí em Campinas e você me tratou superbem aí em Campinas. Fiquei mais do que feliz e prometo pra você que quero voltar mais vezes aí. Fiquei muito emocionado quando eu vi você, o meu olhar pra você e um amor muito grande que eu tenho com você. Gostei muito do hotel e adorei fazer a conversa e tocar no hospital. Isso pra mim me trouxe muita felicidade, alegria, amor e afeto e uma paz. Deus te abençoe sempre. Um grande beijo do Dudu". Não precisa dizer mais nada.

Dudu do Cavaco com o grupo "Trem dos Onze" agitando a Unicamp

Seguimos nossa caminhada para o show na faculdade de Educação Física, na belíssima e estruturada Unicamp. A apresentação foi uma das atividades do Dia da Integração, projeto de extensão que agrupa alunos, familiares, funcionários, professores e comunidade. Com orgulho, fomos recebidos pelo reitor, professor Fernando, e sua esposa.

O "Trem dos Onze" testou o som e iniciou seu lindo e animado show numa manhã chuvosa em Campinas. Ninguém ficou parado e, como sempre, a banda deu seu recado com qualidade e profissionalismo. Até medalha o Dudu ganhou nesse dia. Estava radiante. Eram quase 13 horas quando o show acabou. E a jornada ainda estava na metade. Arrumamos as coisas e partimos rumo ao aeroporto, com muita alegria e farra no caminho. Afinal, às 19 horas, o "Trem dos Onze" teria outra missão: tocar no Bar Observatório, em Belo Horizonte, onde fazia temporada. Chegamos a Belo Horizonte e nem tivemos tempo de comer. Fomos direto para o bar. Cansados, porém felizes, os integrantes do grupo arrebentaram como sempre, para alegria do público de 700 pessoas, lotação máxima da casa.

Dudu do Cavaco e a cantora Aline Calixto, amigos para sempre

Por fim, caminhamos para a última parte de nossa maratona. Já passava das 23 horas quando chegamos à casa Granfinos, onde a excelente cantora Aline Calixto daria um emocionante show recheado de convidados. Um deles era o Dudu. Haja pique, haja emoção! Assim que chegamos, ela o levou para o camarim. Ele ficou radiante. Interagiu com todos os músicos e convidados, todos referências em sua área.

Com talento e carisma, Aline Calixto incendiou o Granfinos. Quando convidou ao palco o Dudu do Cavaco, fiquei emocionado e, para variar, chorei com a sensação de certeza do dever cumprido. Foi um dos momentos mais lindos que já presenciei em termos musicais. Passava das duas da manhã quando deixei o Dudu em casa. Quanto a mim, cheguei em casa, abracei minha mulher e chorei de novo de alegria, cansaço e emoção. Dudu segue sua caminhada em busca de seus sonhos e autonomia.

Para completar, ainda teve uma terceira vez em Campinas, em março de 2015. Conto depois.

No balanço

Quando fez um ano que iniciamos oficialmente o Projeto Mano Down, achei que tínhamos motivos para comemorar. À nossa maneira, apenas com uma vontade imensa de dar nosso recado e de mostrar o amor que sentimos um pelo outro e de tentar diminuir a invisibilidade humana das pessoas, estamos caminhando. Ao olhar para trás, a única coisa que nos vêm à mente é agradecer. Agradecer a todos que nos apoiam, seja via mensagens, telefonemas, energia, incentivo e oportunidades. Com certeza, muitas portas se abriram, muitos olhares mudaram. Aprendemos muito com tudo isso. Sabemos que a caminhada da inclusão é longa, árdua e linda. Conhecemos pessoas incríveis, visitamos lugares, aprimoramos nosso amor.

Como é bom dormir sabendo que uma simples palavra, um pequeno livro, pode ajudar algumas pessoas a terem força e seguir em sua caminhada em busca de seus sonhos. Como é bom acompanhar diariamente a evolução do meu irmão Eduardo Gontijo. Como é maravilhoso poder dividir com ele angústias, dilemas, desafios, sonhos, vida.

Fazendo um balanço, penso que o Dudu mudou. Vem crescendo, se posicionando, ampliando sua autonomia e voz ativa. Mas eu mudei mais. Mudei principalmente na certeza de que os cromossomos não têm a última palavra. O ser humano precisa, acima de tudo, de confiança e amor. Não temos limites e, quanto mais caminhamos, mais tenho certeza de que precisamos caminhar. E precisamos caminhar contra nosso modo de ser, contra o que nos ensinaram e não questionamos, contra a visão única do mundo. Contra as expectativas e sonhos que não são os nossos, que são contra nós mesmos.

Todos que convivem com o Dudu perceberam seu crescimento. A respeito disso, escreveu minha mulher Carolina Mota:

"Durante esse período, desde que começou o projeto, o Dudu teve um crescimento exponencial. Percebo-o mais consciente, mais amadurecido, muito mais profissional. A evolução da autonomia do Dudu está cada vez mais nítida. Às vezes ainda o tratam como se fosse uma criança, o que não é verdade. É um homem responsável das suas obrigações, muito profissional. Nunca vi uma pessoa tão comprometida com seu trabalho. Já o vi indo para palestra mesmo com febre, passando mal de sinusite. E sem reclamar. O Projeto Mano Down lhe proporcionou mais crescimento pessoal e profissional. Vejo pelas imagens das minhas primeiras peças gráficas do projeto, o Dudu com cara de menino. E foi só crescendo, por dentro e por fora. Dudu deixou a cara de menino é esta ficando um lindo homem. Mas falar do crescimento dele no projeto é falar primeiro do seu irmão Leonardo. O seu empenho e esforço com o Dudu é diretamente ligado ao crescimento dele. Dudu, sem dúvida, é uma pessoa muito disciplinada e esforçada, mas sempre com o apoio e incentivo de seu irmão".

Outro depoimento interessante é de José Sylvio Vieira Gomes, padrinho do Dudu que, pela convivência que sempre teve com ele, sempre tem boas histórias para contar. Como esta:

"Quando o Eduardo tinha oito anos, eu e Bernadete resolvemos levá-lo a um circo montado na Pampulha. Era um sábado à tarde e lá fomos nós, levando o Dudu e Mateus. Esperávamos fazer muito sucesso com o programa.

Chegamos à porta do circo, o ruído já incomodou um pouco o Dudu, que não tolerava sons muito altos. De repente, um dos leões do circo deu um rugido e o Dudu disparou para a saída. Não teve jeito. Bernadete ficou com ele do lado de fora, o Mateus assistiu comigo algumas apresentações. Era um circo muito bom.

Ficamos frustrados por não dar ao Dudu a alegria que esperávamos. Ele não tolerava mesmo ruídos altos, nem sons altos, nem brigas. Eram algumas de suas inúmeras virtudes, que nos surpreendem positivamente ao longo da vida. Viva o Eduardo!"

Já fui chamado de louco, utópico e até de aproveitador de meu irmão. Para esses, dou um sorriso na esperança de que um dia possam conviver com o Dudu para perguntarem a ele. Não importa. A única certeza que tenho é de que amo o meu irmão acima de tudo. Um amor que não tem palavras, adjetivos, livros, poemas, músicas que possam explicar. Um amor puro, que me permite ser quem eu sonhava e sempre quis ser. Reafirmamos nosso sonho de construir uma sociedade mais justa, humana, amorosa e inclusiva.

Continuamos nossa trajetória de palestras. Dudu e eu estávamos nos sentindo realizados. Às vezes, ficávamos sem palavras para descrever o carinho recebido das pessoas. Cito, por exemplo, quando palestrarmos na escola Centro de Apoio à Criança em Betim, uma manhã linda, de muita música, amor e inclusão. Realmente, fazer o bem não tem preço.

De vez em quando, Dudu me surpreendia com alguma mensagem, o que me dava a medida do crescimento e da satisfação dele.

Esta, por exemplo:

"Léo, eu amo fazer o que eu gosto. Essa Palestra do Mano Down, ela me traz muita alegria no meu coração. Cada vez que a gente faz a palestra, vai ficando cada vez melhor ainda. Então, Léo, prepara o seu coração e solte essa emoção tão grande e imensa vontade. O Dudu está superando cada vez mais o nosso trabalho do Mano Down. Estou sempre inovando na palestra pra ela ficar melhor ainda. Então, Léo, eu tenho muito orgulho de você. Esse curso que você está fazendo de oratória, você melhorou demais a sua fala e me trouxe muita emoção, fé, deus, etc. Léo, você é um irmão muito especial para mim. Eu sempre estarei ao seu lado te ajudando a melhorar ainda mais o nosso Projeto Mano Down. Eu reparei em você que você está de parabéns. Te admiro muito, Léo, como um grande irmão que eu tenho. Eu amo você demais. Você não sabe o tanto que eu amo você, Léo. Um Beijo do Dudu".

Mensagens de apoio também se tornaram frequentes. As pessoas assistiam à palestra e escreviam para nós. Como fez Paula Carvalhaes, que enviou ao nosso tio, Márcio Vieira Gomes, esta mensagem:

"Preciso compartilhar com você a experiência que eu tive hoje na faculdade. Assisti à palestra motivacional do Leonardo com o Dudu. Meu

Deus, nunca vi nada tão lindo e tão sincero. Dois exemplos que vou levar comigo pro resto da vida. Achei sensacional. Tenho mais é que parabenizar essa família maravilhosa que a cada dia me surpreende mais. Vocês são especiais e iluminados!".

Uma experiência diferente e que preciso relatar aqui foi o final de semana engrandecedor em Recife. Muita troca, aprendizado e amor e eu jamais esquecerei o que vivi naqueles dias de outubro de 2012, até porque eu estava sozinho. Dudu não pôde ir porque estava viajando para os Estados Unidos. Foi difícil, mas, mesmo sem ele, aguentei as emoções. No geral, foi bacana, mas fiquei meio sem chão. Senti que perdi um pouco o brilho e a inspiração. Muito difícil falar dele e de nossa relação sem olhar nos olhos dele. Em determinados momentos, quando as pessoas vinham conversar comigo e falar dele, chorei. De toda forma, eu sabia que era importante estar ali, aprendendo, dividindo e divulgando o Projeto Mano Down.

Quero contar

Noite de lançamento do livro "Quer saber? Eu quero contar...", em Belo Horizonte

Faço aqui um retorno para voltar ao dia 16 de agosto de 2012, quando lançamos, em Belo Horizonte, o nosso segundo livro, "Quer saber? Eu quero contar: aprendizados e lições na Síndrome de Down". Nem é preciso dizer que, como o primeiro, foi um sucesso. A publicação traz 54 histórias de especialistas, familiares e pessoas que, de alguma forma, convivem com a Síndrome de Down. Desta vez, alargamos nossas fronteiras, pois os depoimentos vieram do Brasil e também de Portugal, tudo devidamente organizado por mim, com o maior prazer.

O lançamento começou às 19h, na Livraria Floriano, no Bairro São Bento e culminou, claro, com uma apresentação do Dudu do Cavaco que, afinal, é o principal personagem do livro. Mais uma edição da São Jerônimo, editora responsável também pelo nosso primeiro livro, "Mano Down: relatos de um irmão apaixonado".

Entre os 54 depoimentos, estão relatos de pessoas de Minas Gerais, São Paulo, Rio de Janeiro, Pernambuco, Rio Grande do Sul, Mato Grosso do Sul, Distrito Federal, Goiás, Paraná, Maranhão e Sergipe, além daqueles que, como eu disse, atravessaram o Atlântico para mostrar que, também em Portugal, a luta do amor pela inclusão está viva, firme e pulsante.

Foi uma noite muito emocionante. Observei, mais uma vez, como o Dudu tem avançado muito em busca de sua autonomia e na sua luta por se tornar músico profissional. Ele estava feliz, centrado e participativo, confiante e ciente da importância do momento. Acordou cedo e parecia ter se preparado bastante para o lançamento, pois sabia que era uma noite importante. Chegou à livraria por volta das 18h e, atento, ajudou a definir a organização do evento. Afinou seu inseparável instrumento, ajustou a caixa de som e, junto com seu parceiro musical, Maguinho, passou o som. Tomou seu suco e foi curtir o evento circulando pela livraria.

O show começou às 19h15min para uma plateia emocionada. Durante uma hora, Dudu deu seu recado, ciente de que dava um passo a mais na construção de sua carreira musical. Emendou músicas, definiu o repertório e ditou o ritmo da confraternização. Terminada a primeira parte da apresentação, circulou de novo pela livraria, cumprimentou os convidados e conversou com todos. E, carismático, deu autógrafos e divulgou o Projeto Mano Down.

Por volta das 21h, com a saída de seu parceiro musical que tinha outro show agendado, Dudu assumiu as rédeas do show e, sozinho, com garra, talento e confiança, tocou mais dez músicas. Foi um momento marcante. Ele estava totalmente seguro e mostrou que tem condições de conduzir um evento tranquilamente. Aquilo era seu objetivo, estava em seu olhar quando ele saiu aplaudido, feliz com a sua própria capacidade musical.

Quando tudo se encaminhava para o fim da noite, eis que chegam três de seus ídolos e companheiros do "Trem dos Onze": o percussionista Bill Lucas e os irmãos Téo e Betinho Scalioni, respectivamente percussionista e cavaquinista da banda. Claro que a festa teve que recomeçar. Sem demonstrar cansaço e radiante com a chegada dos amigos, Dudu se soltou mais ainda. Fez homenagens, discursou e, mais uma vez, não contive as lágrimas. Estava de alma lavada.

Por volta da meia-noite, eu o deixei em casa. Demorei a dormir nesse dia e, de novo, chorei sozinho no quarto. Chorei por saber que, mesmo com os erros e do nosso jeito, um pequeno projeto pode contribuir para um mundo mais justo, humano e inclusivo.

E essa história não acaba aí. No dia 24 de janeiro, lançamos o "Quer saber? Eu quero contar: aprendizados e lições na Síndrome de Down" no Rio de Janeiro, a partir das 18h30min. À noite, naquele mesmo dia, Dudu foi atender outro convite: tocar no conhecido Rio Scenarium, casa de shows das mais badaladas da Cidade Maravilhosa.

Capa com a divulgação do livro: fotos dos participantes

Up and down

Caminhada Up and Down em Belo Horizonte

Quando faltavam 15 dias para o Dia Internacional da Síndrome de Down de 2013 comecei a convidar as pessoas para a nossa Caminhada *Up and Down* no dia 17 de março, na Barragem Santa Lúcia, em Belo Horizonte. As vendas das camisetas estavam indo muito bem e a divulgação da nossa causa ganhava cada dia mais espaço. Estivemos na Rede Minas e estávamos animadíssimos. Particularmente, eu estava me sentindo realizado, orgulhoso e feliz.

O dia da caminhada chegou e não deu outra. Arrepiei, cantei, chorei, me emocionei, conversei, andei, desabafei. Como foi bonito ver 200 pessoas se reunirem em prol de uma causa, em prol da vida, da celebração das diferenças. Eu me senti um privilegiado de poder, a cada dia, trocar experiências e conhecer novas pessoas, gente do bem, que luta e não fica apenas reclamando da vida. Cada dia eu tenho mais certeza de que podemos mudar a realidade com pequenas ações, com a união de forças, com menos ego e mais amor. A causa não é minha. Eu apenas a abracei com intensidade, amor e esperança de dias melhores para todos, principalmente para as gerações futuras.

Não tive palavras para agradecer por tudo que vivenciei naquele dia. Só me restou agradecer cada um dos que participaram e também àqueles que não puderam participar, mas ajudaram da forma que conseguiram. Continuo na torcida para que, juntos, à nossa maneira, com menos discursos e mais ações efetivas, possamos minimizar um pouco a invisibilidade social das pessoas com Down. Vamos juntos, caminhado e aprendendo, deixando nosso legado e nosso recado para quem quiser ouvir e participar.

Agradeci aos que me ajudaram e todos comentavam que meu sorriso dizia tudo. Não tem como mensurar aquela alegria em moeda nenhuma. Apenas por aquele dia, já valeu ter vivido. Nunca pensei que a simples declaração de meu amor por meu irmão geraria tanto calor e movimento humanos. Esse, aliás, é um pensamento recorrente na minha cabeça.

Também festejamos o Dia Mundial da Síndrome de Down no Espírito Santo. Foi um dia intenso, de muito debate, união e coragem. Começamos às 7 horas, com uma caminhada em Piúma, onde fomos recebidos com muito carinho. Faixas, apitos e cartazes nos recepcionando davam a dimensão do que seria nossa visita. Olhei para o Dudu e ele parecia não acreditar que aquilo tudo era para recebê-lo. Mas, rapidamente, ele entrou no clima e participou ativamente da caminhada, puxando a galera até o auditório do IFES - Instituto Federal do Espírito Santo.

Ao chegarmos no belo e completo auditório do IFES, outra grande surpresa. Eram 300 pessoas nos esperando, num município com 17 mil habitantes. Pensar nisso nos encheu de energia e esperança e, mais uma vez, firmei nosso propósito de que podemos, juntos, fazer a diferença na sociedade, dia após dia, passo a passo, luta à luta, música à música. Ao final da palestra parecia que estávamos em um show, tamanho o carinho e a emoção. Foi uma avalanche de entrevistas, abraços, beijos e fotos.

Após uma manhã em que o coração bateu muito forte o tempo todo, fomos para o segundo tempo daquele dia intenso. A convite do deputado federal Cláudio Vereza, do Espírito Santo, e da excelente instituição Vitória Down, participamos de um lindo evento, a sessão solene do Dia Internacional das Pessoas com Síndrome de Down na Assembleia Legislativa do Estado. Foi demais! Foi emocionante ver várias pessoas com Down palestrando, dando seu recado, contando seus sonhos.

Ao ouvir a palestra do Dr. Athos Pereira sobre a sexualidade das pessoas com deficiência, tive a certeza de que estamos no caminho certo. Uma assertiva simples, clara e direta: "Todos desejam a sexualidade e não realizar este desejo é torturante". A fala de oito pessoas com Down que discursaram comprovou toda a experiência do Dr. Athos. Todos, ao serem indagados sobre seus sonhos, disseram que queriam se casar, como foi o sonho da personagem Aninha no filme "Colegas". Não permitir esse sonho é, no mínimo, tirar a projeção dessas pessoas.

Quando chegou a nossa hora, mais uma vez Dudu brilhou e levantou a Assembleia. Lágrimas, lágrimas e lágrimas. Ao final, mais um caminhão de amor e incentivo. Já era tarde, fomos para o aeroporto, exaustos, mas com uma bagagem de amor e incentivo que durará, no mínimo, mais um ano. Antes de embarcarmos, Dudu ainda teve forças, devido ao atraso do voo, para fazer um show no saguão.

Caminhada Up and Down: efusiva manifestação de carinho

Rede Inclusão

Ficamos muito felizes e esperançosos quando o Ministério da Cultura aprovou nosso projeto pela Lei Rouanet. Nossa ideia era fazer um documentário, "Mano Down - lições de vida de um artista excepcional". Outra ideia era criar e implementar uma rede social para pessoas com Síndrome de Down, algo que integre e interaja familiares, profissionais, empresas e interessados. Visa, principalmente, suprir a carência de informações e mecanismos de apoio a pessoas com essa deficiência.

A inclusão no mercado de trabalho faz parte do direito de todas as pessoas, com ou sem a síndrome. Para que as pessoas com a trissomia e outras deficiências intelectuais garantam um lugar de cidadania e produtividade na sociedade, o primeiro passo é acreditar em seu potencial. O Projeto Mano Down acompanha experiências inclusivas em organizações de diversos setores que comprovam que as oportunidades de emprego oferecidas a deficientes intelectuais trazem bons resultados para empresas e todos os empregados.

Queremos melhorar a organização e a qualidade das informações a respeito da síndrome, contribuindo para a quebra de mitos e a capacitação das pessoas no mercado de trabalho. O propósito é minimizar a invisibilidade social para que as pessoas com Down tenham liberdade para dirigir a própria vida, mesmo que, para isso, seja necessário suporte por parte de amigos, familiares e de outras pessoas do meio social para que ela possa fazer suas próprias escolhas e projetos de vida. A ideia é começar o planejamento com as vagas na Região Metropolitana de Belo Horizonte e depois expandir.

Vale a reflexão: cada dia mais percebo que nossa sociedade inibe os jovens com deficiência intelectual de desempenhar papéis no mundo dos adultos. Presumem que são incapazes de adentrar neste universo de maturidade e fecham as portas para a realização deles como cidadãos autônomos e autoconscientes. Infantilizar os jovens com deficiência intelectual é uma ofensa e uma injustiça cruéis. Nenhuma convivência é plena se não se reconhece no outro um sujeito de direitos e responsabilidade iguais. Temos que mudar esse triste quadro, acreditar e promover ações para que as pessoas com deficiência intelectual possam ser capazes, a seu modo - talvez não tão perfeitos quanto a falsa sociedade pretende - de construir um futuro escolhido e decidido por eles e não pelos outros. Já desenhamos tudo e orçamos. Mas ainda não conseguimos patrocinadores e continuamos em busca de parcerias para concretizar essa iniciativa.

Dudu do Cavaco com Ronaldinho Gaúcho: sonho realizado

Ao mesmo tempo em que me ocupava do projeto do documentário e da rede, continuava firme cumprindo nossa agenda de palestras. Dudu estava cada dia mais entusiasmado. E o Projeto Mano Down nos proporcionou encontros memoráveis, como o que tivemos com Ronaldinho Gaúcho. Foi um sonho realizado. Na ocasião, falamos que era um encontro dos gigantes: Dudu do Cavaco e R10.

Tudo começou quando fomos ao Rio de Janeiro conhecer o Chico Buarque e nosso tio Maurício nos apresentou a Rodrigo Paiva, que era assessor da Seleção Brasileira. Em abril de 2013, a Seleção chegou a Belo Horizonte para jogar um amistoso contra o Chile e Rodrigo nos convidou para uma visita, uma vez que os técnicos Parreira e Felipão conheciam e gostavam do nosso projeto. Fomos ao hotel, conversamos com os dois e o Dudu, além de tocar algumas músicas, falou palavras de incentivo para a comissão e os jogadores. Depois, ficamos um tempo papeando com os atletas e Dudu teve a oportunidade de conhecer seu ídolo Ronaldinho.

Plateia da palestra em Barbacena: todos pela inclusão

Nossa vida de palestrantes com o pé na estrada teve - e tem - suas boas surpresas. Mas, de vez em quando, passamos por apertos e momentos de estresse, como o que vivemos quando fomos nos apresentar em Barbacena, na Zona da Mata Mineira. Devido aos atrasos, ficamos perdidos na cidade e preocupados com o horário. Já eram 9h30min e corríamos contra o tempo. Depois de muita luta, finalmente chegamos ao tradicional Colégio Salesiano. Auditório tomado, ajustes, problemas técnicos. Enfim, começamos nossa palestra.

"Ah, se o mundo inteiro nos pudesse ouvir". Foi essa a nossa introdução, pois a nossa vontade é falar, falar, falar, contar, cantar o nosso amor em verso e prosa. Foi uma manhã iluminada, de encontros, choros, abraços, consolos, esperança e união. A equipe da ONG Olhar Down de Barbacena e nossa mais nova amiga, Sâmila Monna Lisa, nos proporcionaram uma recepção digna de artistas. Foram 120 minutos de interação, troca, vida, amor com todas as linguagens possíveis: canto, dança, imprevistos, lambanças técnicas. Foi uma honra poder contar com a Rainha Fernanda Honorato no evento. Para quem não sabe, ela é a primeira repórter Down no mundo. Que carisma! Que talento!

Nesta caminhada encontramos muita gente boa. Entre elas, como já disse, está exatamente Sâmila Monna Lisa, mãe de Isabela e idealizadora do olhar Down de Barbacena. Vejam o que ela diz:

"Em outubro de 2012 fui presenteada por Deus com uma linda menina, Isabela, diagnosticada com Síndrome de Down. Como toda mãe, comecei uma busca infinita sobre a síndrome, estimulações e possibilidades. Nessas pesquisas pela internet, tive a felicidade de encontrar Dudu do Cavaco. Li sobre a sua história e quis logo conhecê-lo pessoalmente. Entrei em contato com o Léo e os trouxe à Barbacena para uma palestra musicada.

Ao ver o Dudu chegando, tive uma emoção gigantesca, um sentimento de esperança de uma vida plena e feliz. Vê-lo tocar seu cavaco, ministrar uma palestra e mostrar à sociedade que ter a Síndrome de Down não é o fim, mas sim o começo de uma nova vida cheia de amor, compreensão e vitórias, foi muito bom. Dudu encanta, ensina o público com seu jeito 'moleque', jovem, mas com a seriedade de um grande homem.

Cada vez que nos encontramos, me encanto mais com o potencial que ele tem de gerenciar sua vida, com seu talento e sua capacidade de autonomia e independência, o que o torna diferente e especial. 'E não há nada para comparar para poder lhe explicar como é grande minha admiração por você".

Dudu do Cavaco e Fernanda Honorato em Barbacena

Não me canso de exclamar como é bacana poder passar nosso recado, receber dicas, renovar esperanças. O final, depois de tanta correria, não poderia ter sido melhor: todos de pé, ao som da música "Como é grande o meu amor por você". Uma manhã inesquecível em que prevaleceu o amor. Passou rápido, era hora de voltar. Dudu tinha outro show no dia. Ficou a sensação de que, quando se unem pessoas em prol de um objetivo, nada pode impedir sua realização, nada dá errado.

Sete Lagoas foi outra cidade que nos recebeu com muito carinho para uma tarde recheada de emoção e energia positiva. O Instituto de Psicologia Único nos brindou com uma linda recepção. Conhecemos o espaço e a excelente e inovadora proposta de trabalho deles.

Dudu do Cavaco recebendo seu troféu em Sete Lagoas

Seguimos depois para a Faculdade Promove, que tem uma excelente estrutura, e, diante de uma plateia muito participativa, contamos nossa história e demos nosso recado. De novo, Dudu arrasou e emocionou todo mundo. Dançou, falou, sugeriu, propôs. A cada palestra, ele vem crescendo e conquistando, dia após dia, sua autonomia. Ele estava feliz, animado e muito empolgado. Foi, sem dúvida, uma tarde interessante. Conhecemos pessoas envolvidas que, como nós, têm muita vontade de fazer a diferença em busca de uma sociedade mais justa, humana, amorosa. No final, o Dudu do Cavaco recebeu dois lindos presentes: um troféu que ele carregou como se fosse o Oscar que, com o símbolo da música, representou muito para ele, e uma caneta com seu nome gravado, que ele usou para autografar seu CD e livros.

Parceria de gigantes

Dudu do Cavaco e David Cezar em mais uma palestra-show

Mais um dia para refletir e emocionar. Eram 7h30min da manhã e o Colégio Regina Pacis estava tomado de alunos para escutar uma lição de vida. Com muita dedicação, esforço, força de vontade e ideal de contribuir para a vida das pessoas, lá fomos nós. A apresentação começou com a palestra de David César, que nasceu com a Síndrome de Hanhart. De vez em quando, David divide com a gente a tarefa de levar auditórios à reflexão. Ele não tem os braços e as pernas completos, mas é uma pessoa independente e alegre, ótimo palestrante. Fazemos uma boa parceria, sempre com muito sucesso.

Nesse dia no Regina Pacis, ele, como sempre, se agigantou no palco, envolveu a galera, contou os pilares de sua vida, as lições que já aprendeu, os seus novos sonhos, a luta por um mundo mais justo. No fim e durante sua brilhante palestra, muitas lágrimas escorreram, muitas esperanças se renovaram, muitas possibilidades se abriram. Quando Dudu do Cavaco subiu ao palco para homenagear o palestrante, me arrepiei. Eram duas energias num encontro fenomenal. Ficamos orgulhosos de presenciar a concretização de seus sonhos. Tomara que essa dupla nos ensine a lutar mais e melhor por uma sociedade de inclusão.

David Cezar gosta muito do Dudu. Eles fazem uma boa dupla de palestrantes e têm emocionado muita gente quando contam suas histórias. Vejam o que ele fala do meu irmão:

"O Dudu é pura alegria. Alegria de viver que contagia. Nesses três anos que estamos juntos em viagens e palestras, fiquei surpreendido com a capacidade de cativar que ele tem. Nesse tempo, fui evoluindo minhas apresentações e ele não poupava as críticas, sempre me cobrando melhorias e organização. O Dudu do Cavaco ensinou-me a ter disciplina e sempre correr atrás da evolução. Com ele aprendi a importância da disciplina e do planejamento".

E continuou a toda a nossa vida de palestrantes. Onde houvesse alguém querendo ouvir, lá estávamos nós, doidos para contar nossas histórias. Numa dessas vezes, estivemos no Hospital Felício Rocho, convidados pelo diretor, o médico Breno Figueiredo Gomes, que é nosso primo. O encontro é uma iniciativa louvável da instituição: o Café Com Elogio, que o hospital promove trimestralmente para agraciar os colaboradores que receberam algum tipo de elogio naquele período. Fantástico, não?

Sala enfeitada, turma animada, auditório tomado. Dudu, como sempre, estava inspirado. Cantou, palestrou, tocou, dançou, homenageou e balançou a galera. Demos nosso recado e saímos com a alma lavada, conscientes da importância que um elogio pode ter na vida de qualquer pessoa, seja um médico, um paciente, uma atendente de *call center*. Saímos fortalecidos com a energia da equipe do hospital e com os depoimentos dados após as palestras.

Dudu se emocionou em determinados momentos e foi ovacionado pela galera que, no fim da apresentação dele, cantou em alto som: "Dudu, eu te amo. Dudu, eu te amo". Aquilo para ele foi o máximo. No carro, ele comentou:

— Nossa, Léo, aquilo foi legal demais. Tô mandando bem, né?

Foi uma tarde que guardaremos em nossos corações pelas trocas e vivências e por podermos compartilhar esse momento com outro primo nosso, Frederik Gomes, que viu o nosso trabalho pela primeira vez nesse dia tão bacana. Segundo ele, aquele dia nunca vai sair da memória dele. Em tempos de debates sobre a área de saúde, esses profissionais que mantêm o brilho nos olhos, com certeza, fazem a diferença em qualquer lugar que estiverem.

Outra entusiasta do nosso projeto é minha irmã Paula, sempre acompanhando e querendo notícias da nossa agenda. Vejam o depoimento dela:

"O Dudu amadureceu muito nos últimos anos. Está mais comunicativo, muito mais independente, mais seguro e amoroso como sempre. E, como ele mesmo diz, está abrindo seus horizontes. Percebo que está também mais seletivo e mais interessado em ser sempre melhor em tudo o que faz. Exala amor por onde passa, faz tudo com muita dedicação, perseverança e interesse. Ama fazer as palestras musicadas de superação e, sinceramente, não tem exemplo mais lindo e vivo do que o dele. Que amor ele tem pelo que faz! Que garra, que raça, que talento e amor pela vida! Vejo com alegria que ele vem conquistando o espaço dele com amor e dedicação, ajudando muitas pessoas e incentivando outras tantas. Sonhos? Ele tem muitos e luta para realizá-los. Paixão? A música – sempre e para sempre. Amor? Ele é todo amor, 100% amor. Só quem convive com o Du sabe a felicidade e o privilégio de tê-lo por perto. Lindo, educado, atencioso, moleque, ingênuo, sensível, divertido, alegre, espiritualizado e amoroso. Amo demais. Amo e admiro. E sinto muito a falta dele. Desejo sucesso nesta caminhada que ele vem trilhando".

Balanço 2

Dudu do Cavaco e eu em Manhuaçu

Eram 3h50min de um dia de outubro quando o despertador tocou. Era hora de acordar. Pulei da cama, depois de uma semana intensa de trabalho, juntei coisas, liguei para o Dudu, que já estava devidamente arrumado e preparado, e saímos para uma viagem longa e cansativa, mas cujo esforço valia em nome da causa. Chegamos à APAE de Manhuaçu, que atende até 600 pessoas e tem uma estrutura invejável, por volta das 9h30min. Tínhamos sido convidados para palestrar para 250 agentes de saúde. Quanta alegria e energia recebemos ali! Foram quase duas horas de muita emoção e música. O público delirou com a energia do Dudu. Ele estava solto, empolgado e animado com a movimentação da galera.

Não me canso de repetir que tem sido muito bom acompanhar a evolução no desempenho do Dudu no palco. Com desenvoltura, talento e muita alegria, ele levantou e sacudiu toda a equipe do SUS. No fim, fomos aplaudidos de pé. Sem dúvida, foi mais um dia marcante em nossas vidas. Primeiro, pela oportunidade de conhecer e levar um pouco de nossa mensagem para o pessoal da APAE Manhuaçu. Segundo, por conhecer gente nova e profissionais que acreditam nos seres humanos e no sonho de oportunizar as pessoas com deficiência. Voltamos cansados, porém felizes e renovados por podermos, cada vez mais, nos juntar a pessoas que agem em prol de um mundo mais justo e lutam contra a invisibilidade daqueles com deficiência.

É, o tempo passa. Como disse Vinícius de Moraes, "por mais longa que seja a caminhada, o mais importante é dar o primeiro passo". Chegou outubro de 2013, quando fez dois anos que começamos oficialmente o Projeto Mano Down. Tudo do nosso jeito, apenas com uma vontade imensa de dar nosso recado para o mundo inteiro.

Ao olhar para trás e fazer um balanço, a única coisa que nos vem à mente é agradecer os apoios, mensagens e boas energias sempre. Muita coisa mudou, muitas oportunidades surgiram. Aprendemos muito. Sabemos que a caminhada é longa, mas, repito, linda e desafiadora. Entre novas pessoas e lugares nesses dois anos, aprimoramos nosso amor. Continuo acreditando que cromossomos não têm a última palavra, que gente precisa, acima de tudo, de confiança e de amor. Não temos limites. Quanto mais caminhamos, mais precisamos caminhar. E precisamos caminhar contra nosso modo de ser, contra o que nos ensinaram e não questionamos, contra a visão única do mundo. Contra as expectativas e sonhos que não são os nossos e sim contra nós mesmos.

A boa notícia é que o livro "Mano Down: Relatos de um irmão apaixonado" chegou à terceira edição. Impressionante como um simples presente para meu irmão se espalhou para três mil famílias. Isso me empolga, me motiva. Não tem preço, por exemplo, receber mensagens como esta que chegou no dia 28 de outubro de 2013 de Carla Ferreira. Veio de Patos de Minas e compartilho com vocês:

"Boa noite para vocês, Eduardo e Leonardo. Meu nome é Carla Ferreira, tenho 20 anos e sou do interior de Minas Gerais. Queria dizer que estou muito feliz em ter descoberto a história de vocês. Há alguns dias estava procurando um tema pra escrever sobre a Síndrome de Down e na manhã de hoje fiz uma busca no acervo da biblioteca e me deparei com o livro 'Mano Down'. Desde então, não paro de lê-lo, me emocionar e me reconhecer nas palavras de Leonardo.

De fato, ter um familiar Down é, antes de tudo, uma dádiva de Deus. Toda a minha família é católica e sempre acreditamos que Deus só designa pessoas preparadas para receber alguém tão especial como um PSD. Eles nos alegram, nos emocionam, nos ensinam, nos educam. Além disso, nos tornam mais humanos, mais sensíveis, mais caridosos. Ter uma pessoa com a síndrome na minha vida, me inspirou, por exemplo, na escolha do meu curso. Foi por meio de minha tia que percebi que na Medicina poderia me aproximar ainda mais das pessoas com Down, de suas famílias e aprender ainda mais com novas histórias.

Decidi entrar em contato porque vi que Eduardo está na flor da idade, jovem, tão bonito, ativo e inteligente, então queria contar pra vocês a história da minha Estrela Down que é um pouco diferente. Tenho uma tia com Síndrome de Down de 55 anos. Atualmente, ela encontra-se mais debilitada, em um estágio avançado do Mal de Alzheimer. Já não anda, come ou faz suas necessidades fisiológicas sem ajuda. Também fala pouco, mas enxerga e ouve bem. Ainda assim, ela continua nos ensinando, dia após dia. Como essas pessoas são verdadeiras guerreiras. Tia Lenir (esse é o nome de minha Flor) mora com minha avó Laís há mais de 30 anos. Foi após a morte de minha bisavó que ela começou a interagir com os outros familiares e amigos da casa, pois, até então, a SD era vista como um 'problema' vergonhoso.

Desde então, Tia Lenir também fora uma jovem ativa. Fazia as atividades da casa da vovó, ajudou a criar minha mãe e meu tio, tocava violão e acordeom (sanfona), cantava, escrevia. Depois, ajudou a cuidar de mim, minha prima e meu irmão. Hoje, eu tenho quase 21 anos e à medida que nós crescíamos, não percebemos que nossa 'criança' envelhecia. Acho que é um hábito nosso de superprotegê-los e, sem querer, não notamos que eles também estão caminhando pelas fases da vida.

Ainda assim, meninos, acredito que vocês consigam imaginar como Tia Lenir foi vital para a formação de cada um dos meus familiares e da minha. Quando temos um familiar 'Down', as diferenças se tornam mínimas, desprezíveis e o que nós mais buscamos é a aceitação. Queremos que as pessoas os vejam como nós os vemos: lindos, perfeitos. Nunca nos importamos com fisionomia, trejeitos, conversa alta ou caretas que ela faz. Sempre repudiamos pessoas que, de alguma forma, olhavam diferente para ela.

Tia Lenir também nos ensina a valorizar as pequenas coisas. Hoje, no seu estado mais debilitado, cada sorriso, cada toque, cada despertar dela é um presente de Deus. Quando vou pra casa, nos finais de semana, vou bem cedinho vê-la e chego bem perto de seu coração pra ouvi-lo bater e ter certeza que minha velha menina está ali, lutando como sempre. Ela então abre os olhos e sorri, como um bebezinho, a risada mais inocente do mundo e eu me desmancho. Atualmente, ela só reconhece minha avó, mas, quando ela me olha no fundo dos olhos, sei que ela sabe quem sou eu.

Enfim, queria dividir com vocês a minha experiência para dizer que entendo perfeitamente a paixão de Leonardo por Eduardo. Também sou apaixonada pela tia Lenir e sei que todas as vezes que imaginamos nossas vidas sem eles, nosso coração "esfria". Estamos aqui no interior de Minas Gerais e ficaríamos muito felizes em conhecê-los. Sintam-se convidados a vir conhecer nossa 'idosinha' e compartilhar nossas experiências.

Eduardo, estou muito orgulhosa de você. Espero que você chegue muito longe e realize seus sonhos. Leonardo, parabéns. Dividir sua história com todos, me encorajou a contar um pouco da minha. Obrigada. Nunca desista de ajudar seu irmão. A melhor sensação desse mundo é saber que fizemos tudo por eles. Conte comigo para o que precisar. Um abraço para a família abençoada de vocês.

Carinhosamente,

Carla Ferreira de Sousa (com Carolina Batel)"

Mostrei essa mensagem para muita gente e todo mundo adorou. Dudu também ficou impressionado e feliz com o aniversário do projeto e a repercussão do livro e das palestras. Vejam um dos e-mails que ele me mandou:

"Léo, você é o melhor irmão que eu tenho na minha vida toda. O meu coração bate mais forte quando eu vejo você. O projeto do Mano Down, eu adoro fazer com você porque é o trabalho da minha vida. Quando você viaja sozinho, eu fico com muita saudade sua, porque é muito amor que eu tenho com você. Cada dia que passa, eu fico mais disciplinado com as coisas que eu gosto. Ainda bem que eu tenho você comigo, porque eu sei que você é um irmão que eu sempre amei. Te amo para a vida".

Agenda de responsa

Dudu e eu ficamos mesmo envolvidos no projeto. Palestras e mais palestras, apresentações, shows, lágrimas de emoção e crescimento de ambos. De repente, era fim de novembro de 2013 e me surpreendi um dia, com muita alegria, com a agenda do Dudu do Cavaco: estava lotada, como a dos grandes executivos. Confiram:

21/11, às 19h, show solo em uma festa fechada;
22/11, às 20h, show solo no Plaza Shopping de Barbacena;
23/11, às 10h, palestra em Vespasiano;
23/11, às 17h, teatro "Atrás do arco-iris";
23/11, às 22h, show com o Grupo Trem dos Onze;
24/11, às 10h, show solo em uma festa fechada.

Vendo isso, constatei: nós conseguimos. O amor está vencendo.

Um outro encontro feliz foi o do Dudu do Cavaco com o tenista Bruno Soares. O Bruno é meu vizinho e, um dia, depois de vê-lo jogar, meu irmão lhe mandou um vídeo dando força e parabenizando-o como grande atleta que é. Quando ele chegou a Belo Horizonte, me ligou e disse que queria dar um presente ao Dudu. Eles se encontraram e foi muito gratificante. Eduardo ganhou uma camisa e um agasalho. A partir daí, o Bruno apoia nosso projeto e participou da agenda e do calendário de 2015 do Projeto Mano Down.

Dudu do Cavaco e o tenista Bruno Soares

A agenda continuou intensa, com eventos importantes em curto espaço de tempo. Criei o hábito de ligar para o Dudu às sextas-feiras de manhã antes de ir pro meu trabalho para sentir como ele estava em relação ao nosso fim de semana. Por telefone, dava para sentir o estado de espírito dele e, a partir dessa conversa, eu sabia o que precisaria conversar com ele para avançarmos.

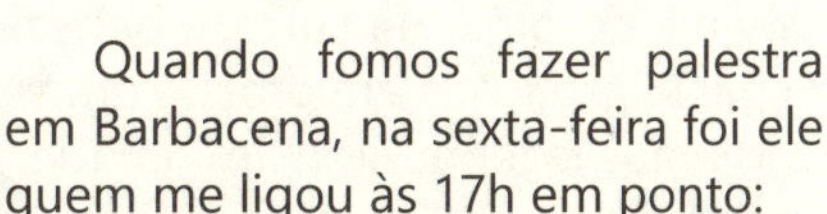

Quando fomos fazer palestra em Barbacena, na sexta-feira foi ele quem me ligou às 17h em ponto:

— Vamos, Fizão? Vamos quebrar tudo?

Dudu participando do lançamento da instituição Olhar Down

Cheguei para pegá-lo e, como sempre, seu sorriso me renovou.

Como a viagem era mais ou menos longa, ele arrumou suas coisas e trouxe CDs para escutarmos na estrada. Desta vez, me lembro, o trajeto teve o SPC de pano de fundo.

Chegamos a Barbacena por volta das 19h30min e, como sempre, fomos recebidos com muito carinho e amor. Dudu era o centro das atenções e, logo de cara, quebrou o protocolo e tocou o Hino Nacional.

Participar do lançamento da instituição Olhar Down foi um momento marcante naquela cidade. Várias famílias nos cercaram e perguntaram sobre a vida do Dudu. O clima estava muito alegre e empolgante. Sâmila Monna Lisa, idealizadora da instituição, como sempre, deixou sua marca e emocionou todo mundo. Fui pego de surpresa e participei com a fala inicial do lançamento. Eu me senti dentro de um momento histórico que, com certeza, vai gerar excelentes frutos e ações. O evento contou com muitas famílias e pessoas com Down foram também palestrantes. Dudu, atento a tudo, fechou com muita emoção o lançamento oficial do Olhar Down.

Inauguração feita, fomos todos para o Plaza Shopping. Palco armado, estrutura montada e, logo de cara, encontramos um grande amigo que, recentemente, havia passado por um momento muito difícil ao perder sua filhinha ainda bebê. Breno Lanza Pena estava lá para nos prestigiar. Como foi importante vê-lo ali! Com certeza, aquela troca nos deu mais forças para fazermos um ótimo evento. No carro eu já havia combinado com o Dudu de chamá-lo para cantar.

Galera reunida, turma animada, Dudu solou como ninguém e arrepiou seu cavaco, pandeiro e repinique. O Plaza Shopping aplaudiu e dançou. Foi uma noite muito bacana, com a participação de artistas com e sem deficiência numa única missão, em prol de uma única causa. Quando pensava que não iria mais chorar, convidamos Ana Eliza, uma das integrantes da instituição, para tocar com o Dudu. Que momento mágico! Não tinha como não chorar. Olhei para o lado e vi o meu amigo Breno chorando. Depois ele também cantou com o Dudu. Como foi bom para nós - e espero que para ele também - vê-lo voltar a sorrir e cantar depois que perdeu sua filhinha bebê.

Para fechar a noite, todos reunidos no palco, lembramos do Olhar Down e do olhar da Luiza, a bebezinha que se foi e que, com certeza, iluminará Barbacena em prol de uma sociedade mais justa. Era o mínimo que podíamos fazer por um amigo que, mesmo com todas as dificuldades, nos ensina a viver sempre. Já eram 11h quando voltamos numa estrada mal sinalizada e com muita chuva. Dudu estava animado. Viemos com cautela e chegamos às 2h da manhã.

Nem deu tempo de dormir direito pois, na manhã seguinte, às 7h, partimos para Vespasiano. Peguei o Dudu na casa dele e vi que estava cansado. Temi que a noite mal-dormida pudesse comprometer nosso trabalho. Alinhamos algumas coisas de seu desenvolvimento e autonomia e, na maior parte da viagem, ficamos calados.

Chegamos a Vespasiano e, para minha surpresa, meu irmão esbanjou energia. Carismático e entusiasmado, palestrou com intensidade e levou às lágrimas muitos dos presentes. Recebemos como prêmio um comentário da filha do dono da TVL: "Nunca tinha visto meu pai se emocionar dessa forma". Pronto. Só isso já valia e justificava o esforço.

Missão cumprida, era hora de nos concentrar no espetáculo que seria apresentado em Belo Horizonte, no Teatro Spetaculus. Casa lotada, mais um evento de sucesso. Como sempre, a Associação Crepúsculo comprovou sua qualidade e profissionalismo.

Ufa! E ainda tinha mais um show a fazer com o "Trem dos Onze". Comemos e deixei o Dudu no Bar Observatório. Eu estava exausto e ele renovado com seu cavaco na mão. Pensei em todos que nos receberam e apoiaram neste fim de semana tão intenso e repleto de contatos que nos fazem crer que estamos, aos poucos, minimizando a invisibilidade das pessoas com deficiência. Mentalmente, reafirmei nosso propósito: "Estamos juntos, Olhar Down. Estamos juntos, Breno Lanza Pena e Luiza". Costumo identificar esse evento como de "três brilhos": um brilho de olhar nascendo (olhar Down), um brilho de olhar crescendo (olhar do Dudu) e um brilho de olhar renascendo (o do nosso amigo Breno).

Artistas em MOC

Dudu do Cavaco e eu em entrevista para a Rede Globo

No dia 2 de dezembro de 2013, mais uma novidade. Lançamos o site Mano Down com muito carinho e amor, com a ajuda de parceiros e apoiadores, especialmente a Raw Design e a Verde Ghaia. Está solto no ar o www.manodown.com.br. Na verdade, já tínhamos o blog, mas, devido ao crescimento do projeto, decidimos investir num site que tivesse interface com o Facebook e demais redes sociais. A ideia é ter um portal que organize nossas informações, produtos e ações. Nosso maior meio de divulgação hoje é nosso Facebook, onde temos uma página de grande repercussão.

Claro que essa agenda lotada e toda essa movimentação inspiraram o Dudu, que mandou mais esta mensagem para mim, via e-mail, no dia 3 de dezembro de 2013:

"Léo, o meu DVD vai ser muito importante pra mim, porque quero fazer várias coisas de informar e alegrar a nossa alma e também o nosso amor que a gente tem como irmão. A minha vida toda sem você não dá, porque você me ajuda muito e também a minha capacidade de esta perto de você. Você, Leo, é um irmão muito especial na minha vida porque você sempre está no fundo do meu coração. O Mano Down pra mim é muito bom. Porque esse projeto me traz toda a minha alegria de viver e a minha alma. Isso que estou falando pra você e porque você é um irmão que eu sempre posso contar com você. Te amo". Um presentaço esse e-mail.

Tudo seguiu caminhando e, depois de alguns contatos, era hora de levarmos nossa mensagem para o Norte de Minas. Convite feito, convite aceito, partimos rumo a Montes Claros. Todo o contato foi devidamente gerenciado por Juliana Veloso, proprietária da empresa Atu.All - Promoção e Gestão de Eventos, que cuidou com carinho de todos os detalhes.

Chegamos ao aeroporto bem animados. Dudu estava radiante e eufórico. Como de costume, encantou a todos com seus solos na sala de embarque. Mais uma vez, várias pessoas nos pararam para perguntar se era o Dudu do Cavaco. Quando parecia que estava tudo certo, nos deparamos com um problema logístico: a segunda via da carteira de identidade do Dudu não estava autenticada. O desespero bateu, mas felizmente conseguimos resolver a situação e, mesmo com atraso, chegamos animados em Montes Claros.

Recepção calorosa, bom papo. Acertamos os últimos detalhes e partimos para o Ibituruna Center Shopping. Plateia animada e muitas reportagens nos aguardavam. Dudu, com sua simpatia, era só festa e adorou todo aquele calor humano.

Chegou a hora do grande evento de divulgação da brilhante e bem conduzida AAME - Associação de Amigos Especiais. Muita emoção no palco, muitos vídeos e depoimentos emocionantes. Muitos arrepios e lágrimas. Para abrilhantar o evento, Dudu deu um excelente show e levantou a galera. Até pedido de noivado tivemos (Lucas e Fernanda que estavam na plateia). Após o show, jantamos e fomos descansar.

No hotel, Dudu estava extasiado com o carinho recebido. Cada dia mais confiante, comentou vários assuntos que me deixaram emocionado: cada vez mais ele está consciente do seu papel, da sua deficiência, de seu talento e da necessidade de buscar sua autonomia.

Dormimos pouco e, logo cedo, partimos com Juliana e Cíntia para conhecer e fazer um evento na escola modelo de inclusão Dr. João Alves. Sem dúvida, jamais em nossa caminhada havíamos recebido

Eu e Dudu do Cavaco recebendo uma linda homenagem

tanto carinho. Foi uma manhã diferenciada e inspiradora. Dudu não se conteve e se emocionou. Recebeu mais de 15 cartas e abraçou mais de 200 crianças. Comoção geral. Uma escola aparentemente sem muitos recursos materiais, mas com recursos humanos e dedicação de sobra. Com certeza, essa visita nos marcará para sempre.

Missão cumprida, fizemos um pouco de turismo e, quando fomos almoçar no mercado, várias pessoas pararam para conversar com o Dudu, que já estava conhecido na cidade. Após o almoço, mais uma visita diferenciada: fizemos outro evento para a escola Vovó Clarice. Foi uma festa só. Uma explosão de vida, diversidade e alegria.

Arrumamos as malas e partimos com um sentimento de quero mais. Com um sentimento de força e vida, com uma vontade imensa de conhecer mais pessoas como Juliana, Cibele, Cynthia, Lulu, Anna Angélica, Kau Ribeiro, Denner e outras. Que com simplicidade e amor nos acolheram e nos cuidaram como se fôssemos astros. Que nos trataram com tanto carinho e respeito que fica difícil agradecer. Foi muito gratificante trocar experiências com pessoas tão simples e sofisticadas. Já marcamos o nosso próximo encontro.

Chegou janeiro de 2014 e eu comecei o ano ressaltando, nas redes sociais e para quem quisesse ouvir e ler, que a Síndrome de Down não é doença. De acordo com o Ministério da Saúde, o Brasil possui hoje 300 mil pessoas com Down. No passado, quem nascesse com a alteração genética vivia até os 20 anos, em média, sendo a cardiopatia uma das principais causas da morte precoce. Trata-se de uma disfunção no coração que acomete até 60% dos nascidos com a síndrome. Dollie Grissom é um exemplo de que a expectativa de vida das pessoas com Down vem aumentando. Com um bom acompanhamento, alimentação e carinho, quem tem a síndrome pode ter uma vida marcada por grandes conquistas. No caso de Dollie, ela completou 74 anos no ano passado. Merece os parabéns, tanto ela quanto as pessoas que a cercam.

Não sei se todos sabem: a deficiência intelectual não é doença mental. Enquanto a primeira se caracteriza por um atraso cognitivo, que pode ser amenizado através do convívio e do desenvolvimento social da criança, a doença mental - como a esquizofrenia e a depressão - possui uma série de fatores que causam alterações de humor e de personalidade da pessoa. As pessoas com Down não são doentes mentais. Apenas possuem uma deficiência intelectual.

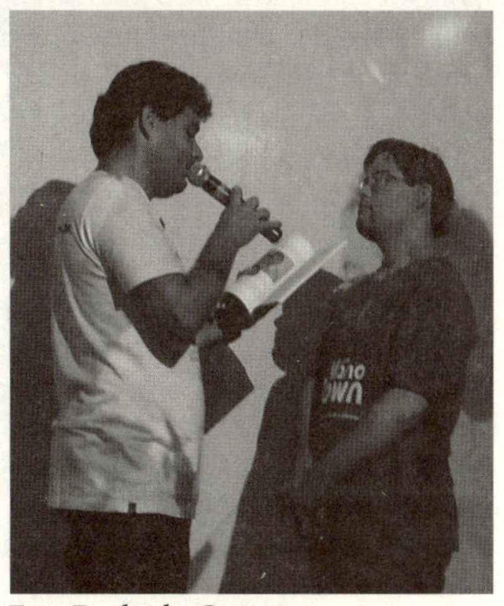

Eu e Dudu do Cavaco palestrando para a Convenção Laboratório São Marcos 2014

Ano-novo

O ano de 2014 já começou quente e profícuo. No dia 12 de janeiro fizemos uma palestra na Convenção Laboratório São Marcos, em Belo Horizonte. Foi uma manhã encantadora e, sem dúvida, vai ficar nos nossos corações. A Família Cerqueira, capitaneada pelo líder, Dr. Cláudio, amparada pelo amor de dona Ana e conduzida pelos filhos Bruno, Marina e Rodrigo, merecem o sucesso e o crescimento que estão colhendo. Com muito zelo e respeito, logo cedo, num domingo ensolarado, fomos recebidos com sorrisos e o carinho dos mais de 500 parceiros da equipe. Fomos brindados com um farto café da manhã ao som de Dudu do Cavaco e seu parceiro de percussão, o Fefé.

O evento começou com mensagens e direcionamento da liderança, recheada de vídeos e músicas cantadas pelos parceiros. A plateia delirou e, quando olhei para o lado, eu e Dudu estávamos arrepiados. Aquilo era um sinal de que estávamos ligados e completamente envolvidos com o evento.

Após algumas mensagens e textos cativantes, chegou nossa hora de palestrar e Dudu deu seu recado com o entusiasmo de sempre e sua alegria de viver. Foram 60 minutos de muita interação, música e brilho nos olhos, uma troca impressionante de calor humano. Para aumentar nossa vibração, fomos brindados com a presença marcante de nossa mãe Marina.

Sem dúvida, nos detalhes e nos pequenos gestos é que percebemos alguns valores das pessoas. Não bastam apenas palavras e discursos bonitos. O que fica são as atitudes e o respeito para com o próximo e isso, com certeza, não falta à equipe do São Marcos.

Não posso deixar de contar que, quando fui paraninfo da turma de Engenharia Ambiental do Centro Universitário Uma, em março de 2014, Dudu me mandou um e-mail. Vejam se não é para matar de emoção:

"Léo, esse dia foi muito bom pra mim porque você foi paraninfo de professor. Fico muito orgulhoso de ver um irmão como você brilhando na formatura no Chevrolet Hall.O seu discurso me fez emocionar e encher de lágrimas. Quando eu vi você discursando, eu quis dizer que você é o meu melhor irmão que eu tenho na minha vida toda. As suas palavras me encheram o meu coração de amor que eu tenho com você como um grande irmão que você é pra mim. Leo, você é mais do que um irmão pra mim, porque você faz parte no fundo do meu coração. Queria parabenizar esse dia tão especial que você esteve nesse encontro maravilhoso junto com a sua turma. Te amo".

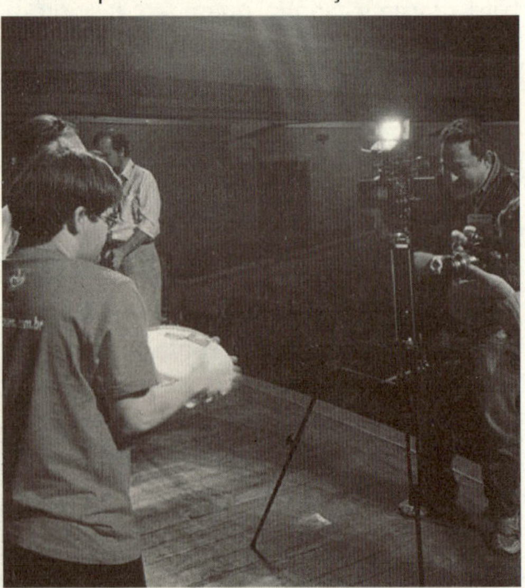

Feira do Livro em Ribeirão Preto

Eu e Dudu palestrando em Santa Luzia

Palestramos também em Ipatinga, Santa Luzia e fomos convidados para a 14ª Feira do Livro de Ribeirão Preto em maio, quando participamos de uma mesa-redonda sobre inclusão. Estavam lá o especialista em Educação Especial, Lucena Dall'Alba; o líder da iniciativa para aumentar o acesso e o emprego para pessoas com deficiência visual, Fernando Botelho; e o jornalista e colunista da Folha de São Paulo, Jairo Marques, que é cadeirante e mantém uma coluna e um blog para falar sobre os deficientes. Lá, um repórter me fez uma pergunta cuja resposta divido com vocês. Ele me perguntou: "Pelo que li a seu respeito, sua batalha em busca de uma melhor qualidade de vida para o Dudu é incansável. Como consegue tirar forças para isso?"

Pensei um pouquinho e não tive dúvidas. Respondi que o Dudu me fez entender que a diversidade é divina, ensina e agrega. Que, por amar meu irmão e aprender tanto com ele, não focava muito no cansaço e sim nas possibilidades de crescimento que ele me oferece. E completei falando que ver seus olhos brilhando ou vê-lo solando seu cavaco valia mais que uma noite de sono e que dar visibilidade às pessoas com deficiência é uma bandeira que não permite descanso. A recompensa do seu sorriso me nutre de energia.

Eu e Dudu do Cavaco fazendo palestra em Ipatinga

No compasso do amor

Capa do documentário "No Compasso do Amor"

Como não conseguimos parar, inventamos mais um projeto: um documentário sobre a trajetória do Dudu do Cavaco. Eis a ideia: "No compasso do amor" seria baseado no livro "Mano Down: relatos de um irmão apaixonado", contando a história comovente de superação do artista Dudu Gontijo, que, apesar de ter Síndrome de Down, e com o apoio de familiares e amigos, hoje faz palestras e vive para a sua arte de tocar cavaquinho, pandeiro e repenique na banda "Trem dos Onze", além de fazer shows solos e atuar na Cia Teatral Crepúsculo. Enfim, sobre a transformação de Eduardo Gontijo num artista exemplar.

"No compasso do Amor" seria um mergulho na inclusão social e no sonho de um garoto que quis superar todas as limitações que a vida lhe colocou, mostrando que, para se tornar o que quer, é preciso muita força de vontade. O documentário enfatizaria toda a trajetória do artista e mostraria como o amor pode ser o combustível para a realização de sonhos. A história seria contada a partir de depoimentos que traduzem o seu fascínio pelos instrumentos e pela música desde criança, passando pelo seu dia a dia e pelas cenas de atuações artísticas como cavaquinista e percussionista. Postei uma mensagem sobre isso nas redes sociais e alertei: aguardem.

Claro que acabamos fazendo mesmo o documentário, que ficou ótimo, uma narrativa comovente. Quem quiser pode assistir pelo site http://www.manodown.com.br/inicial-documentario-no-compasso-do-amor/

Falta contar nossa terceira ida a Campinas, em março de 2015: Nada é mais deficiente que o preconceito e mais eficiente que o amor. Parece que foi essa a mensagem maior que Dudu e eu deixamos quando estivemos lá, de novo a convite do Grupo Gestor de Benefícios Sociais (GGBS) da Unicamp, coordenado por Edison Lins. Fizemos a palestra "Síndrome de Down: o desafio da inclusão" que, com certeza, ficará na memória dos alunos da Escola Estadual Físico Sérgio Porto. Nossa apresentação foi no auditório da Agência para a Formação Profissional da Unicamp (AFPU) e conseguimos envolver o público com a nossa comunicação oral e musical. Foi um sucesso!

Falo sempre para as pessoas que se encantam ao ver o Dudu tocar que ele não nasceu músico. Ele estuda muito. Nada vem fácil na vida e assim temos feito na luta pela inclusão. Ela será realidade se as pessoas fizerem algo por essa realidade. Não tenho dúvidas de que o mundo seria melhor se as pessoas se envolvessem inteiramente nas ações a que se propõem.

Dudu do Cavaco no meio da plateia

Durante a atividade, enriquecida com a trajetória de vida do Dudu e contada por nós com o auxílio de vídeos, enfatizamos a indiferença das escolas e da administração pública em receber um aluno com Síndrome de Down e ressaltamos a falta de cumprimento da legislação da inclusão no mercado de trabalho por meio de cotas. Em Belo Horizonte, por exemplo, onde moramos, as vagas não são ocupadas por falta de cumprimento e por desconhecimento da própria família, pois algumas optam por esconder seus parentes com a síndrome.

Na palestra, Dudu mostrou seu talento no cavaquinho tocando "Quando te vi", de Beto Guedes, "Aquarela do Brasil", de Ary Barroso, "Como é grande o meu amor por você", de Roberto Carlos, e exibiu os autógrafos de Chico Buarque de Holanda, Hamilton de Holanda e Alcione no seu instrumento.

Na opinião da professora da Escola Estadual Físico Sérgio Porto, Lucimara Aparecida Viotto, nossa palestra enriquece e esclarece um assunto já comum aos escolares, pois a inclusão é uma prática da escola. Ela disse que, apesar dos poucos alunos com deficiência, o acolhimento feito por funcionários e alunos é sempre muito receptivo e carinhoso. Os alunos se engajam, ajudam, ensinam e cuidam. Esse contato vai permitir que eles compreendam melhor a Síndrome de Down.

As atividades contaram com a participação do público. E alertamos todos para uma ação importante, e nem sempre rotineira, ao final da cantoria: "Devolvam as letras das músicas para reciclagem". Até porque, no dia anterior, eu tinha ministrado outra palestra, "Gestão Ambiental e Sustentabilidade: e eu com isso?", na qual foquei outro conteúdo importante para uma sociedade sustentável: o comportamento humano diante da preservação de recursos. Na ocasião, falei sobre o desperdício de recursos naturais desde a transformação da sociedade rural e agrícola até nossa sociedade urbana e industrial. Defendi o modelo de economia verde baseado em três pilares: lucro, pessoas e planeta. O modelo é uma das formas de conciliar o consumo estimulado pelo sistema capitalista e reduzir os riscos ambientais e a escassez ecológica.

Embaixador da inclusão

Impossível contar a história e a evolução do Dudu e falar do seu trabalho sem reproduzir o depoimento da jornalista Márcia Francisco, escritora e autora do Blog Programa Inclusão e Eficiência Especial – valorização humana e integral da pessoa com deficiência. Vejam:

"Falar de inclusão necessária e possível é falar do Eduardo Gontijo. Eduardo, ou Dudu do Cavaco como é reconhecido, é a mais clara tradução e a compreensão do sentido exato do termo inclusão. Palavra que, por si mesma, deveria dispensar complementos do tipo: inclusão do negro, inclusão da mulher, inclusão da pessoa com deficiência. Nas últimas décadas, em relação à pessoa com deficiência, caminhamos muito no respeito ao ser humano por ele próprio. Essa precisa ser a premissa no trato com nossos semelhantes: dos convívios nas casas, nas ruas, na sociedade com suas expressões várias, aos direitos humanos e de cidadania. Valorizar o ser com suas qualidades e aspectos que possam ser aprimorados; respeitar e compreender (conhecendo) as diferenças, permitindo(-se) o convívio e a troca de experiências e, sobretudo, criando oportunidades para que cada pessoa possa identificar seus dons e atuar com todo o seu potencial, no aprimoramento e exercício de suas aptidões e na construção de um mundo melhor.

Dudu surge, portanto, como um ser humano notável que, ao lado da história de vida com a Síndrome de Down, nos apresenta um vasto universo de possibilidades. A primeira delas: o aprendizado com seu alto astral, espontaneidade, originalidade e autêntica transparência nas relações com os que dele se aproximam. Tal característica, somada à sua veia artística, é fortalecida e potencializada aos nossos olhos. Eduardo Gontijo é músico que traz em si talento notável. Sua busca incansável pelo aperfeiçoamento soma técnica ao dom e encanta plateias com interpretações e improvisos musicais de raro valor.

O jovem artista não para por aí, leva seu carisma a palestras e dá novos shows nas aulas de comportamento humano, quando nos remete ao seu núcleo familiar, que tanto busca compreender e incentivar Dudu. Age em instâncias que respeitam, compreendem, cuidam, mas vão muito além do que se poderia considerar limitação. Nesta nuance, uma cor brota em gentileza mais que fraterna, humana.

Como falar de Dudu sem falar do seu irmão Leonardo? Se fossem siameses talvez não fossem tão afins. Leonardo chega como um escultor a lapidar e extrair do seu "mano Down" o que ele tem de melhor e, mais que isso, estimula, com a base de todas as relações – o amor – ações efetivas que fazem os dois transbordarem em afeto mútuo, contagiando todo mundo com a certeza de que a vida vale muito. Preciosa missão concedida no sangue azul destes dois seres de luz. Antes dos contatos com a dupla encantadora, através do meu programa radiofônico Inclusão e Eficiência Especial, tive oportunidade de ver Dudu em ação na música e também de falar dele na nossa página Eficiência Especial. Após nosso primeiro encontro formal - a primeira entrevista - muitas histórias têm sido construídas em parcerias que valorizo com muita alegria e gratidão. Minha mais justa reverência a esta história de pura luz. Em frente. Inclusão, sempre!".

Chegou junho de 2015 e nossa agenda permaneceu lotada. Entre outros compromissos, participamos ao vivo do programa "TV Verdade", da TV Alterosa, fomos assunto de uma reportagem no "Registro Geral", de Campinas, Dudu se apresentou como convidado no show de lançamento do músico Tiago Delegado, tocou com Paulinho Pedra Azul e ainda fomos tema de matéria longa no jornal "Estado de Minas".

No dia 12 de junho, destaco um momento marcante: o primeiro ensaio do Dudu com sua banda. Isso mesmo. Agora o Dudu do Cavaco terá seu próprio grupo para acompanhá-lo nos shows pelo Brasil. Mais um projeto e, de novo, estamos muito felizes e confiantes.

Também fizemos palestra na Una Contagem para 300 pessoas, visitamos a Cidade do Galo, onde o Dudu foi o centro das atenções, e saímos numa reportagem nos sites "Minas Inova" e "Catraca Livre". No dia 19, ele gravou DVD no Estúdio Trilha. Outra novidade: Dudu passou a vestir roupas da grife Palla D'oro. Muito chique, não acham? Ele merece.

Em 2015, reafirmamos um outro bom contato, com Maurício Carvalho, empresário e parceiro do Mano Down em Campinas. Vejam só o belo depoimento que ele escreveu sobre o meu irmão:

"Foi no VI Congresso Nacional de Síndrome de Down, em outubro de 2012, em Olinda, Pernambuco, através do brilho do olhar de seu irmão, Leonardo Gontijo, que tive o desejo de conhecer o Dudu do Cavaco. Não imaginava que o conheceria também através do sorriso largo do seu tio Maurício, em setembro de 2014. Mas Deus nos reservou um momento ainda maior e verdadeiro, em maio de 2015.

Sentir o Dudu através da música das cordas do seu cavaquinho, que carinhosamente ele chama de 'meu bebê', foi acolhedor, assim como é seu abraço generoso. Abraço esse que tem o dom de nos aquecer. Nos tornamos amigos de longa data. Ouvir o Dudu tocar é sentir o céu descer, é ser contagiado pela felicidade de viver, é ter na pele o perfume das emoções sentidas. É, 'véi', você é o cara. É o cara que Deus tem usado para transformar vidas de famílias inteiras. E, porque não dizer, da sociedade. Vá em frente, meu amigo! Seu caminho é de luz e alegria. Através do seu sonho, da sua dedicação, do seu amor e do seu profissionalismo, você consegue iluminar todos ao seu redor, derrubando muros, abrindo janelas, mostrando caminhos e dizendo que sim, é possível ir além, sempre mais alto. Você nos desafia e nos incomoda nos levando a sermos melhores irmãos, pais e filhos. A sermos humanos. E como diria o mestre Ariano Suassuna, 'o sonho é que leva a gente para frente. Se a gente for seguir a razão, fica aquietado, acomodado'.

Muito obrigado, Dudu, por nos ensinar que somos feitos de histórias e não de cromossomos. Talvez um dia possamos retribuir uma pequena parte do muito que tem feito pelos nossos filhos. 'Tamo' junto e misturado. Te amo e te admiro muito. Você é maravilha máxima!".

Continuando a agenda do Dudu, vale registrar que, em junho de 2015, ele ainda palestrou na Cemig, abrilhantou o IV Fórum de Responsabilidade Social: inclusão da pessoa com deficiência no mercado de trabalho e abriu a IV Conferência Municipal dos Direitos das Pessoas com Deficiência, realizada na Câmara Municipal de BH. Esse evento é coordenado pela Secretaria Municipal de Políticas Sociais, por meio da Secretaria Municipal Adjunta de Direitos de Cidadania, da Coordenadoria de Direitos da Pessoa com Deficiência e do Conselho Municipal dos Direitos da Pessoa com Deficiência.

Por fim, vou citar John Kennedy: "Admito que a pessoa com deficiência seja vítima do destino, mas não posso admitir que seja vítima da indiferença." Ainda hoje sinto falta da participação de mais pessoas que acreditam num mundo mais inclusivo. Precisávamos de mais discussões e debates em diversos fóruns. Penso que as pessoas com Down estão pouco representadas. Precisamos de menos palavras e mais atitudes. A invisibilidade social só mudará com a cidadania plena.

Achamos tempo e, em julho de 2015, ainda estivemos em São Paulo para uma série de eventos. Foi uma semana muito produtiva longe de casa e de muita saudade também. Foram palestras e shows emocionantes, em palcos que jamais sonharíamos chegar. Visitamos instituições que são referências e participamos de eventos e programas de TV. É cada vez mais gratificante ver o Dudu ser recebido e tratado com igualdade de condições. Como é emocionante vê-lo ser recebido como o profissional que é. Como é engrandecedor conversar com outras famílias e ver que nosso trabalho pode inspirar as novas gerações. Como é inspirador ampliar horizontes com nossa mensagem de amor. Como é bom ser irmão do Dudu do Cavaco.

Um dos eventos em São Paulo foi na Fundação Alphaville, no Teatro das Artes. Mega estrutura, palco imenso e plateia para 400 pessoas. Vejam o que disse Caroline Angelucci:

"Olá, Léo. Sou funcionária da Alphaville Urbanismo, amiga do Fernando e assisti à palestra de vocês na quarta-feira. Gostaria de parabenizá-los pelo lindo trabalho. Me emocionou muito e é maravilhoso saber que existem trabalhos tão lindos como o seu. Parabéns! Beijos pra você e o Dudu".

E estas palavras de Danielle Boa Sorte:

"E hoje a nossa manhã foi repleta de comemorações e emoções. Completaram-se 15 anos da Fundação Alphaville e, com isso, houve várias atividades sociais, projetos inovadores na área de sustentabilidade. E tivemos a surpresa de receber o Leonardo e o Dudu, do Projeto Mano Down, com uma linda história de motivação, atitude, empenho e determinação. Foi um balde de água fria em nossa realidade e um balde de orgulho por buscarmos cada vez mais excelência nos nossos empreendimentos e também nos projetos sociais que abraçamos".

De Ana Karolina Lauton, recebemos:

"Gostaria de expressar minha gratidão por todas as coisas maravilhosas que aconteceram neste dia. Sem dúvida, cada detalhe tornou este aniversário muito mais do que especial. Foi maravilhoso conhecer Leonardo e Eduardo Gontijo, que nos mostraram que não existem limites que não possam ser superados. E mais uma vez gostaria de agradecer à nossa equipe fantástica da fundação pela oportunidade de aprender mais e mais com vocês a cada dia".

E de Graça Rodrigues:

"No dia de ontem, no Teatro das Artes, comemorando os 15 anos da Fundação Alphaville, foi um privilégio conhecer uma das histórias mais lindas de amor, a história dos irmãos Dudu e Léo. Parabéns, Léo, pela dedicação aos sonhos do Dudu e do Projeto Mano Down. Que talento dessa pessoa linda que é o Dudu!"

Dudu do Cavaco abrindo o I Encontro Diferentes Somos Todos

Dudu do Cavaco no Programa Melhor para Você da Rede TV

Chave de ouro

Amei essa frase que escutei outro dia de Flora Bitancourt: "Olhe para minha potência e não para a deficiência". E é com isso na cabeça e no coração que continuamos com o pé na estrada divulgando nosso amor e nossa luta. Para fechar com chave de ouro o mês de junho de 2015, mostro que recebemos e, claro, aceitamos, um belo convite da organização do VII Congresso Brasileiro sobre a Síndrome de Down. Vejam:

"Ilustríssimo Sr. Leonardo Gontijo,

A Associação Reviver Down e o Ambulatório da Síndrome de Down do Hospital de Clinicas da UFPR, Pós-Graduação em Educação da UFPR, em parceria com a Federação Brasileira de Associações de Síndrome de Down promoverá, de 15 a 17 de outubro de 2015, em Curitiba, (PR) o VII Congresso Brasileiro sobre Síndrome de Down, II Encontro Latino-Americano de Síndrome de Down, bem como o I Encontro de Famílias e o IV Encontro de Irmãos de Pessoas com Síndrome de Down. O evento será realizado no ExpoUnimed, localizado no campus da Universidade Positivo, na Rua Professor Pedro Viriato Parigot de Souza, 5300 no bairro Campo Comprido e deverá contar com cerca de 3.000 participantes. Em nossa busca pelo alto nível da programação, temos a honra de convidá-lo(a) para participar como preletor(a) do Simpósio "Meu Irmão tem Síndrome de Down, o que aprendi". Sua fala será de 30 minutos e mais 30 minutos de perguntas. Nesse simpósio haverá outro expositor abordando o mesmo tema, o qual será informado assim que tenhamos a confirmação de ambos.

Caso possamos contar com sua presença, pedimos a gentileza de enviar uma confirmação para a Secretaria Executiva do evento aos cuidados de Aline Lopes, e-mail contato@down2015.com.br e enviar minicurrículo com foto e a confirmação até o dia 30 de Junho de 2015. A partir disso, serão tomadas todas as providências operacionais como para o seu deslocamento, estadia e exposição no referido evento. Respeitosamente,

Noemia Cavalheiro, Presidente do Congresso"

E como em se tratando da nossa dupla, convite feito é convite aceito, tivemos uma nova e emocionante experiência no dia 17 de julho de 2015. Tio Flávio, que faz um trabalho espetacular, nos convidou para palestrar para a APAC Nova Lima. Para quem não sabe, ele é, entre outras coisas, criador do Projeto Tio Flávio Cultural, que tem como propósito transformar a vida das pessoas por meio do conhecimento. Ele é também blogueiro do Sou BH e articulista do jornal "Hoje em Dia". Dudu ficou com os olhos brilhando ao saber que se tratava de uma instituição de detentos e prontamente disse sim. APAC significa Associação de Proteção e Assistência ao Condenado. De minha parte, fiquei um pouco apreensivo no início, sem saber como seria a reação do meu irmão. Assim que ele concordou, combinamos tudo e botamos o pé na estrada.

Chegando lá, tivemos o primeiro choque positivo: nada dos uniformes vermelhos, nada de algemas ou agentes penitenciários armados guardando as celas e a entrada. A disciplina ali é na base da confiança nas pessoas e no sistema. Entramos na APAC Nova Lima guiados pelos próprios recuperandos, que mostraram dignidade e profissionalismo.

Conhecemos toda instituição antes de palestrar. Lá dentro, 95% dos serviços são realizados por quem cumpre pena. Os trabalhos administrativos, a horta, a marcenaria, a cozinha e a padaria contam com as habilidades de mãos que antes foram usadas no mundo do crime. Dudu, muito atento, perguntou tudo e não perdeu nenhuma oportunidade. Comeu um gostoso pãozinho feito pela turma e tratou todo mundo com a humanidade e o respeito que todo ser humano merece. Essa é, aliás, uma característica que ele sempre me ensinou.

Mais do que manter os internos ocupados durante o dia e gerar renda para sustentar a instituição, as atividades têm o objetivo de oferecer para aqueles homens a oportunidade de uma profissão, um ofício. Para cada um dos trabalhos, eles são treinados e alocados de acordo com suas aptidões. Foi uma surpresa muito grande ver como aquilo tudo funciona de forma bem ordenada. Tivemos a chance de conhecer o centro de capacitação que, com certeza, não deixa a desejar a nenhuma sala onde já lecionei: computadores, data show, webcans e bibliotecas em ótimo estado de conservação.

Eram 10 horas da manhã e chegou o momento da palestra para a ala dos recuperandos que estão em regime fechado. Lá, há três tipos de regime: o fechado, o aberto e o semiaberto. Preparamos tudo e, durante uma hora e 10 minutos, demos nosso recado. Falamos de nossa relação e como aquilo poderia ser objeto de reflexão para eles. Fizemos analogias e Dudu tocou sete músicas. Foi de arrepiar a reação de todos, com muitas lágrimas e abraços que deixarão marcas para sempre em nós.

Ao final, eles próprios nos presentearam com duas músicas do coral da instituição, que conta com 13 homens mais o maestro, que também é um recuperando e lidera, com muita propriedade, a afinada cantoria dos rapazes. Eles planejam lançar seu primeiro CD, com canções em português, inglês, italiano e espanhol. E já marcamos um novo encontro e um ensaio entre eles e o Dudu do Cavaco.

Saímos de lá com a certeza de que podemos fazer a diferença na vida das pessoas e que, no fundo, um abraço, um olhar, uma música, podem sim mudar a vida das pessoas. Observei olhares atônitos para o meu irmão e todos eles foram abraçá-lo e agradecê-lo. Ao final, como sempre, quando alguns detentos se manifestaram, não contive as lágrimas. Em comum nas falas, a certeza de que o amor é o combustível para a superação de barreiras e a construção de possibilidades.

Quando já estávamos no carro, recebemos a seguinte mensagem do Tio Flávio:

"Tenham certeza de que vocês fizeram muito bem. Nossa! Muito mesmo. Vocês ajudaram a quebrar o criminoso e resgataram o ser humano ali dentro". Essa capacidade do Dudu me encanta sempre. Obrigado a você, Tio Flávio. Manhã marcante. Lição de vida.

À tarde ainda fomos conhecer a Instituição Faenol de Nova Lima. Foi mais uma linda experiência.

Dudu do Cavaco recebendo o carinho das professoras em São Joaquim da Barra, em São Paulo

E olha que ainda não contei da nossa participação no simpósio de professores em Três Lagoas, no Mato Grosso do Sul, para um público de cerca de 300 pessoas. Foi muito emocionante e expandimos mais uma fronteira. E mais: no dia 19 de fevereiro, em plena quarta-feira de cinzas, palestramos para 200 professores de São Joaquim da Barra em São Paulo. Foi uma Jornada Pedagógica no auditório da EMEI.

capítulo 3

QUANDO A MÚSICA VEM DA ALMA

> *"E eu corri pra o violão num lamento, e a manhã nasceu azul/ como é bom poder tocar um instrumento"*
>
> ("Tigresa", de Caetano Veloso)

Nada melhor, para iniciar este capítulo, do que as palavras inspiradas do professor de cavaquinho do Dudu, Hudson Brasil, diretor da Brasil com S – Escola de Choro e MPB. Confiram:

Dudu do Cavaco com o professor Hudson Brasil

"Busquei palavras como evolução, progresso e refinamento para melhor traduzir o que se passou com o Dudu durante esses oito anos de convivência como meu aluno e amigo querido. Nenhuma delas revelou verdadeiramente o que aconteceu. Dudu foi se recriando e se constituindo como um novo sujeito a cada etapa, à medida que ampliava sua consciência estética. Durante seu processo de reinvenção, evoluiu como músico. Isso não deixa dúvidas.

Com uma metodologia que desenvolvi especialmente para ele, as novas técnicas foram, passo a passo, sendo absorvidas. O nível das peças estudadas exigindo cada vez mais precisão e domínio do instrumento.

Vejo com muita alegria ele se aperfeiçoando e arrebatando cada vez mais as pessoas que se sensibilizam e se posicionam diante de um projeto tão importante quanto o Mano Down.

Ser diferente, além de ser normal, é necessário. É o que nos identifica. Ser indiferente é ser retrógrado e preconceituoso.

O mais importante de tudo está por detrás de seus olhos doces e jeito calmo e carinhoso. Dudu é um homem bom, honesto, trabalhador e muito, mas muito responsável. Ao mesmo tempo ele guarda em si e compartilha com todos a alegria e a ingenuidade dos puros. Dudu conseguiu combinar o que há de melhor nos seres humanos: ele é um homem menino".

Não é necessário dizer que o Hudson Brasil foi preciso como um poeta sensível ao escrever esse depoimento. Também acompanho e me comovo sempre com a evolução do Dudu, que tem com a música uma relação quase visceral. Parece algo que não passa pelo racional. Passa pelo coração. Desde sempre. A carreira artística do Eduardo começou precocemente. Desde bebê ele já participava das rodas de samba da família e tomou gosto pela música. Aos seis anos foi modelo, sempre com um pandeiro na mão, em um desfile de modas em um shopping na região Sul de Belo Horizonte. Ali percebi que o garotinho levava jeito.

Muito estimulado pelos primos, principalmente o Igor, e pelos tios, principalmente o Maurício, Eduardo foi sendo despertado pela música. Todas as pessoas da família sempre o trataram como as demais crianças, com respeito e estímulo. Todos, e especialmente os meus pais, sempre lhe passavam confiança e vibravam com a superação de cada desafio. A música foi uma ferramenta de desenvolvimento. Foi e é sua grande companheira. A primeira superação do Dudu foi tocar pandeiro. Depois veio o cavaquinho, seu instrumento preferido atualmente. A partir de 12 anos, sempre que podia, era convidado e participava de rodas de samba com os primos e tios em Piúma, no Espírito Santo. E já tocou com diversos grupos como "Nada vê", "Elite do Samba", "Chopp com água"...

Além do Igor, que inseriu o Dudu da melhor forma possível no meio musical e sempre o tratou com todo carinho, não podemos deixar de destacar a importância, claro, do notável músico Hudson Brasil, seu professor de cavaco já há oito anos. Com muito profissionalismo, dedicação e amor, ele não acreditou no que todos diziam: ser impossível. E, com um método novo, conseguiu transformar as notas musicais em números, facilitando assim a aprendizagem do meu irmão.

Quis o destino que, em 2003, ele encontrasse amigos que, com muita sensibilidade, aceitaram a inclusão dele num grupo que se chamava "Zumberê". Acho que só músicos possuem tamanha sincronia e sensibilidade. Recordo-me muito bem quando, numa sexta feira, meu pai estava no *Shopping Falls*, complexo de lojas e bares perto de nossa casa em Belo Horizonte, conversando com o Wilson Scalioni, mais conhecido como Cascudo. Como ele era músico do "Zumberê", começaram a falar de música.

Mestre Cascudo foi quem deu a primeira oportunidade para ele ser inserido verdadeiramente em um grupo musical. Parece que foi o encontro do rio com o mar. Que energia linda surgiu desse encontro! Nesse dia, o tímido e acanhando Dudu, sem pedir licença, entrou na Choperia Nicácio, convidado pelo Cascudo, e conheceu alguns de seus ídolos musicais - e hoje, posso dizer, amigos Betinho, Téo Scalioni e Felipe Bastos (os três responsáveis hoje pelo "Trem dos Onze"), além de Liu Ladeira e Paco Fazito, que o receberam de forma notável.

Após este encontro, resultado de uma conversa despretensiosa entre meu pai e o Cascudo, nasceu uma nova família, a Família "Zumberê". E o despertar de um novo talento. São incontáveis os momentos que o grupo proporcionou a todos que já tiveram o privilégio de assistir ao show dessa turma iluminada. A confiança que os integrantes do grupo transmitiram aos meus pais, por palavras e atitudes, fazem deles hoje praticamente irmãos do Dudu. Muitas vezes o pegam e o deixam em casa sem nenhum problema. E os depoimentos deles para o primeiro livro me fizeram ter a certeza de que eles também aprendem muito com o Eduardo. Desde então, são anos de uma amizade linda e inúmeros eventos e momentos que marcaram minha vida.

A partir dessa inclusão no "Zumberê", frutificou ainda mais o talento musical do Dudu, que é um estudioso de música. Pelo que percebo, ele passa, no mínimo, quatro horas diárias escutando músicas e tem uma facilidade imensa para gravar as letras. Acho que a música e o Dudu nasceram um para o outro.

A partir de 2011 o "Zumberê" se juntou com outra banda, formando o "Trem dos Onze", que toca na noite de Belo Horizonte e em casamentos e eventos fechados. E o Dudu continua dedicado: faz aulas de cavaco também com o professor Pablo Leite e aulas de percussão com Bill Lucas (também integrante do "Trem"). E atualmente toca bem cinco instrumentos: cavaco, banjo, repique, pandeiro e surdo.

Como artista que é, Eduardo ficou também muito empolgado, numa época, com a Companhia de Dança Conatus. Está se esforçando muito nas aulas para se integrar ao grupo, que viaja todo o Brasil. Tanto que fez até um funk para tentar entrar na companhia.

Um dos professores de música do Dudu é Pablo Leite que, como o Hudson, ensina cavaquinho. Optamos por dois professores, porque cada um ensina um tipo de música e isso contribui para o desenvolvimento do meu irmão. Além disso, o Pablo pode ir até a casa do aluno, o que facilita a logística. Olhem só o que ele fala do meu irmão:

"Ao conhecer Dudu, conheci a musicalidade em pessoa. Ele transpira notas, além de ser uma pessoa do bem. Ama todo mundo e é uma das pessoas mais extraordinárias com quem tenho o prazer de conviver. Aluno dedicado e que ama a música. Ao lado dele, as aulas são leves e a música flui. Só tenho que agradecer por ter conhecido Dudu e todo seu encanto e talento".

Aqui, a palavra de Marco Túlio, guitarrista do Jota Quest:

Dudu com Marco Túlio e seu filho Theo

"Desde os cinco meses de gestação da minha mulher venho me aproximando, conhecendo e descobrindo o universo da Síndrome de Down. Tudo era novo para todos nós da família. Nesse processo, uma das maiores surpresas foi o Dudu do Cavaco.

Lembro-me de que nos conhecemos no Programa da Xuxa, na época na Globo, num especial para os nossos queridos especiais. Fiquei encantado com tudo ali e, principalmente, com o Dudu, muito esperto, carinhoso e carismático. Isso faz uns quatro anos e, desde então, nos vemos e nos falamos. Seu fiel escudeiro e irmão Léo, sempre por perto.

Há pouco tempo, Dudu fez a abertura do nosso show em BH para um público de cinco mil pessoas. Incrível! Agora está lançando seu próprio DVD. Fantástico!

Dudu é hoje uma fonte de inspiração para todos que o cercam. Que meu amado Theo cresça e se transforme em um adulto inspirador também. Parabéns, Dudu e família. Que bom que você faz parte de nossas vidas. Felicidades, saúde e uma longa vida!"

Não mais que de repente

Como sou um observador do comportamento do meu irmão, fico impressionado com a alegria e o carinho que o Dudu tem pelo seu cavaquinho. No dia em que ele ganhou um instrumento novo do papai junto com uma caixa de som, ficou supersatisfeito e empolgado. É muito lindo ver como ele trata o cavaco, tanto tocando quanto conversando e cuidando dele. Com certeza isso contribuiu para suas belas apresentações, levando as plateias ao choro quase sempre. É doido por samba, vai a muitos programas de rádio, inclusive na Rádio Favela, do Aglomerado da Serra, em BH. Adora tocar com o sambista Mandruvá. E quando toca "Como é grande o meu amor por você", arrasa.

Vejam que boa história e que retrata bem a simbiose do Eduardo com a música: estávamos no Rio de Janeiro e meu tio Maurício decidiu nos levar à "Toca do Vinícius", tradicional bar da cidade, reduto de gente que gosta de música. Claro que o Dudu tocou seu cavaquinho, claro que conversamos muito, claro que fez novos amigos e ainda distribuiu livros. Um sucesso! Sucesso também foi o texto sensível e criativo que nos enviou Carlos Alberto Afonso, amigo do tio Maurício de longa data e que se encantou com o Dudu e com os encontros da vida. Vejam como tenho razão:

Dudu do Cavaco e Carlos Alberto Afonso na Toca Do Vinícius, RJ

"Não mais que de repente, um trio de mineiros de Belo Horizonte entra na Toca, trazendo, para mim, um momento de impagável e inapagável emoção. À frente do trio, o velho amigo Maurício, cuja estampa de camisa alertava para um projeto. Um Projeto de Educação a partir da própria integração homem-e-cultura, de que a Educação é o meio-campo. E Maurício me apresentou o músico chamado Eduardo Gontijo, o Dudu do Cavaco, que, presto, despiu seu cavaquinho, tocou para mim duas canções e mais uma, depois, a pedido, 'Wave' e me presenteou com dois livros que seu dedicado, apaixonado e zeloso-amoroso irmão Leonardo Gontijo escreveu e publicou com os respectivos títulos: 'Mano Down: relatos de um irmão apaixonado' e 'Quer saber? Eu quero contar: aprendizados e lições na Síndrome de Down'.

Passamos juntos um bom tempo. Eu com meus ouvidos abertos, o coração batendo forte e a cabeça me auto/re/avaliando. Leonardo, Maurício e Dudu do Cavaco, me dando a aula mais valiosa dos últimos tempos. Eles me deram aula sobre a condução do conhecido quadro, eles me deram aula de Dudu do Cavaco, eles me deram aula sobre dimensões. No final de nosso encontro, quando nosso convívio já datava da infância, tal a integração, Dudu do Cavaco escreveu para mim dedicatórias nos dois livros que me ofereceram. Num dos livros, Dudu escreveu assim: 'Carlos, estou muito feliz de ter vindo à Toca do Vinicius. Um beijo do Dudu. Te amo'. Com dificuldade de manter o controle emocional, parti para a leitura da segunda dedicatória: 'Carlos, você é o mestre da bossa nova. Um dia eu quero tocar com Toquinho. Te amo'.

Trocamos sentidos abraços e nos despedimos. Lá se foram Maurício, Leonardo e Dudu do Cavaco. Apesar de pessoas notadamente muitíssimo bem preparadas, não estou certo de que perceberam a extensão dos desdobramentos da visita. Duas coisas são certas: primeira, eles vieram para Dudu mostrar algo a um professor. Segunda, acabaram os três ensinando em âmbitos diversos, com especiais resultados no âmbito das dimensões (como escrevi acima). Com a vigorosa práxis do amor, me fizeram ter consciência de meu real tamanho e, longe de ficar triste, fiquei felicíssimo pelo alerta: sou menor, muito menor do que poderia imaginar.

E Dudu, movido por seu mundo-de-só-amor, ter-se-ia - se tivesse necessidade de pensar - se apiedado daquele novo amigo de idade boa, cujo estado de perplexidade demonstrava o quanto desconhecia. E suas mãos generosas escreverão para o vovô aqui: 'eu te amo'. Nestes 60 minutos fiz o mais curto e, simultaneamente, mais amplo curso de extensão universitária ministrado pelo Maurício, amigo velho, pelo escritor Leonardo Gontijo e pelo irmão a quem ele se dedica, o músico Eduardo Gontijo, o Dudu do Cavaco".

Ficamos emocionadíssimos com as palavras do Carlos Alberto Afonso. E emocionados também com o que escreveu nosso tio Maurício Vieira Gomes, responsável por esse e muitos outros bons encontros do Dudu. Ele chamou de "Transformações". Confiram:

"Muito legal neste espaço 'tão curto' de tempo poder descrever as vivências. Não basta ser pai, tio... O que quer que seja, tem que participar.

O que dizer de amizade, carinho, amor incondicional, 'brigas', acerto de ponteiros, de rota, de bússola. É caminhando que se faz o caminho.

Muito bacana ver o menino Dudu se transformar no rapaz Dudu do Cavaco, um homem feito -taí o cavanhaque que não me deixa mentir.

Du, meu grande amigo, suas, minhas confidências, são nossas, nosso mundo. Viramos mais uma página de nossa história, outras estão em curso ou amadurecendo num canto qualquer de gavetas ou memórias, prestes a eclodir. Estamos cada vez mais juntos, unidos num laço fraterno de puro carinho.

Conte sempre comigo,

seu amigo Maurição - ou como você diz - 'meu querido".

Ser diferente é normal

A ONG Meta Social promove um concurso e, todo ano, eles convidam um artista para interpretar a música "Ser diferente é normal". Certa vez, pediram para pessoas tocarem a música da forma que quisessem e juntaram tudo num clipe oficial que foi liderado por Preta e Gilberto Gil. E o Dudu aparece nesse filme, que é lindo. Vejam a letra da canção, do compositor Vinicius Castro:

"Todo mundo tem seu jeito singular
De ser feliz, de viver e de enxergar
Se os olhos são maiores ou são orientais
E daí, que diferença faz?
Todo mundo tem que ser especial
Em oportunidades, em direitos, coisa e tal
Seja branco, preto, verde, azul ou lilás
E daí, que diferença faz?
Já pensou tudo sempre igual?
Ser mais do mesmo o tempo todo não é tão legal
Já pensou sempre tão igual?
Tá na hora de ir em frente:
Ser diferente é normal!
Ser diferente é normal!
Ser diferente é normal!
Ser diferente é normal!
Todo mundo tem seu jeito singular
De crescer, aparecer e se manifestar
Se o peso na balança é de uns quilinhos a mais
E daí, que diferença faz?
Todo mundo tem que ser especial
Em seu sorriso, sua fé e no seu visual
Se curte tatuagens ou pinturas naturais
E daí, que diferença faz?
Já pensou tudo sempre igual?
Ser mais do mesmo o tempo todo não é tão legal
Já pensou, sempre tão igual?
Tá na hora de ir em frente:
Ser diferente é normal!"

Fantástica, não acham? Dudu gostou tanto que colocou a canção no seu repertório. Num e-mail para mim, contou a novidade:

"Tem que ver, né, vey. Hoje eu treinei o cavaquinho aqui em casa. Os meus dedos agora que eu percebi que agora eles estão muito aperfeiçoados. Estou tocando todas as músicas no meu repertório sem olhar no caderno, Léo. Já sei de cor todas as musicas, vey. Agora eu coloquei no meu repertório a música do Ser Diferente é Normal. Quando eu acabo de tocar o Ser Diferente é Normal, eu já vou pra outra música. Já um dia, quando você vier aqui em casa, vou tocar o meu repertório sem olhar pra você ver como estou muito aperfeiçoado. Léo, agora estou trabalhando a base no cavaquinho. Quando eu estiver muito bom na base eu já posso tornar um professor de cavaquinho e mostrar o meu trabalho que eu gosto de fazer vamos com tudo Léo vamos botar pra frente o nosso projeto Mano Down e fazer a palestra e mostrar pra todo mundo que nos somos capazes de fazer e superar cada vez mais". Percebam como ele tem consciência das coisas, como fala em superação, treinamento, trabalho.

Quando o Eduardo fez 22 anos, escrevi e postei o seguinte recado para ele:

"Ah, Dudu, não sei mais o que escrever para você. São 22 anos de uma amizade linda que me inspira diariamente. Neste dia tão esperado, eu apenas lhe desejo saúde e que possamos continuar nossa história em busca de sua autonomia e nossos sonhos. Vamos juntos, Dudu, de mãos dadas, unindo forças, somando esperanças, adicionando amor em todos os lugares que visitarmos. Que você possa, cada dia mais, ocupar espaços, voar alto, se tornar músico profissional.

Eu torço tanto por você que meus olhos se enchem de lágrimas todas as vezes que te escrevo, todas as vezes que te vejo superando obstáculos, quebrando barreiras, construindo possibilidades. Ah, querido irmão, como eu gostaria que o mundo fosse pautado em nossa relação, como eu gostaria de eternizar nossa convivência. Como eu gostaria de, cada dia mais, conviver com você.

Você me ensina sempre, me incentiva, me apoia, me alegra, me desperta todos os sentimentos bons que carregamos conosco. Gostaria de dizer que poderá contar comigo para o que precisar. Seja contra olhares desconfiados, seja com meu enorme orgulho. Onde você estiver, meu coração estará junto, meus pensamentos estarão próximos, meus sentimentos estarão vivos, minha alma estará presente. Que você comemore seu dia com muita música e alegria. Desejo apenas que você continue sendo você.

Zinho branquinho, eu te amo tanto, mas tanto, que chega até a doer. Que quando te sufoco é em busca de extravasar meu amor, demonstrar meu apreço e admiração por você. Hoje vou te dar 22 pregancas. Te amo para sempre.

Segue adaptação da música Samba de Orly, de Chico Buarque, que fiz para você:

Samba do Irmão

Vai, meu irmão
Pega o cavacão

Você tem razão de viver assim
Desse jeito seu maneiro, mas espero que veja
Que eu te amo o ano inteiro
É todo seu meu coração
Você é sem noção
Agradeço Duduzão
Pela emoção dessa relação
Não precisa dizer nada
Que me viu chorando
E pro mundo inteiro
Diz que eu te amo
Vê como é que anda
Aquela vida à toa
Se puder me manda
Uma solada boa".

E a resposta do Dudu:

"Obrigado por essas palavras tão bonitas que você falou pra mim, Léo. Isso que você escreveu pra mim, foi uma declaração de amor pra mim fiquei muito emocionado, Léo. De verdade, você não sabe o tanto que eu amo você Léo. O que me interessa é o amor que eu sinto por você. Léo, você é um irmão muito bom pra mim. Léo, isso que estou dizendo pra você é a resposta da carta que você me mandou. Estou te mandando hoje com esse dia tão importante pra mim, Léo. Você, Léo, é o meu mestre Guia que me ensinou muitas coisas boas pro meu coração. Obrigado, Léo. Você é um amor de irmão do peito e sempre estarei por perto de você, Léo, e com esse dia de hoje. Esses dias todos, o projeto Mano Down me ajudou a superar mais os espaços e superando cada vez mais as coisas que a gente faz juntos. Obrigado, Léo. Essa mensagem que você colocou no meu mural vai ficar marcada no fundo do meu coração e sempre estarei ao seu lado e te dou a minha alma pra você, Léo. Você não sabe o tanto que eu chorei com essa mensagem tão maravilhosa que você escreveu pra mim. Te amo para a vida, Léo."

Para fechar o dia, um grande encontro: Dudu do Cavaco e Ronaldinho Gaúcho. Apesar do empate de zero a zero entre Atlético e Grêmio, foi muito bacana. Dudu entregou ao craque uma camisa e o livro do Projeto Mano Down. Ficou acertado que teremos um novo encontro com o atleta, quando o Dudu vai ganhar dele uma camisa. Eduardo é fã do R49.

E o "Samba do irmão" não foi a única música que fiz para o Dudu. Em janeiro de 2012, em Recife, fizemos "Palavra procurada", só que, desta vez, em parceria. Eu fiz a letra e ele, a melodia. Até gravamos um clipe que está no Youtube. Vejam o resultado:

"Olho pro céu, olho pro mar em busca de encontrar uma palavra, uma palavra

Que descreva nossa relação/ que explique essa sensação/ que preenche o meu coração/ que ilustra nossa união.

Uma palavra, uma palavra...

Tava na cara dá para perceber/ até o cego consegue ver/ qualquer criança pode perceber essa palavra.

É muito fácil só olhar para ver/ que ela começa a transparecer a fortalecer/ Essa palavra agora vou dizer/ Preciso apenas da ajuda de vocês

É o amor, o amor e mais nada
É o amor a palavra procurada

Só quem convive pode explicar/ só quem demonstra pode compreender/ que a palavra certa para dizer/ o grande amor que eu sinto por você.

Ninguém no mundo pode duvidar/ nem a ciência pode contestar/ é muito forte só olhar para ver / Dudu eu amo você

É o amor, o amor e mais nada
É o amor a palavra procurada"

Show no Mineirão

Dudu do Cavaco inaugurando o Novo Mineirão

Como tenho andado muito com o Dudu nos últimos tempos, cheguei à conclusão de que mudei de identidade. Nestas andanças, sou abordado inúmeras vezes, seja para um aperto de mão, um bate-papo ou uma foto e, por unanimidade, todos me chamam de "irmão do Dudu do Cavaco". Claro que gosto de ser reconhecido pelos trabalhos que realizo, mas esta nova identidade me enche de orgulho e admiração pelo trabalho que o Dudu vem realizando e conquistando seu público e espaço.

Dentro de toda essa maratona, mais um convite que nos empolgou. Dudu do Cavaco foi convocado a tocar na festa de inauguração do gigante da Pampulha, o Mineirão, no dia 21 de dezembro de 2012. E mais, dividindo o palco com os astros do Jota Quest. Bacana demais.

Foi um dia com a marca e o tamanho do novo estádio. Foram muitas emoções, passagens e encontros. A começar pela felicidade dos meus pais, que puderam participar a convite do Dudu. Pela primeira vez, eles viram de perto a força e a grandeza do talento do filho e de como ele é capaz de agregar pessoas. Meio assustado no credenciamento, meu pai, Marcelo Gomes, sentiu o que descrevi recentemente: mudar de sobrenome e ser reconhecido como "pai do Dudu do Cavaco". Até o tratamento do cerimonial mudou.

O primeiro grande momento foi entrar no novo estádio e acompanhar toda a cerimônia, perto do então governador de Minas Gerais, Antonio Anastasia, e da presidente Dilma Rousseff. Após o momento oficial, conhecemos o estádio e diversas personalidades bacanas. Fim do primeiro tempo.

Depois veio a hora de organizar e passar o som para abertura do esperado show do Jota Quest para um público de 22 mil pessoas. Enquanto testava o som, Dudu chamou a atenção do apresentador do Altas Horas, Serginho Groisman, que quebrou o protocolo e, além de anunciar o Dudu do Cavaco, fez uma entrevista com ele ao vivo no palco. Durante a entrevista, a namorada do Dudu, Mariana, também foi convidada a entrar na conversa. Que cena linda! Passada esta emoção inesperada, chegou a hora de afinar e alinhar com a turma do Jota Quest como seria a abertura do show. Fomos muito bem recebidos por todos os músicos, especialmente pelo Marco Túlio e sua esposa Ângela, que cada vez mais se engajam na causa da Síndrome de Down.

Agitado e confiante, Dudu trabalhou com seriedade e, na hora que subiu ao palco, não sentiu o peso da enorme plateia. Mostrou carisma, agitou o público e deu seu recado, além de ser o responsável por anunciar o Jota Quest. Delírio dos presentes, lágrimas minhas.

Após a bela apresentação, ele foi convidado para ficar na área bem próxima do palco. Dançamos como nunca até molhar a camisa. O público foi muito carinhoso e a todo momento tiraram fotos e gritaram o nome dele. Mas o ápice do show ainda estava por vir. No camarim, Mariana combinou com seu ídolo, Rogério Flausino, de homenagear o Dudu na música "Amor Maior". Foi uma cena que presenciei a dois metros de distância e que ainda está na minha mente. Quando Flausino disse que poucas vezes tinha visto um amor maior e chamou os dois e cantou para eles, citando o pedido de Mariana, meus olhos brilharam e derramaram mais lágrimas de felicidade ao ver a alegria e a realização deles e, principalmente, o riso e a alegria do meu irmão.

Após este raro momento, continuamos curtindo e show e Dudu, como ele mesmo diz, se esbaldou e saiu ovacionado. Já no fim do evento, foi homenageado pelo guitarrista Marco Túlio, que lhe ofereceu a palheta que agora faz parte de sua carreira musical. Saímos e fomos ao encontro de meus pais, que viram tudo de camarote. Estavam extremamente felizes e foram parabenizados pela competência e talento do filho. Minha mãe, admirada, não entendia a reação das pessoas ao comentarem sobre o Dudu. Nesse dia, houve um momento em que o próprio Dudu desabou e chorou copiosamente. E, com a voz embargada, disse:

— Foi um dia inesquecível. Estou completamente emocionado, não esperava isso tudo. Fim do Segundo tempo.

De cabeça erguida e com o coração pulsando forte, saímos do estádio e os momentos vividos certamente não sairão dos nossos corações. Saí pensando e torcendo para que, em 2013, pudéssemos continuar nossa caminhada passo a passo, música a música, sorriso a sorriso.

Dias depois da apresentação no Mineirão, vejam o que recebi por e-mail do Dudu:

"Léo, esse ano de 2012 foi muito bom pra mim e adorei fazer todos os shows palestra e tudo mais. Estou desejando pra você um feliz Natal repleto de amor e alegria e muitas coisas para o nosso projeto Mano Down e 2013 vamos bombar ainda mais esse projeto Mano Down e sempre estarei por perto desses trabalhos que a gente faz juntos. Isso me deixa eu muito feliz. Isso é muito importante da minha vida, eu tenho muito orgulho de estar perto de um irmão que eu amo muito, que é você, Léo. Isso que estou escrevendo pra você saiu de dentro do fundo do meu coração. Cada vez que eu olho pra você, eu me sinto um amor muito grande de estar com você na minha vida.Você não sabe o tanto que eu amo você, Léo. Eu vejo que o nosso projeto que nós estamos fazendo vai crescer mais ainda e vamos muito pra frente. Esse amor que eu tenho com você é muito grande e muito forte porque eu percebi em você que você me levou pro caminho certo na minha vida e pra minha vida de artista. Eu fiquei muito feliz de você ter ido me ver tocar no Mineirão. Quando eu vi você no palco, eu fiquei todo arrepiado e emocionado. A minha alegria contagiou esse amor você puro e verdadeiro que eu tenho com você. Eu amo você para a vida e dou toda a minha ousadia e alegria pra você. Te amo para a vida".

Dudu com o grupo Trem dos onze

Minha resposta:

"Dudu do Cavaco, depois de muito tempo vamos passar a passagem de ano separados. Tô na dúvida. Não sei se te guardo no banco porque você vale muito para mim; na geladeira, porque você é um doce de pessoa, ou em uma ilha, porque você é meu tesouro. Pensei nessas opções, porém acho melhor deixar onde você sempre esteve: no meu coração, onde poderei recordar de você na virada. Tô indo viajar. Aproveita bastante e bom show na virada no Minas Tênis Clube. Te amo e, quando voltar, vou te amassar todo. Beijos".

Para a virada do ano com o "Trem dos Onze" no Minas Tênis Clube, meu irmão cortou os cabelos. Segundo ele, era um novo visual para o Dudu do Cavaco. Ele pegou a foto do artista Jacob e pediu para o cabeleireiro cortar igual. Quando chegou em casa, escondeu para não levar bronca, mas mesmo assim minha mãe disse que não gostou do estilo. Eu achei charmoso e moderno. Como ele justificou para mim: "Léo, o pessoal da minha idade anda assim".

Sob medida

Dudu com seu novo cavaquinho-"seu filho"

Nasceu o filho do Dudu. Sim, o filho. Foi assim que ele o chamou. Foram exatos 50 dias desde que encomendamos para o luthier Mário, da cidade de Nova Lima, próxima a Belo Horizonte, a confecção de um cavaco sob medida para ele. Fomos até lá, conhecemos a estrutura e todo o processo de trabalho manual necessário para fazer um instrumento à altura do músico. Mário é um profissional experiente e atencioso, que nos brindou com ótimas explicações e entregou no prazo combinado.

A reação do Dudu foi muito emocionante. Nunca na vida tinha visto tamanho carinho para com um objeto inanimado. Mais uma vez, tive a certeza de que o Dudu e a música nasceram um para o outro, ou melhor, o Dudu e o cavaco se integraram num único ser. O olhar dele me levou às lágrimas. Quanto sentimento demonstrado para com o seu novo cavaco, feito de acordo com as medidas dos seus dedos. Feito para ele. Ao tocar pela primeira vez o instrumento, ele também se emocionou, sentiu a leveza e maciez de seu novo parceiro. Ao final, despediu-se do Mário e saiu com a caixa, que ele apelidou de Dudu Bond. Olhou para mim e disse:

— Léo, esse é o meu filho. Quando ele quiser se alimenta,r eu dou uma solada nele. Quando quiser dormir, eu guardo na caixa.

Vale ressaltar que o Dudu bancou metade do valor do cavaco com o dinheiro de seus trabalhos.

No dia em que eu fiz 34 anos, eu também ganhei um presentaço. Além de todo o calor humano e da chuva de mensagens que aqueceram meu coração, recebi uma carta linda do meu irmão, que, de surpresa, foi lida por ele num show. Haja lágrimas.

Outro destaque: quando chegou o carnaval de 2013, de novo fomos convidados para viver mais uma emoção indescritível, que foi participar outra vez do desfile das campeãs com a melhor e mais humana escola do mundo, a indescritível Embaixadores da Alegria. O enredo do desfile foi "Mãe da Alegria", em homenagem a todas as mães, especiais ou não. E o Dudu arrasou na bateria. Como sempre, se esbaldou e não perdeu o ritmo.

Show solo no observatório

O dia 24 de março de 2013 foi um dia intenso, pois realizamos um grande sonho do meu mano. Foi uma longa luta, marcada por muita determinação e força de vontade, que culminou no seu primeiro show solo no Bar e Restaurante Observatório, em Belo Horizonte. Foi muito emocionante ver meus pais chorarem e todos puderam ter a dimensão do talento do Dudu do Cavaco. Foi demais! Ficamos agradecidos, do fundo do coração, a todos que viabilizaram aquele sonho, especialmente a galera ligada ao Observatório, como Fabrício Sá e todos os integrantes do grupo "Trem dos Onze", principalmente Felipe Bastos, Téo e Betinho Scalioni, Bill Lucas e ainda Paco Fazito. Um sonho sonhado sozinho é um sonho. Um sonho sonhado junto é realidade. Bem disse o grande Raul Seixas.

Sempre digo com orgulho que o Dudu nasceu para as artes e cada vez acredito mais nisso. Num dia chuvoso de dezembro de 2013 ele acordou sorridente. Estava empolgado, pois faria sua estreia como músico e ator, desta vez no Teatro Alterosa. Ao meio-dia já estava pronto e chegou ao teatro às 17h. Conversei com ele por telefone e ele repetiu o que sempre dizia:

— Leo, deixa comigo, que hoje vou arrasar!

Dudu do Cavaco no Teatro Alterosa

Cheguei ao teatro às 20h40min, a maioria das cadeiras estava tomada e o público animado. Anthonio Gomes Marra Júnior e sua equipe prepararam tudo com muito carinho. Todos os detalhes foram maravilhosamente cuidados. Anthonio entrou no palco radiante e anunciou o propósito do evento Cântico dos Quânticos.

A primeira atração foi exatamente o Dudu do Cavaco que, com o carisma e talento de sempre, levantou o público. Foi muito emocionante e não contive as lágrimas, claro. Mais uma vez, fui tomado por um sentimento que não soube descrever. Olhei para o lado e vi meus pais emocionados e orgulhosos. Pareciam não acreditar que seu filho caçula estava ali.

Mais de 20 músicos se apresentaram. Foi um espetáculo que eu jamais havia visto. Sem dúvida, a música tem algo diferente: emociona-nos, arrepia, inspira, dá vontade de viver. Todos os artistas deram seu recado com talento, simpatia e emoção. Quando entrou a turma do Crepúsculo, novamente me emocionei. Foi uma cena linda vê-los num dos mais tradicionais palcos de Minas Gerais dando seu recado. Eles mereciam estar ali e fizeram por onde.

Quando pensava que não teria como me emocionar mais, Anthonio nos surpreendeu com um final avassalador. Foi lindo ver a plateia toda de pé, admirando a performance do professor *coach*, um ser humano de luz que nos brindou com uma noite alucinante. Dudu, como sempre, não fez por menos e, ao final, ainda presenciei uma cena de um dos sentimentos mais lindos do ser humano: a gratidão. Chegou a ser desconcertante o discurso de agradecimento cheio de emoção e sinceridade que o Dudu fez ao Anthonio, organizador do espetáculo e professor de canto. Não se sabe onde ele arranjou tantas palavras bonitas, tanto sentimento verdadeiro.

À medida que foi desenvolvendo sua carreira, à medida que foi sendo mais solicitado, Dudu precisou de uma espécie de assessora e passamos a contar com a colaboração de Lilian Machado que, claro, virou amiga dele. Olha só o que ela fala do meu irmão:

"Falar da evolução do Dudu durante os três anos que comecei a conviver com ele é falar de uma evolução humana de nós dois. O Dudu é uma pessoa que puxa todos a sua volta para frente e para cima. Sua disciplina e persistência, associadas ao amor que transmite em tudo o que ele faz, nos faz pensar e repensar no quanto precisamos lutar no nosso dia a dia para sermos sim pessoas melhores.

Produzir um músico especial nos faz sentir especiais e acreditar que, assim como o Dudu, todos podemos alcançar nossos sonhos. Ele afirma em cada nota, em cada frase, gesto e olhar, que devemos correr atrás dos nossos sonhos e que, como ele, somos capazes de realizá-los.

A generosidade do Dudu é ilimitada. Ele é capaz de fazer o sonho dele virar nosso sonho. Sempre com o amor em primeiro lugar.

Trabalhar com o Dudu é se sentir especial. É lindo! O Dudu nos dá a cada dia esta lição: fazemos a diferença quando nos tornamos melhores e não normais".

Irmão de fé

Um dos primeiros incentivadores do meu irmão no cavaquinho, em quem ele se inspira muito, é o Betinho Scalioni, cavaquinista do "Trem dos Onze". Vejam o que ele escreveu sobre o Dudu:

"A vida me deu mais um irmão. Meu amigo já há quinze anos, o Dudu não para de nos surpreender. Cada dia em um canto do Brasil, palestrando e encantando a todos. Como é bom receber quase que diariamente, via Whatsapp, uma foto diferente do Dudu, sempre bem acompanhado de artistas: Chico Buarque, Alcione, Jorge Aragão, Velha Guarda da Portela, entre outros. Isso sem falar nas constantes reportagens em jornais, TVs e rádios.

Sempre tive certeza de que o garoto ia longe. Dedicado, compromissado e muito profissional, o Dudu hoje já pode ser considerado, sem dúvida, um grande "chorão" do Brasil. Não é mais somente aquele moleque que toca "Como é grande o meu amor por você". Me impressiona muito a capacidade dele de solar no cavaco um repertório de 30 músicas e não errar uma nota sequer. Fruto de um dom, mas também de uma dedicação. Dá pra ver nos olhos que faz com amor. E com amor tudo rola mais fácil, né? Confesso que me emocionei ao vê-lo tocar com um dos meus maiores ídolos, o grande Ausier Vinicius, conceituadíssimo cavaquinista e proprietário do "Pedacinhos do Céu", referência mundial do choro.

Nos shows e ensaios do Trem dos Onze, grupo que fundamos juntos em 2012, ele sempre gosta de ser o primeiro a chegar. Como um camisa 10 de time de futebol, faz questão de orientar cada integrante. Está sempre ansioso para que tudo dê certo. Quando acontece de um show não estar cheio, ele não desanima: "Vamos lá fazer o nosso melhor, galera! Quem está aqui merece ver um show de qualidade". E nos primeiros acordes sua alegria contagia a todos, tanto do grupo, quanto do público.

Quando somos solicitados para tocar em casamentos, muitas vezes a primeira pergunta da futura noiva é: "O Dudu do Cavaco vai tocar, né? É condição fundamental para fecharmos o show". Quantas vezes vi pessoas da plateia aos prantos de emoção ao vê-lo tocar com aquele sorriso contagiante. Vale ressaltar que "Dudu do Cavaco" é pouco pra ele. Hoje pode ser também "Dudu do pandeiro", "Dudu do repinique", "Dudu do Banjo". Coloca na mão dele que o suingue sai.

Lembro-me do dia em que saímos de um show no "Observatório" e fomos direto ao Chevrolet Hall assistir ao Grupo Monobloco. O meu amigo estava numa alegria só e a toda hora falava: "Olha que bom, Betinho, vamos sair sem as nossas namoradas e assistir ao show da nossa banda favorita. Vou até tomar uma cerveja com você, combinado?". Chegando lá, não conseguíamos andar 5 metros sem alguém pará-lo para cumprimentar ou tirar uma foto. "Viu como eu tô famoso, Betinho? A mulherada pira comigo, velho", dizia com todo orgulho. O show foi ótimo, pra variar. Vibrávamos juntos a cada paradinha de bateria executada pelos caras.

Não tenho dúvida de que o Du alcançará voos mais altos. O Brasil será pequeno para ele. Em breve, estará mostrando ao mundo todo o seu talento e nos ensinando que não há limite algum quando se acredita em um sonho. E tenho um imenso orgulho de fazer parte desta história e ser um incentivador desta jornada. Vai na fé, irmão!"

Arte no ar

Dudu do Cavaco e a banda Oba Oba Samba House

O ano de 2014 começou com uma conquista para o meu irmão Eduardo. Ele comprou, com o dinheiro dele, caixas de som, pedais e um novo pandeiro. Segundo ele, esses equipamentos são para o som do Dudu do Cavaco, novo profissional na praça. Estávamos, ele e eu, orgulhosíssimos com tanta evolução.

Realmente, estamos num mundo hiperconectado e, obviamente, todo este excesso de informação tem os dois lados. Em fevereiro de 2014 vivenciamos um lado muito bacana das redes sociais e penso que, sem elas, não chegaríamos a realizar mais um sonho do Dudu do Cavaco: de tocar e conhecer os integrantes do Grupo Oba Oba Samba House. Lançamos uma campanha na Net que, felizmente, chegou até os músicos e à produção. Eles nos receberam com muito carinho e humanidade. Nós nos encontramos na boate Girus, em Pará de Minas, e os artistas fizeram um lindo som.

Também em fevereiro, Dudu gravou uma participação no programa "Arte no Ar", de Thelmo Lins, onde ele tocou 12 músicas com seu professor Hudson Brasil. Vejam o que escreveu a respeito Thelmo Lins:

"Gravamos, no dia 10 de fevereiro de 2014, um programa emocionante com o instrumentista Dudu do Cavaco, 23 anos, que tem Down. Além de tocar cavaquinho, Dudu defende-se no banjo e na percussão. Seu jeito espontâneo e seu carisma imediatamente contaminaram todo o estúdio, num elo de grande sensibilidade e fraternidade. Sua trajetória demonstra superação e criatividade para combater o preconceito.

Acompanhando o músico, estavam o violonista Hudson Brasil, que é o responsável pelo seu aprimoramento artístico, e Leonardo Gontijo, irmão do instrumentista e autor dos livros "Mano Down – Relatos de um irmão apaixonado" e "Quer saber? Eu quero contar. Aprendizados e Lições na Síndrome de Down".

Dudu pleiteia ser o primeiro músico profissional com Down. Para tal, vai gravar um DVD com a participação de nomes de peso na música mineira, como Paulinho Pedra Azul, Toninho Horta e Aline Calixto, entre outros convidados. Mais informações no site www.manodown.com.br.

No repertório deste Arte no Ar, Tom Jobim, Cartola, Caymmi e Beatles. Quer mais?

Aguarde a exibição do programa nas próximas semanas".

Fevereiro de 2014 foi mesmo um mês agitado. Só durante o período de carnaval, Dudu tocou na bateria do carnaval da APAE de Belo Horizonte e no show que o "Trem dos Onze" fez na Praça da Estação. Um sucesso. A banda, cada dia melhor, deixava o Dudu empolgado. Olhem o que ele escreveu para o grupo: "Ontem foi um show maravilhoso que a gente fez na nossa vida. Foi muito bom porque o público estava muito animado e fizemos um show completamente maravilhoso. E a nossa alegria contagiante encheu um palco cheio de mistério. Foi um show muito marcante na nossa vida de artista. E merecemos muito mais. Eu quase chorei de emoção. Quando eu vi o público interagindo com a gente. A minha sensação foi muito forte dentro de mim e de dentro de todo o grupo Trem dos Onze". E complementou: "Léo, olha que eu escrevi pro Trem dos Onze".

Em março, além da palestra que fizemos em Campinas, Dudu tocou num evento chamado "March on stage" no Hard Rock Café e deu entrevista para a Rede Minas de Televisão. E lá em Campinas foi bom como sempre. Foi a realização de mais um sonho, a materialização daquilo que gostaríamos que tivesse em BH e sonhamos um dia implementar.

Quando recebemos o convite da Fundação Síndrome de Down de Campinas, senti um misto de orgulho e expectativa. Orgulho por ver meu amado irmão ser recebido em diversos estados do Brasil. E expectativa por conhecer o tão falado trabalho de excelência da FSD de Campinas.

Romper fronteiras

Saímos numa sexta-feira cedo e chegamos por volta de 12 horas ao Aeroporto de Viracopos. Logo de cara, uma recepção espetacular. Simone Silva deu o tom de como seriam aqueles dois dias. Mesmo com muita fome, Dudu estava animado. De quebra e por sorte, logo no caminho pudemos conhecer uma das ações da fundação (inclusão das pessoas com Down no mercado de trabalho). Visitamos rapidamente a Empresa Eaton e pude enxergar ao vivo possibilidades que estamos iniciando dentro do projeto Mano Down. De quebra, ainda conhecemos o Lucas Braga e dois colegas muito bacanas.

Depois de palestrar na famosa universidade, numa sinergia imensa com a plateia, saímos correndo da Unicamp em direção à FSD, pois era hora de ensaiar com a linda e talentosa Giovanna Manma, dançarina que também é Down. Conhecemos a mãe dela, Márcia, e a irmã Letícia que, com muito carinho, nos contou sua história. Durante o intervalo do ensaio vimos instalações, projetos e estrutura da fundação. Cada palavra era um arrepio, cada ambiente uma divagação. Minha cabeça fervia. Era tudo que sonhei ter em BH. Ao vivo, na prática, em ação. Jantamos e dormimos.

Eram 8h15min do dia seguinte quando Lucas Braga veio nos receber, sempre disposto e prestativo. Entramos na van e vislumbramos a imensidão daquele evento. A Praça do Coco estava toda preparada e enfeitada e compreendemos a dimensão daquilo. Como de praxe, Dudu arrumou tudo, cuidou dos detalhes, conversou com os parceiros musicais e, quando chegou a hora, ah, não preciso nem contar. Apenas as lágrimas e o coração palpitando falavam por mim. O evento foi lindo, conhecemos pessoas incríveis e do bem.

Valeu, FSD! Vimos mais uma vez que a inclusão é possível com suor, atitude e força de vontade. Chegamos cansados ao aeroporto, porém, mais vivos. Constatei mais uma vez o crescimento pessoal e profissional do Dudu e isso agradeço ao pessoal da fundação. Com um atraso de três horas no voo, chegamos em Belo Horizonte por volta de meia-noite com a certeza de que podemos e iremos fazer, mais inspirados no modelo de sucesso da FSD que, com atitudes singelas, construiu um império.

Vejam aonde este menino chegou. Em maio de 2014, ele tocou nada mais, nada menos, do que no 3º Congresso Mineiro de Municípios, no Expominas, em BH. E foi show solo. Foi neste ano também que, como artista, Dudu abriu um novo nicho de mercado: tocar nos aniversários das pessoas com Down. Um deles foi o de 65 anos do Serginho e outro foi em Barbacena, para o Tó, com a banda Via Láctea. Andou tocando também em batizados de bebês Downs.

Um dia especial para o Dudu foi quando ele foi convidado para tocar na festa de um ano de nosso querido Gabriel que, desde muito cedo, vem enfrentando e vencendo as batalhas que a vida lhe impôs. Antes dele tocar, a mãe do menino, Karina, também aniversariante, fez um discurso que, como sempre, me levou às lágrimas. Ela agradeceu aos presentes, especialmente ao Dudu, por ser a primeira pessoa que ela conheceu ao saber que seu filho Gabriel nasceu com Down. Disse que se inspira e vibra muito com as conquistas do meu irmão e por isso pensou nele como o músico para a festa.

As palavras de Karina me marcaram muito porque fiquei pensando na importância e na força dos exemplos. Comecei a refletir. Para todos nós que levantamos a bandeira da inclusão das pessoas com deficiência, vale lembrar que, antes de exigirmos que a sociedade aceite a nossa dificuldade ou que respeite as diferenças e os diferentes, precisamos ver o quanto nós próprios entendemos, acolhemos e aceitamos as diferentes opiniões, os que têm deficiência de amor, aqueles que trazem a diversidade na forma de pensar e agir.

Afinal, ainda que o que acreditamos represente para nós a verdade, o correto, precisamos entender quem pensa diferente. Como posso querer que alguém aceite minha filha com autismo e seu jeito tão diferente de se comportar, se eu mesmo fujo dos conflitos, quero impor minha opinião ou busco a uniformidade das posturas? Que inclusão defendo quando fico por aí julgando as pessoas que se vestem de uma forma, para mim estranha, ou que falam o que pensam? Se critico quem curte a música que não gosto ou se reparo na criança que faz birra e foge aos meus padrões de educação? O ponto de reflexão que sugiro para todos nós é este: aceitamos a diversidade que existe no mundo ou apenas queremos que o mundo aceite a diversidade e inclua o nosso diferente?

Vejam só o depoimento de Karina Icasatti, mãe da Marina e de Gabriel:

"Quando meu segundo filho nasceu, no dia 9 de novembro de 2012, meu marido me perguntou se eu havia percebido alguma diferença nele e eu, de imediato, disse que não. Ele posicionou o Gabriel bem na minha frente e assim que coloquei os olhos nele soltei: 'Que lindo! Ele é especial!'. Sylvio entregou Gabriel para minha prima que estava conosco e saiu do quarto. Depois fiquei sabendo que ele disse para a enfermeira que, se eu recebi a notícia com um sorrisão, como ele poderia ficar triste? E assim começou a minha procura por informações e me lembro de estar ainda no quarto da maternidade pesquisando na internet sobre a Síndrome de Down quando apareceram vários vídeos do Dudu do Cavaco em shows. Um deles me chamou a atenção e assisti várias vezes. Foi o vídeo da declaração de amor do Dudu para o Léo, no show do grupo" Trem dos Onze", onde ele toca. Através daqueles vídeos eu tive a certeza de que meu filho seria o que ele quisesse e pudesse ser. Não sofri, não chorei, não tive luto. Muito pelo contrário, tive a oportunidade de curtir o nascimento do meu filho. Foram muitas dúvidas, muitas incertezas, mas não foi de forma alguma ruim para mim.

Entrei em contato com o Leonardo Gontijo pelo Facebook e ele prontamente me respondeu. Mas, em fevereiro, meu filho foi internado com uma febre de fundo indeterminado. Mesmo com Gabriel no hospital, fizemos questão de ir na 1ª Caminhada Up and Down e tive a oportunidade de conhecê-los pessoalmente. E aí, o que já era admiração, se tornou amor à primeira vista. Eu acompanhava tudo, mesmo à distância e cada dia tinha a certeza de que meu filho seria criado com muitas oportunidades, pois isso depende de nós da família, como o Leonardo faz bem.

Gabriel completou um aninho em novembro de 2013, mas como operou o coração no dia 27 de dezembro do mesmo ano, não fizemos festa, deixamos para depois. Participamos da segunda caminhada em março, mas dessa vez fiz questão de apoiar mais de perto, montando a área baby, e estávamos cheios de planos. Eu queria participar mais, mas não era a hora. Continuei acompanhando o Dudu à distância.

Em maio, comemoramos os aniversários da Marina e do Gabriel e Dudu foi de uma delicadeza e de uma generosidade enormes. Emociono-me todas as vezes que lembro as diversas canções que ele tocou para o Gabriel e ele iniciou assim: "Vou fazer uma homenagem para o Gabriel". Eu chorei, sorri, todos da minha família e amigos presentes se emocionaram. Fiquei mais apaixonada por ele. Quando ele pediu para tocar o Parabéns pra você, fiquei apaixonada. Nunca me senti tão agradecida. Imagina, depois de passar 128 dias em um hospital e pedirem para despedir de seu filho, ele se recuperar, ter alta e poder comemorar o aniversário com o Dudu tocando para ele e para nós. Foi emoção demais! Serei eternamente grata!

Em 2015 participamos novamente da Caminhada, desta vez com o Gabriel. Foi maravilhoso, tive a oportunidade de conhecer pessoas que não conhecia e ganhei uma amiga especial neste ano, Iracema, que me convidou para ir com ela para Campinas. Voltei mais apaixonada pelo Dudu. E decidida a ajudar mais e mais outros pais que, como eu, não sabiam nada da Síndrome de Down. E quero poder apoiar sempre o Mano Down.

Dudu do Cavaco foi uma luz em minha vida e eu o agradeço por existir em minha vida, assim como ao Léo por me mostrar, através dos seus atos, que o que realmente importa são nossos irmãos, nossos filhos. Nós ganhamos muito mais convivendo com as pessoas com Síndrome de Down. Dudu e o Mano Down foram superimportantes na decisão de como eu quero a vida para meu filho".

A sogra do Dudu, Katia Botelho, reconhecendo o talento e a evolução do menino, e depois de acompanhá-lo em muitas apresentações durante o período de namoro dele com Mariana, fez questão de deixar seu depoimento:

"No decorrer destes quatro anos, pude presenciar o crescimento pessoal e profissional do Du. Esta longa caminhada, com certeza, encontrou muitos obstáculos. Mas você seguiu em frente, sempre com foco nos seus objetivos. Hoje, vejo você muito mais confiante e desenvolto, interagindo com o público com tranquilidade e alegria.

Autonomia! Meta a alcançar exige paciência, pois nós, como seres humanos imperfeitos, estamos em constante transformação. Crescer implica assumir responsabilidades, encarar nossos medos e fazer escolhas. Por isso é importante que se viva um dia de cada vez.

Mas nunca deixe de sonhar. Pois o sonho é combustível para nos conduzir ao crescimento. Que sua estrela brilhe cada vez mais. Um grande abraço".

Menino de ouro

Outra pessoa que também virou fã do Dudu foi a Bárbara Cristina Ferreira Gabrich Santos, amiga e parceira do Projeto Mano Down. O depoimento dela, falando sobre os "dedos calejados" dele, não deixa dúvidas:

"Em setembro de 2011 recebi das mãos do meu médico obstetra o livro 'Quer saber? Eu quero contar. Aprendizados e relatos da Down'. Naquela ocasião, estava o Bernardo (meu filho mais novo, que tem Down) com quatro meses de vida e eu ainda procurando respostas para diversas perguntas que atormentavam meu coração. Dentre tantos depoimentos maravilhosos, emocionantes e sinceros, histórias de superação, aprendizado e amor, estava a verdadeira declaração de amor do Léo para o Dudu. Imediatamente uma porta se abriu e passei a conhecer e admirar um mundo novo, o mundo das famílias e amigos das pessoas com Síndrome de Down. E o melhor: eu estava nele. Ao longo desses quatro anos de convivência, foram muitas conversas, muito aprendizado, não só sobre SD, mas também sobre outras deficiências.

O Dudu é um exemplo real de superação, talento e perseverança. Os dedos calejados pela dedicação de aprender. A prova viva de que apoio familiar e estímulo fazem a diferença. Limites? Não. Dudu nos inspira a ter sonhos. Sonhos almejados e realizados. Vitória.

O sentimento que fica é gratidão. Gratidão por ter o privilégio de poder conviver e aprender com você, Dudu, e também com o Léo. Que sua vida sirva não de exemplo, mas de incentivo a tantas outras pessoas, com ou sem Down. Que continue encantando a todos com sua música, seu talento, seus olhos azuis (lindo!) e sua sinceridade. Menino de ouro, você é um iluminado".

VIVO 3G 08:20 44%

Toque para retornar ao Facebook

Revista Viver Brasil - Assim é M...

Ele roubou a cena

Ele tem síndrome de Down e emocionou a plateia na abertura do último show da banda Jota Quest, no Chevrolet Hall, em 27 de junho. "Fui mais aplaudido que o Jota Quest", gaba-se Dudu do Cavaco, 23. A pouca modéstia do rapaz tem motivos. Músico profissional, ele integra o grupo de samba mineiro Trem dos Onze e, antes de os rapazes do pop rock subirem ao palco, tocou no cavaquinho Aquarela do Brasil, de Ary Barroso, e o Hino Nacional Brasileiro. Foram minutos de aplausos. Dudu toca, desde criança, banjo, repique, pandeiro e cavaquinho. Com o grupo de samba, participa de turnês pelo Brasil. "Dudu é a melhor coisa que aconteceu na banda. Fala eu te amo com as pessoas com naturalidade, coisa que ninguém tem costume de dizer", diz Teo Scalioni, músico também do Trem dos Onze. Dudu revela ter ficado feliz com os aplausos no Chevrollet, mas o mais importante deles veio da namorada, a bailarina Mariana, 28, que tem síndrome de Down. Para a moça, ele faz show especial. "Toco Como é Grande o Meu Amor por Você, e ela adora", conta.

Revival anos 70

EMOÇÃO NO HINO

Integrante do grupo Trem dos Onze, Dudu do Cavaco emocionou a plateia que foi ver o Jota Quest sexta-feira, no Chevrolet Hall. O rapaz, portador de síndrome de Down, tem talento musical e pouco antes de a banda subir ao palco mostrou sua versão do *Hino Nacional*, cantado em coro pelas cerca de 5 mil pessoas presentes. Dudu é conhecido também pelo sucesso de suas palestras

Dudu do Cavaco e Ausier Vinicius

Nata do samba

Quando digo que o Dudu está indo longe é por acontecimentos como este. No dia 6 de setembro de 2014, ele tocou com o mestre Ausier Vinicius, um monstro do cavaquinho, num tributo a Waldir Azevedo, no "Pedacinhos do Céu", casa noturna de Belo Horizonte onde se reúnem os apreciadores e a nata do samba e do choro. E no famoso Rio Scenarium, meu irmão tocou duas vezes, uma em fevereiro de 2014 e outra em fevereiro de 2015 com o grupo de choro A3. É ou não é para morrer de orgulho?

Quando o Dudu abriu o show do Jota Quest em junho de 2014, no Chevrolet Hall, e roubou a cena, como saiu nos jornais, tive a certeza de que estávamos no caminho certo. O menino é mesmo danado. Ele foi convidado pelo guitarrista Marco Túlio e tocou o Hino Nacional Brasileiro. A casa estava lotada e depois Dudu anunciou a entrada da banda.

Dudu do Cavaco e a Banda Jota Quest

Em dezembro do mesmo ano, ele voltou ao palco do Chevrolet, desta vez, também, para tocar o Hino Nacional na festa de fim de ano do Banco do Brasil. Depois teve show do "Trem dos Onze". Entre as repercussões, destaco a de Mariana Faria, que postou: "A noite mal tinha começado e já teve um ponto alto. Finalmente conheci o Dudu, numa apresentação que me arrepiou inteira. Sensacional".

A carreira solo do Dudu ganhava corpo. No dia 21 de novembro de 2014 ele fez o seu 10° show junto com seu professor Pablo Leite. Foi no Restaurante Verdinho, no mesmo shopping onde ele começou a tocar com a moçada do "Zumberê". Onze anos se passaram desde o primeiro show do Dudu com a banda e só nos resta agradecer e enaltecer os integrantes que, com muito amor pela música, sempre apoiaram o Dudu a crescer como músico e ser humano. Não me canso de dizer isso. Com certeza, esses shows solos são um grande passo para sua autonomia e realização do seu sonho de se tornar um músico profissional, gravar seu CD e tocar nas noites desse Brasil. Outro feito de 2014: em setembro, ele participou do clipe da música "Dentro de um abraço", do Jota Quest.

Quando 2015 começou, o Dudu do Cavaco já estava consolidado. E ele tocou com quase todos os grandes músicos deste Brasil, entre eles o grupo "Flor de Abacate", no Projeto SESC, na Praça de Santa Tereza em BH, onde aproveitou para pedir autógrafo a um de seus ídolos, o bandolinista Hamilton de Holanda. Tocou também com Paulinho da Viola no restaurante Tiradentes, em BH, em junho de 2015, e abriu o show da Marrom Alcione na quadra da Portela, no Rio. Chegou longe mesmo o menino.

Tudo isso sem contar o show solo que fez na tradicional casa de samba São Jorge, em Campinas, no badaladíssimo Bar Brahma, em São Paulo, e no carioquíssimo Rio Scenarium, na Lapa. E faz questão de contar para todos o encontro que teve com Chico Buarque na quadra esportiva do cantor no Rio, a Politheama, levado pelo nosso tio Maurício. Não perdeu a oportunidade e, claro, pediu para o artista autografar seu cavaco. Hoje, o instrumento dele tem, além da assinatura de Chico, as de Hamilton de Holanda, Alcione e Jorge Aragão. Muito orgulho.

Chamego

Dudu e Aline Calixto

Dudu e a cantora Aline Calixto se conheceram num evento de música e ela o adorou, convidando-o depois para participar do show dela no Granfinos, casa de espetáculos em Belo Horizonte. Como já contei, foi em novembro de 2012. Após esse encontro, já tocaram juntos outras cinco vezes, inclusive na despedida do jogador Júnior, que jogava no Galo. Tocou também num aniversário dela, o que rendeu uma carta cheia de chamego dele endereçada à cantora. Depois ainda se viram no Teatro Bradesco, no show do Tiago Delegado, e sei que se falam direto pelo Whatsapp. Olhem só a mensagem dele pra ela:

"Aline, eu adorei o seu aniversário. Foi muito bom e também fiquei superfeliz de estar do seu lado fazendo um samba com você e também fiquei mais do que feliz que você pegou a minha imagem que eu vou aparecer no videoclipe. Isso pra mim foi muito importante da minha vida toda. Aline, você mora no fundo do meu coração e você faz parte da minha vida toda. Você pra mim é uma pessoa muito educada e fiquei superfeliz com o seu talento. Você arrasou, você cantou muito bem. Você esta de parabéns e todo mundo da sua banda maravilhosa que você tem. E agora eu quero morar com você, porque quero fazer muitas coisas com você de música e quero também gravar com você no estúdio de gravação e também de videoclipe. E fazer muitos shows e vamos continuar nessa caminhada musical e fazer muito sucesso nas noites de BH. Quando você me fala que você estava gravando videoclipe novo hoje, eu fiquei arrepiado e emocionado. Eu não sabia de nada. Ainda bem que você me avisou antes, aí eu preparei todo pra aparecer no videoclipe. Te amo eternamente".

Aline não deixa por menos e rasga elogios ao meu irmão:

"Dudu é desses que sorri não só com a boca, mas com o olhar. Seu olhar também expressa exatamente o que quer. Quando o conheci, fiquei encantada com sua força de vontade, talento e carisma. Foi linda sua participação em um show meu. Nos tornamos grandes amigos depois daquele dia. Sempre proseamos bastante e falamos muito de música. Dudu vai longe".

A carreira do Dudu foi evoluindo e, quando decidimos gravar um CD do Dudu do Cavaco, as reações foram várias. Teve gente que criticou, que questionou. Algumas pessoas aprovaram e incentivaram e outras tantas permaneceram indiferentes. Ver meu irmão ganhando espaço, se aproximando dos seus sonhos, movimentando as pessoas, me deixa extremamente satisfeito no sentido de entender que sonhar é, antes de tudo, provocar, movimentar.

Naquele dia de fevereiro de 2015 em que ele tocou no Cine Theatro Brasil Vallourec, no coração da Praça Sete, em Belo Horizonte, vi que ele movimentou o centro de BH. Uniu classes, cores e diferenças. Com seu talento, carisma e amor, adoçou a tarde de muitos transeuntes. Ao mesmo tempo, avançou ainda mais na concretização de seu sonho e de sua realização. Ver o meu mano tocando daquele jeito, com tanto amor e brilho, me fez sentir parte de uma coisa maior. E me faz ter certeza de que, juntos, podemos mais. Ele merece todas as conquistas e elogios. Respeita as diferenças fazendo a diferença.

Sobre esse meu comentário, recebi dele: "Léo, o meu coração está repleto de amor que eu tenho com você. Não tenho palavras pra dizer o tanto que eu te amo. Esse show de ontem foi um momento inesperável de amor e alegria dentro do meu coração. A minha visão, ela traz pra você uma alegria contagiante. A música que eu fiz homenagem pra você no meu show solo foi pra você pensar tudo de bom que eu trago pra você na sua vida e na sua mente. Você me ensinou muitas coisas boas pra eu melhorar no meu trabalho que eu faço pra você. O nosso projeto do Mano Down faz toda diferença entre eu e você. Leo, o meu olhar tudo mudou porque te trago muita paz no seu coração e te faço muito feliz. Te amo para sempre".

Música companheira

Destaco aqui a reportagem publicada pela jornalista Aline Lacerda do portal Terra:

"Aos 24 anos, Eduardo Gontijo já entendeu faz tempo que não é diferente por ter Síndrome de Down, mas por ser um jovem músico que tem muito claro o que quer. E ele tem tido sucesso nisso. Apesar da pouca idade, ostenta um longo currículo: domina cinco instrumentos - cavaco, banjo, pandeiro, repique e surdo -, faz parte de uma banda de samba, é integrante da bateria da escola de samba Embaixadores da Alegria - que toca na Sapucaí durante o Carnaval -, está gravando um documentário que conta sua história, já conheceu nove estados brasileiros com sua arte, tocou com nomes como Arlindo Cruz e Monobloco e tem não apenas um, mas dois cavacos autografados por ninguém menos que Chico Buarque. Achou pouco? Pois saiba que ele também faz aulas de teatro e dança. 'Aprendi desde novo que ser diferente é normal', disse, em entrevista ao Terra.

Conhecido como Dudu do Cavaco, o mineiro é fã de samba e MPB. Desde bebê ficava de orelha em pé nas rodas de samba na família, que, aliás, é cheia de músicos. Aos seis anos, já empunhava um pandeiro. Aos 12, já fazia parte do batuque semanal e passou a ser convidado a tocar fora de casa. Há seis anos, começou a fazer aulas de cavaco com o professor Hudson Brasil e, segundo seu irmão, o profissional criou um método em que transforma notas musicais em números para facilitar a aprendizagem de Dudu.

Com o sucesso, ele se juntou à banda 'Trem dos Onze' e, com o grupo, se apresenta toda sexta-feira em Belo Horizonte, onde mora com a família. 'Transmito meus sentimentos pelas cordas do cavaquinho e minha emoção através da música'. Mas como nem só de emoção e talento vive um músico de sucesso, a rotina de Dudu é puxada. O dia começa cedo com academia, teatro, aulas de dança e música, além de visitas à psicóloga. 'A música sempre foi minha companheira', diz.

Outro companheiro fiel de Dudu é Leonardo Gontijo, seu irmão mais velho. Ele é criador e coordenador do Projeto Mano Down, que também deu origem ao livro 'Mano Down: Relatos de um Irmão Apaixonado'. A dupla viaja o país dando palestras motivacionais regadas pela boa música tocada pelo mineiro.

A história do Dudu é uma das milhares que merecem ser lembradas neste sábado, 21 de março, Dia Internacional da Síndrome de Down. A data, instituída na ONU por insistência do Brasil, marca o momento de parar para prestar atenção em todas as pessoas de forma igual. 'Falo para as pessoas acreditarem em seus sonhos e que ser diferente é normal. É muito importante investir nessas pessoas que são muito capazes e têm muito a ensinar. São muito especiais e nos ensinam a essência do ser humano', completa o músico".

Vejam que reconhecimento é o que não falta ao Dudu. Uma tarde, o vocalista do Jota Quest, Rogério Flausino, esteve numa apresentação do "Trem dos Onze" em BH e, claro, deu canja. No dia seguinte, postou: "Muito orgulho da galera do "Trem Dos Onze" que, com muita dedicação e talento, vem cada vez mais conquistando seu espaço musical. Além da qualidade musical, inovam sempre no quesito inclusão social. Vida longa e mais sucesso aos integrantes do 'Trem dos Onze'. Felicidade sem fim para o Eduardo Gontijo".

Cabe registrar também o comentário de Romário, ex-jogador e senador da República. Ele postou uma foto do Dudu com o seguinte comentário: "Galera, este cara da foto é o Dudu do Cavaco, músico que já se apresentou com o Jota Quest, Monobloco e tocou para nomes como Chico Buarque e Hamilton de Holanda. Hoje é líder da banda que leva seu nome e se prepara para colocar seu primeiro CD no mercado. No início da carreira, foi rejeitado em 17 escolas porque tem Síndrome de Down, mas hoje mostra que tem talento e força de vontade para realizar seus sonhos. Um deles? Tocar ao lado de Roberto Carlos. Alguém duvida que ele vá conseguir?".

Para quem não sabe, Romário, pai de uma menina com Síndrome de Down, é militante da causa em prol dos deficientes. Ele foi relator da Lei Brasileira de Inclusão sancionada no dia 6 de julho de 2015, "um marco legal de extrema importância não só para as pessoas com deficiência, mas para toda a sociedade brasileira", como ele escreveu. E continuou: "Infelizmente tivemos alguns artigos vetados pela presidente Dilma Rousseff que representam um retrocesso. A lei derruba barreiras nas áreas de mobilidade, saúde, inclusão social, transporte, prestação de serviços, turismo e cidadania". Em março de 2012, Dudu esteve em Brasília, conversou muito com o senador Romário e com outros parlamentares, tocou seu cavaquinho e recebeu uma homenagem.

Sem perder o swing

Um dos ídolos do meu irmão na música é Bill Lucas, percussionista do grupo "Trem dos Onze" e também professor dele. Vejam o que o Bill falou do menino:

"Conheci o Dudu assistindo a um show do grupo 'Zumberê', que viria a se tornar pouco tempo depois o 'Trem dos Onze', grupo do qual eu faço parte. Achei muito legal um cara com Síndrome de Down em cima do palco com meus amigos. Conheci também o Léo e fiquei impressionado e emocionado com a dedicação dele para com seu irmão e também com seu belo trabalho, o Projeto Mano Down. Os dois se tornaram rapidamente meus amigos.

Algumas coisas me chamaram a atenção logo de cara. A aptidão musical do Dudu, sua facilidade com a dança, sua desenvoltura e autonomia. Isso me ajudou a mudar a imagem que eu tinha das pessoas com Down. Nos shows, ele tocava melodias complexas no cavaquinho e com o *swing* apropriado, ou seja, coisa que muita gente "normal" não conseguia fazer. A banda não tinha dificuldades em acompanhá-lo. De vez em quando 'consertávamos' o andamento aqui e ali, o que foi ficando cada vez mais raro devido ao seu desenvolvimento no instrumento. Ele dava canjas também com o repinique e o pandeiro, dois dos instrumentos mais difíceis de tocar na linha do samba.

Dudu sempre gostou de imitar as coisas que eu faço no repinique nos shows do 'Trem dos Onze'. Fazemos muitas paradinhas e evoluções de escola de samba e ele frequentemente chega pra mim antes dos shows e diz: 'Olha isso aqui, Bill'. Ele interpreta a seu modo as coisas que eu faço. Sua percepção rítmica e sua memória musical são incríveis. Fico empolgado e ele fica mais empolgado ainda. Depois de um tempo ele começou a criar suas próprias ideias rítmicas e eu fui convidado para ser seu professor de percussão.

Confesso que, se fosse uma pessoa desconhecida com Síndrome de Down, eu teria certo receio, mas com o Dudu foi tranquilo demais. As aulas são pura diversão. E nessa convivência eu aprendi coisas importantes e interessantes. Pra começar, aprendi que a emoção rege a vida do Dudu. Se as circunstâncias e o ambiente forem emocionalmente favoráveis, ele é capaz de romper limites seguidamente. É capaz de manter um elevado grau de concentração e tocar com fluência e precisão. Dudu é uma pessoa extremamente amorosa e sincera. Frequentemente, ele declara seu amor por seus amigos e familiares. Já fui 'agraciado' várias vezes e fico sempre muito feliz com isso e também sempre retribuo.

Da mesma forma, se alguma coisa não lhe agrada, ele fala 'na lata', sem nenhum sinal de grosseria, e às vezes se cala ou se retrai. Nestas condições, suas performances, às vezes, não são tão boas. Nas aulas, eu procuro estimulá-lo a 'puxar' o seu limite. Com frequência, ele me pergunta: 'Será que eu consigo fazer isso?' Sempre digo que ele é capaz e não lhe dou tempo pra pensar. Quando ele aprende uma coisa nova, dá risadas de alegria e eu comemoro bastante.

Devo dizer que peguei um aluno já 'tarimbado'. Ensinei-lhe a tocar o surdo e rapidamente ele pegou as levadas e as viradas. Ele entende onde o ritmo se encaixa com relação à melodia e sempre entra na hora certa com qualquer instrumento de percussão que esteja tocando. Isso é o tipo de coisa que muitos dos meus alunos 'normais' demoram um tempão pra aprender. Sua ligação com a música e em especial o samba, é muito forte e ele aprende da maneira mais direta, mais natural, sem passar pelo raciocínio. Ele tem boa coordenação motora, é capaz de improvisar por vários minutos num instrumento complexo como o repinique, mantendo uma pulsação absolutamente firme. No palco, Dudu é um cara carismático, se entrega de corpo e alma à sua arte e passa isso para a plateia.

Para terminar, uma impressão pessoal: o incrível desenvolvimento do meu amigo Dudu é, pra mim, fruto de um ambiente amoroso, de uma família que lhe transmite constantemente estímulo, confiança e coragem. Dudu é uma pessoa divertida, com uma grande autoestima e também muito responsável. Ele desfruta da autonomia necessária para caminhar para frente, confiante. Frequenta a noite com o 'Trem dos Onze', às vezes viaja com o grupo. Já deixei o Dudu em casa às 3, 4 horas da manhã.

E que alegria foi pra eu participar das filmagens do seu show solo no estúdio 'Na Trilha'. A elegância, o carisma e os cacoetes de artista no trato com o público, a precisão e a fluência ao tocar o cavaquinho e interagir com a ótima banda, reunida especialmente para o evento e, no fim, a explosão de emoção, de uma espontaneidade absoluta, numa noite de alto astral. Valeu, Dudu".

Cromossomo do amor

Costumo dizer que a música encanta o Dudu e, com a música, ele aprendeu a encantar. Sem dúvida, a música tem sido uma ferramenta de desenvolvimento fantástica. Foi e é a sua grande companheira e o cavaco é sim parte do corpo dele. Meu irmão é um grande músico que toca com a alma. O cavaco é seu troféu. Representa todo o mérito de um grande esforço.

Investindo na carreira solo, ensaiando com sua própria banda e gravando seu primeiro CD/DVD, Dudu é, sem dúvida, motivo de emoção e orgulho. Sonhar e realizar. Afinal, são 12 anos de trabalho e muitos calos nas mãos, muitos treinos. São muitas aulas, muita luta, desafios e adversidades.

O reconhecimento das pessoas é um grande alimento para o talento do Dudu do Cavaco e um estímulo para ele continuar se aprimorando. Vejam o depoimento da jornalista Aline Resende, da TV Minas:

"'Qual o limite de caracteres?' Foi assim que comecei a conversar com o Léo, quando ele me pediu para que eu escrevesse sobre o Dudu. 'Sem limites' foi a resposta. Já deveria ter aprendido que quem tem limite é município, mas a correria acaba nos automatizando. Vivemos com o piloto automático ligado na ânsia de resolver tudo rápido, tudo prático. Acredito que, por isso mesmo, aceitamos tantos rótulos, tantas definições sem sentido e não procuramos nos aprofundar em quase nada. Então, parei, respirei com calma para relembrar-me de uma das maiores lições que recebi. Conheci o Dudu em 2012, quando me foi proposto gravar um programa sobre a Síndrome de Down. Diferentemente do que estávamos acostumados a ver, minha editora, Isabel de Andrade, minha produtora, Rogéria Rocha, e eu não queríamos mais do mesmo: a síndrome, a ciência, as pesquisas, etc. Queríamos dar voz, conhecer o dia a dia, vivenciar as atividades e embarcar juntos nos sonhos das pessoas com a síndrome. Sim, elas têm sonhos.

Para me preparar para as entrevistas, li, além de inúmeros artigos, o 'Mano Down'. Ri, me assustei, chorei, criei expectativas e pude entender um pouco mais deste universo tão íntimo, que poucos conhecem. Na primeira conversa que tive com o Dudu, um dos meus personagens, presenciei um amor tão forte e tão puro entre dois irmãos que jamais havia visto. Não me saem da memória os pulos que aquele menino lindo de olhos azuis dava para agarrar o pescoço do Léo. Um jovem com alma de criança. É assim que muitos resumem as pessoas com Síndrome de Down. Mas vai tão além. Ao dedilhar seu cavaquinho, o Dudu se engrandece. Toca sem errar e em qualquer posição que você pedir.

A palavra mais falada nas entrevistas dele é amor. E não é só na fala. Dudu é amor no olhar, no sorriso, nas atitudes, no jeito como pergunta, na maneira como responde, nas inúmeras cartas que escreve. Resultado de uma criação cercada de carinho, aceitação, determinação e asas bem longas que dão ao Dudu a chance de voar cada vez mais alto. É a certeza de que não existe limite, não existe o impossível, o improvável que faz do Dudu um ser humano diferente, fora do comum. A anormalidade dele está no amor que transborda, na crença nas pessoas e em um mundo melhor. Talvez seja essa a explicação para a duplicidade do cromossomo 21 – o amor".

4.380 dias

Dudu com sua banda

Dudu com sua banda

EM CULTURA

A VOLTA POR CIMA DE
MANO DOWN

CAVAQUINISTA DE 24 ANOS REJEITADO NA INFÂNCIA EM [illegible] ESCOLAS POR CAUSA DE SUA SÍNDROME, DUDU DO CAVACO SE PREPARA PARA LANÇAR SEU PRIMEIRO CD, TEM INSTRUMENTO AUTOGRAFADO POR CHICO BUARQUE E ACALENTA O SONHO DE TOCAR PARA ROBERTO CARLOS.

Reportagem Estado De Minas

Sim, considero que 19 de junho de 2015 talvez seja o dia mais importante da carreira artística do meu irmão. Nesse dia, ele gravou, no Estúdio da Na Trilha Produções, com sua própria banda, um DVD com sete músicas que foram colocadas na internet em três etapas. Essa gravação pode ser vista no site do Mano Down, no canal Youtube ou do estúdio. A ideia é, mais tarde, assim que conseguirmos viabilizar economicamente, lançar o CD físico. Não é um luxo?

Não, Dudu não nasceu com um talento musical fora do normal. Sim, Dudu trabalhou e lutou por seu sonho de se tornar músico profissional. Não, Dudu não tem um talento raro. Sim, Dudu se esforça e vai ao seu limite para pegar um acorde. Sim, ele lançará sua banda e já está gravando sete faixas de seu CD/DVD. Sim, estou morrendo de orgulho e vibrando como se fosse eu. Foram 4.380 dias para chegar neste momento. São 12 anos de trabalho, esforço, dedicação, tentativas, erros, aprendizados. Só quem convive e acompanha a trajetória do Dudu do Cavaco sabe o que representa essa vitória para ele e para nossa família. Só quem sabe o dia a dia dele pode ter a dimensão do que isso significa para o meu irmão.

Tenho conversado muito com ele. Ansioso e extremamente feliz, Dudu sabe da importância do que está acontecendo com ele. Está radiante e concentrado para avançar em seu sonho. Sou consciente de que ter um irmão com Down é uma bênção para mim. E hoje nem poderia imaginar minha existência sem esse tesouro, esse professor da vida. Possível, para ele, é conseguir o máximo dentro da realidade de cada momento. E isso ele sabe fazer como ninguém.

Ao escrever este texto, pensei na riqueza do viver e em quantas opções existem. Pensei nos sonhos, na necessidade tão simples e primordial de projetar, de antever a vida de forma sensível, feita de desejo e imaginação. É uma graça e um privilégio ter a oportunidade de ver a vida com outros olhos, aprender de outra forma, de um novo ponto de vista. Nem melhor nem pior. Apenas por um outro - e novo - ângulo.

É inspirador ver meu irmão crescer e se tornar um profissional reconhecido. Esperamos que esta conquista possa servir de incentivo e inspiração para os pais, familiares e profissionais que convivem com pessoas com Síndrome de Down. Só tenho a agradecer aos que ajudaram e ajudam o Dudu a seguir em frente na sua carreira de músico.

A verdade é que, hoje, depois de tanto esforço, tanta luta, tanto ensaio e aulas, Dudu está perfeitamente apto e formatamos quatro tipos de apresentações para ele: show solo, ele com o professor, Dudu do Cavaco e banda e com o "Trem dos Onze". Assim, ele segue em frente. Seu clipe já está no ar para quem quiser ver, sua agenda continua movimentada e seu sonho de um dia tocar com o rei Roberto Carlos continua a ser acalentado. O menino não é de desistir.

Em julho de 2015, em sua turnê por São Paulo, além de shows, participou do programa "Melhor da TV", da Rede TV, e arrasou com seu cavaquinho. Foi muito elogiado pelos apresentadores e abriu novas portas. No dia 13 de julho recebemos o convite para sermos garotos-propaganda da campanha de combate ao preconceito do Ministério Público de Minas Gerais, que vai ao ar em agosto de 2015.

Meu irmão foi entrevistado também pela jornalista e publicitária Pollyana Aguiar, no Programa "Simplesmente", do SBT. Encantada com ele, ela escreveu:

"Difícil descrever em palavras um amor que se traduz em gestos. Quem mais aprende nessa história? Quem mais evolui nessa caminhada da vida? Uma troca justa, onde o amor se estabelece, a parceria fortalece cada passo e o aprendizado é mútuo, portanto, todos compartilham os frutos da mesma semente. Um jovem mais especial que os nossos olhos podem enxergar, trazendo mensagens, quebrando tabus, rompendo barreiras. Não sei o que é mais lindo... sua luz clareando os horizontes até dos mais insensíveis ou a sua força que ergue e abastece de coragem o seu mais fiel amigo, chamado irmão. Léo e Dudu são exemplos do que Deus quer de todos nós.

Meu contato com Dudu na gravação do Programa Simplesmente, além de me trazer uma energia contagiante, me fez refletir sobre as nossas limitações e tabus. Minutos ao lado dele com aquele jeitinho charmoso já são suficientes para nos encher de coragem e vontade de viver. Dudu é música, é arte, é vida. Pessoas especiais como ele merecem lugar especial no nosso coração".

Dudu e Arlindo Cruz

Dudu e Alcione

Dudu do Cavaco com Chico Buarque e Fernanda Honorato

Dudu e Flausino

Dudu e Paulinho Pedra Azul

Dudu e Hamilton de Holanda

capítulo 4

TIRANDO O DESEJO DO ARMÁRIO

> *"Menina veneno, o mundo é pequeno demais pra nós dois/ Em toda cama que eu durmo só dá você"*
>
> ("Menina Veneno", de Ritchie)

Dudu do Cavaco e Mariana

Faz tempo que aprendi e defendo isto: toda pessoa tem direito a uma vida sexual livre, segura e prazerosa. Esse direito se sobrepõe e antecede qualquer condição particular, como, por exemplo, a deficiência. A sexualidade é, também, uma dimensão da vida, cuja manifestação assume contornos individuais e pessoais. Não faz sentido, então, falar de uma sexualidade própria ou específica das pessoas com deficiência. Afirmações como "pessoas com Síndrome de Down são carinhosas" ou "têm uma sexualidade exacerbada", na verdade traduzem estereótipos construídos a partir do olhar sobre a deficiência e não sobre o ser humano que a antecede.

Como qualquer percepção que se propaga pela sociedade, afirmações como essas são construídas e alimentadas em práticas sociais. E, da mesma maneira que são construídas, podem ser desconstruídas. É uma questão de como as pessoas se portam, agem e reagem ao que conhecem sobre a vida e o mundo. Falamos disso no primeiro livro, "Mano Down: relatos de um irmão apaixonado", e vamos continuar no tema neste trabalho, porque ainda falta trilhar um longo e delicado caminho até que todos o compreendam e, porque não dizer, o aceitem.

Toda criança e adolescente têm direito ao acesso à informação sobre o funcionamento do corpo humano, à higiene pessoal, à reprodução e à sexualidade. Não há porque ser diferente com as pessoas com Síndrome de Down. Ao lado da família, os médicos e demais profissionais que convivem com elas têm papel fundamental nesse sentido. Na família, a chave é reconhecer que elas não são, necessariamente, dependentes dos outros para cuidar da própria higiene. Orientações e apoio permitem que assumam a responsabilidade de cuidar de si mesmos conforme sua capacidade.

Os profissionais, principalmente os das áreas da saúde e da educação, precisam ter em mente que, assim como qualquer uma, as pessoas com deficiência têm direito de discutir, opinar e expressar suas necessidades sexuais, inclusive em relação à orientação sexual. Esses direitos se casam com outro: o direito à intimidade e à privacidade. Assegurar isso às pessoas com deficiência intelectual exige a desconstrução de alguns mitos, como sua personalidade aparentemente amorosa ou sua suposta incapacidade de cuidar de si, como já dissemos. Isso só se presta ao discurso de mantê-las num estado de eterna infância. Para tanto, é necessário lhes transmitir informações e orientações, a fim de que possam desenvolver sentidos de identidade e de individualidade. É dessa forma que orientarão suas escolhas, seus modos de comunicação e interação com o mundo e também suas estratégias para estabelecer limites.

Ao estabelecer limites, uma pessoa com deficiência se torna menos vulnerável e tem a autoconfiança fortalecida ao perceber que os outros confiam nela e na sua capacidade de cuidar de si. Com isso, a autoestima se intensifica, projetando uma imagem social positiva, o que colabora para ampliar seu vínculo e sua interação com o meio social.

As pessoas com a Síndrome de Down não são diferentes das demais e também necessitam se realizar através do trabalho e de um relacionamento amoroso. Como caçula da família, meu irmão Dudu participou do namoro e do casamento de todos os irmãos. Para ele, namorar e se casar - ele fala muito nisso - faz parte da vida, por que não? Ainda são frequentes, nesta fase da vida, as dificuldades dos pais e profissionais de saúde de lidar com essas questões. Tornam-se mais nítidas as diferenças entre as expectativas maternas e paternas e a potencialidade do ser humano. Como na população em geral, a adolescência é uma fase na qual começam a se manifestar os problemas emocionais.

Primeiro amor

No Instituto Educacional Despertar, Dudu conheceu seu primeiro amor, Thaís, e, com ela, veio a descoberta da sexualidade. Os dois namoraram cinco anos. Neste ponto, gostaria de ressaltar que o desejo sexual faz parte do instinto de sobrevivência da espécie humana. É saudável para todos.

Atualmente, em outra instituição, a Crepúsculo, ele namora a também atriz Mariana. Percebo que sua maturidade frente ao tema aumenta ano a ano e o vislumbro pronto para viver plenamente sua sexualidade, mesmo sem se casar. Obviamente, temos que acompanhar para ajudá-lo a achar seus caminhos e ratificar suas escolhas. Penso que temos que amadurecer para que ele tenha mais autonomia e independência. Sinto que está no momento de correr mais riscos e deixar um pouco a redoma familiar que o protege, mas que, de certa forma, lhe tira o prazer da liberdade.

Tenho certeza de que ele alçará voos mais altos. Se acreditarmos que a criança com Síndrome de Down vai crescer e aprender, em todos os sentidos, se a preparamos para uma vida social plena, para uma sexualidade adequada e para uma autonomia global, estaremos formando um verdadeiro ser humano, caminhando com ele em direção a um objetivo real e não enjaulado na pequenez de uma sentença. A educação sexual, que envolve aspectos biológicos, afetivos e intelectuais, deve ser claramente ministrada, pois vai ajudar a pessoa a melhor conhecer seu corpo e adquirir formação pessoal que repercutirá diretamente na sua conduta.

Como é sabido, a puberdade das pessoas com Down se processa de forma semelhante a dos demais adolescentes. Os níveis hormonais também obedecem a mesma ordem. Os homens Down, em sua grande maioria, têm uma maturação sexual completa, mas são normalmente estéreis. O espermograma que fizemos do Dudu no laboratório Humberto Abrão em Belo Horizonte, em abril de 2011, foi uma oportunidade e uma forma que encontrei de conversar com ele abertamente sobre sexo, pois sentia que ele tinha muitas dúvidas e pouca gente para falar a respeito.

Geralmente, ele conversa com seus primos Túlio e Thomaz que, como são muito novos ainda, não têm muita experiência. No dia do espermograma, falamos sobre tudo e tive a oportunidade de vê-lo como o homem que realmente é. Acontece que a coleta foi insuficiente e tivemos que voltar três dias depois. E, mais uma vez, tivemos como trocar conversas e experiências. Nessa oportunidade, até gravei nossa conversa. Como na primeira vez, comentamos sobre camisinha, perguntei se ele sabia usar e ele disse que não, mas que gostaria muito de aprender. Diante disso, e como tínhamos que coletar muito esperma para a realização completa do exame, aproveitei a chance e o ensinei a usar o preservativo. Ele adorou. Então pensei em lhe ensinar a fazer o exame com a camisinha para não vazar esperma, mas, no final, quando entregamos o frasco, me alertaram que, como o preservativo tem espermicida, teríamos que fazer outro teste.

Rimos bastante e aproveitei para conversarmos mais, pois para realizar o exame é preciso, no mínimo, três dias de abstinência sexual. Falamos sobre a periodicidade com que ele se masturbava e sobre suas vontades. Só na terceira tentativa conseguimos realizar o exame, que comprovou que ele é realmente estéril.

Isso já era quase certo. Mas meu objetivo foi atingido, pois foi a primeira oportunidade em que conversei com ele de homem para homem sobre assunto que tanto lhe interessava naquele momento. Disse que quer transar, porém com a pessoa amada. Foi a chance que tive de lhe explicar como nascem os bebês. Ainda teremos que buscar apoio e descobrir a melhor hora e forma de contar a ele que não pode ter filhos, já que ele sempre diz que quer ter um.

Sem mistérios

Mesmo sabendo que a sexualidade engloba diversos aspectos do desenvolvimento humano e que permeia todas as épocas da vida, inclusive a infância, a sexualidade adulta é genital e permite o encontro com o outro. É desse exercício que o Dudu se vê ainda privado, visto que as demais expressões da sua sexualidade são atendidas nas diversas trocas afetivas e intensas que faz com as pessoas que o cercam. Temos que ficar atentos para não confundir as coisas e decretar que uma capacidade intelectual inferior pode resultar em uma inabilidade para controlar os instintos sexuais. Isso pode até levar os pais a quase tornar assexuado o filho ou filha, negando sua sexualidade, transformando-os em um eterno bebê. Eis o nosso mais novo desafio.

A sexualidade deve ser explorada de forma lógica, racional e rotineira, sem mistérios e, muitas vezes, explorando modelos da botânica e do mundo animal. Quanto às doenças sexualmente transmissíveis, em qualquer atividade, de qualquer indivíduo, a prevenção é recomendável. Foi isso que tentei fazer.

Há inúmeras questões difíceis e sem respostas nesta área. No entanto, não é correto negar-lhes a sexualidade. É importante a convivência com adolescentes do sexo oposto e a permissão para a expressão de sua afetividade e sexualidade. Em conversas com mães, percebi que os filhos são iguais na síndrome, mas diferentes na educação, nos valores e princípios morais e religiosos, o que atrapalha um pouco os relacionamentos, devido às inúmeras interferências, sempre positivas, mas muitas vezes excessivas.

Ainda estamos estudando o tema e sou favorável a uma ajuda profissional. Contei no primeiro livro e repito aqui: um belo dia, quando o Dudu estava falando muito no assunto sexo, pensei comigo em levá-lo a uma casa de prostituição. Seria um momento meu e dele. E já havia conversado informalmente com alguns psicólogos. Só que antes de levá-lo pensei que, não sendo eu o pai dele, deveria consultar minha mãe. Quando toquei no assunto, a reação foi forte e mudei de ideia, mesmo dizendo para ela que seus outros filhos também passaram por isso e usaram deste artifício para aprender a lidar com a sexualidade.

Claro que sei que temos diferenças, porém ainda penso nessa hipótese, obviamente com todos os cuidados necessários. Alguns diziam que ele iria querer sexo toda hora depois que experimentasse, mas não sei se é bem assim. Espero que o tempo e os profissionais nos ajudem a lidar melhor com a questão. A verdade é que precisamos ficar mais atentos à proteção excessiva que ainda temos com ele porque pode atrapalhar e limitar seu desenvolvimento pleno. Precisamos nos lembrar de que o estamos criando para o mundo e não para suprir nossas carências afetivas. Sabemos das dificuldades e estamos no caminho certo.

Pequenos avanços

Vale frisar que a discussão do tema sexualidade em nossa cultura vem acompanhada de preconceito e discriminação. Quando o tema passa a ser sexualidade das pessoas com deficiência, o preconceito e a discriminação são intensificados e geram polêmica quanto às diferentes formas de abordá-lo, tanto com os próprios adolescentes, quanto com suas famílias e na escola. Nunca é demais repetir que a sexualidade é uma função natural, existente em todos os indivíduos. Pode-se expressar no seu componente afetivo, erótico ou afetivo-erótico.

Apesar das diferenças entre as pessoas com deficiência, quase todos são capazes de aprender a desenvolver algum nível de habilidade social e conhecimento sexual. Isso pode incluir habilidade para diferenciar comportamento apropriado e não apropriado e para desenvolver um senso de responsabilidade de cuidados pessoais e relacionamento com os outros. A melhora nos cuidados de saúde e o avanço social que as pessoas com Down vêm alcançando nas últimas décadas têm sido muito grandes. Atualmente, por meio do processo de inclusão social, são capazes de viver integrados à comunidade e, portanto, expostos a riscos, liberdades e responsabilidades. Essas pessoas, durante a adolescência, devem conhecer as transformações físicas e sociais que ocorrem neste período particular de vida.

Por tudo isso, fica claro que, desde muito cedo, as pessoas com Down necessitam conhecer atitudes saudáveis em relação ao seu corpo e às funções dele. Qualquer que seja o interesse ou o conhecimento sexual desses jovens, eles devem entender tudo o que for possível sobre sexualidade. Se a eles é oferecida a vantagem da integração, também devem ser orientados em relação a habilidades e atitudes de comportamento social apropriadas.

A primeira vez

Dudu continuou seu namoro com Mariana, porém sem avanços nas questões sexuais. Conversando com ele, senti que era hora de ter sua primeira experiência. Aproveitei uma viagem para o Rio de Janeiro e, conversando com alguns profissionais, uma vez que ainda não estava seguro daquela decisão e das possíveis implicações, decidi, por conta própria, tentar auxiliá-lo nesta questão.

Indicaram-me uma garota de programa e, por ainda estar muito inseguro, conversei com ela sobre todos os meus dilemas e as colocações e ansiedades do meu irmão. Combinamos de fazer da seguinte forma: ela simularia uma entrevista com o Dudu e, ao final, iria seduzi-lo. Após algumas conversas, foi a forma que encontrei para lidar com a situação. Fiquei muito apreensivo e na torcida para que tudo desse certo e que, finalmente, Dudu pudesse ter sua primeira vez da forma mais sadia possível.

Após algum tempo, e depois que se despediu da moça, Dudu veio ao meu encontro com um olhar radiante e cheio de perguntas. Contou como tudo aconteceu e que a entrevista foi diferente de todas que havia concedido. Preocupado, conversei com ele, explicando que aquilo não é comum e que foi uma questão de momento e que não se trata de uma realidade constante. Conversamos também sobre amor e sexo e as consequências daquela "traição" à Mariana. Levei a questão para a psicóloga dele, que ficou de trabalhar isso.

Passado a euforia inicial, voltamos para a realidade e continuamos a conversar sobre o assunto. Não contei a ninguém sobre o que aconteceu. Dudu contou para sua psicóloga e para amigos e, pelos retornos que tive, estava se sentindo aliviado e ciente de que deu um enorme passo para seu amadurecimento. Como não sou profissional, ainda não sei avaliar essa experiência. Relutei muito antes de tomar a decisão, porém a insistência e a necessidade dele me convenceram de que aquilo precisava ser feito. Não me arrependo, mas, como não sou o pai dele, ainda tenho conflitos em relação a isso.

Dois anos depois, Dudu continuava comentando o assunto comigo e me falando da sua enorme vontade de fazer amor com sua namorada Mariana. E após um longo processo de sofrimento, que acompanhei de perto, pois ela não permitiu nenhum avanço (obviamente pelos motivos dela), sentia o Dudu muito triste em relação a isso.

Mais tarde, em abril de 2015 conversei com ele e decidi, de novo, contratar uma garota de programa. Dessa vez, porém, foi diferente. Expliquei que estaria pagando para a moça e que ela não ia querer nada com ele. E que era uma decisão para ele tomar. Após muitos argumentos de ambos os lados, ele optou por escolher uma moça. Foi para o local indicado e arcou com as despesas. Neste tempo que ele estava no quarto, enquanto eu o aguardava, fiquei novamente muito apreensivo e receoso das consequências. Ele voltou novamente satisfeito e aliviado por ter tido a experiência. Falou que adorou o encontro e que aprendeu muitas coisas, inclusive a usar camisinha, que, aliás, eu já havia lhe ensinado e também foi objeto de aprendizado na tal "entrevista".

Após esta segunda experiência, conversamos - sempre mediados pela psicóloga dele - sobre as questões relacionadas e, novamente, as discussões continuavam girando em torno do seu relacionamento com a namorada e a falta de perspectiva dele em relação aos aspectos sexuais da sua vida. Ainda estamos nesse processo. Percebo que o Dudu sofre com tudo isso. Muitas vezes ainda fica confuso e não sabe se colocar de forma clara. Sinto que precisa viver uma experiência amorosa que inclua o sexo, porém esse assunto é dele e somente posso auxiliá-lo nas poucas coisas que estão ao meu alcance.

Torço muito que ele consiga viver este tão sonhado e especial momento, mas sei que a luta é dele e que as oportunidades ainda são escassas, tendo em vista os muitos mitos e tabus relacionados ao tema. Precisamos muito falar sobre sexo, não só com as pessoas com Down, mas com toda a sociedade. Tenho certeza de que ainda viveremos muitas histórias.

O processo não para e Dudu continua trabalhando muito com a psicóloga sobre o entendimento de amor e sexo. Foi nisso que fiquei pensando enquanto ele estava no quarto, na sua segunda experiência. Sempre conversamos muito para que ele tenha ciência da diferença entre amor e sexo. Ele fala que quer ter os dois numa mesma relação.

Limites

Voltando ao começo, foi depois de muita batalha que Dudu e Mariana conseguiram começar a namorar. No início, a sogra dele ficava reticente e só depois de muita negociação, os dois tiveram permissão para ir sozinhos ao cinema. Ele ficou todo feliz. Da primeira vez que saíram só os dois, ele planejou ver "Batman", mas, chegando ao cinema, só conseguiram ingresso para "A era do gelo 4". Meio resistente, uma vez que não gosta de desenho animado, entrou na sala para uma sessão de romance. Ao sair, perguntei como tinha sido e ele, meio sem jeito, confessou:

— Pô, Léo, acredita que eu dormi no filme? Mas consegui namorar um pouco.

Outra passagem bacana que ele contou. Durante o filme, nos momentos em que estava acordado, ficava olhando tanto para sua amada Mariana que ela chamou a atenção dele:

— Olha para o filme, Dudu.

E ele respondeu:

— Eu me importo com você e vim para te ver e não o filme.

Dudu esperou muito pela Mariana e, um dia, depois de uns quatro anos de namoro, decidiu pedi-la em noivado. Ela aceitou, mas a família dela disse que precisava pensar, que tinha que ser mais para frente e tal. Enfim, desconversou. O momento não ficou muito confortável. Claro que entendo todas as dificuldades de ambas as partes.

Comecei a perceber, após esses anos de namoro, que a relação deles foi ficando meio desgastada, pois a Mariana não avança em relação à intimidade do casal. Dudu sempre conversa comigo e afirma que sente falta de que durmam juntos ou que se relacionem mais intimamente. Trata-se de um processo longo. De qualquer maneira, sempre foi muito bacana acompanhar de perto a história deles. No dia que completaram dois anos de namoro oficial, ele fez um vídeo para ela. Cada dia eu aprendo mais com esses dois. São muitas declarações de amor.

Ilu.

Quatro anos de namoro. Muitos motivos para festejar. Uma linda história que estamos construindo juntos. Amadurecemos. Vejo que você está cada dia melhor. Sei que você tem muita força e coragem e consegue vencer e superar suas dificuldades. Não é fácil! Vou continuar sempre ao seu lado.

Estou muito orgulhosa das suas conquistas. Você é o meu grande músico! Estou torcendo para que o seu DVD seja um sucesso. Continue batalhando e acreditando em você mesmo.

Como diz a música do grande Renato Russo:

— "Quem acredita sempre alcança!"

Com

Todo

Meu

Carinho

Mariana Garcia Botelho

eckōred

Namoro sério?

Sabemos que ainda existe pouquíssimo apoio à experiência sexual-afetiva das pessoas com deficiência intelectual. Muitas vezes, como já disse, são consideradas eternas crianças assexuadas e seus anseios de adulto ficam esquecidos. Se podemos criar recursos para estes jovens terem acesso à compreensão, ao trabalho e ao lazer, por que a sexualidade e a afetividade não merecem atenção? Sabemos também que a família é o principal suporte para que os jovens possam ter acesso à sexualidade. Se nos recusamos a oferecer essas experiências em vez de conversar e esclarecer essas questões em clima de confiança, eles vão ficar impedidos de vivenciar sua sexualidade ou correm o risco de ser submetidos a abusos e violências. Nós, ditos normais, muitas vezes quando não debatemos esse assunto em família, temos a oportunidade de buscar outras fontes entre amigos, revistas, sites. Mas e eles? Que caminhos seguir?

Com o título de "Namoro sério", a Revista "Sentidos" publicou uma reportagem sobre a sexualidade de pessoas com deficiência. Assinada por Priscila Sampaio, a matéria vale a pena. Tanto que vamos transcrevê-la aqui:

"O que seria só mais um encontro do grupo 'Vamos Juntos' - dessa vez em um karaokê de São Paulo -, para Luis Otávio Almeida foi um momento especial. Ele conheceu Daniela Aparecida Lamim, olhou para seu rosto e sentiu algo: 'Meu coração bateu muito forte, uma emoção que crescia dentro de mim. E ela é linda, mas é mais que isso, ela é legal", afirma o apaixonado, de 31 anos. Já Daniela, de 25 anos, viu o rapaz se aproximar e quando tocou em sua mão sentiu uma forte emoção. "Eu olhei para a boca dele e gostei, achei o Luis muito lindo", diz. Luis Otávio e Daniela têm Síndrome de Down e namoram há um ano e meio.

O namoro entre pessoas com a síndrome é comum e saudável. No entanto, alguns pais se veem em uma situação difícil e delicada quando se trata do relacionamento afetivo de seus filhos com Down. Uns aceitam e acham necessário, enquanto outros, por razões diversas, são contra um envolvimento sério, mas aprovam algum relacionamento.

Conceição Maçães, dona de casa e mãe de Kátia, de 34 anos, percebeu que a puberdade da filha chegou aos oito anos e com ela havia florescido a sexualidade da menina. Aos 16, Kátia apresentou o primeiro namorado para a mãe - a relação durou dois anos, mas ficou somente na escola. "Eu achei engraçado, legal, e já sabia que dali não passaria, tanto que ela nunca disse que queria levá-lo em casa e eu também não o convidei. O namoro é uma coisa boa da vida, mas só na escola", diz Conceição.

A mãe não conversou com sua filha sobre sexo. "Nunca falei com ela sobre isso e não tive esses tipos de diálogos, mesmo porque eu acredito que minha filha não vai passar de namoro de abraço e beijo", afirma. Sobre casamento e sexo, Conceição é categórica em dizer que é contra. "Sexo para mim é só após o casamento. No caso de Kátia, não quero que ela tenha relacionamento sério, tampouco o casamento. Eu gostava muito da família do primeiro namorado dela porque pensava igual a mim. Namoro é para se divertir, se distrair". De acordo com Conceição, Kátia é muito fechada e não dá abertura para uma conversa íntima, o que acaba dificultando um diálogo sobre sua vida emocional.

Já Bento Aparício Zanzini e sua esposa, a publicitária Marivone de Castro Zanzini, conduzem as orientações para o filho Caio, de 23 anos. Seu interesse por meninas começou aos 13. De acordo com a mãe, a sexualidade do rapaz ficou aflorada. E nessa mesma época ele começou a namorar uma colega de escola. A publicitária percebeu o relacionamento em uma carona que ela deu à menina. "Eles estavam no banco de trás e começaram a se beijar e abraçar. Então vi que o carinho era além da amizade."

Preocupado, o pai tomou a frente e teve uma boa conversa com o filho. Zanzini, de forma didática, explicou para Caio como lidar com masturbação, camisinha, relação sexual e regras sociais para o namoro, de forma que matasse a curiosidade do menino. A conversa séria, da qual a mãe não participou, ficou como um segredo entre os homens da casa. A família é de total acordo com o namoro entre pessoas com Síndrome de Down. Segundo Marivone, a liberdade para o namoro é um direito que elas têm, desde que este seja de forma saudável e bem orientada, até mesmo para quando surgir o casamento, com sentimentos verdadeiros. Ela apoiará seu filho se ele se casar."

Abaixo ainda na matéria, estão dicas primordiais para a orientação inicial, quando chega a puberdade e o interesse pelo sexo oposto:

"— O ideal é orientar o adolescente com Down como qualquer outro, tratar com naturalidade, adaptando as informações à realidade dele;

— É importante demonstrar as regras de convivência que devem ser respeitadas conforme o ambiente onde se está;

— Esclarecer sobre o respeito mútuo entre o casal;

— Procurar entender o que realmente a pessoa está sentindo - se é amor, carisma, afetividade pelo(a) namorado(a);

— Estar atento a frustrações pelas quais a pessoa com Síndrome de Down poderá passar por não ter um amor correspondido;

— Falar sobre o corpo, higiene íntima e esclarecer as dúvidas demonstradas pelo adolescente;

— Os relatos de alguma experiência nem sempre são reais, podem ser fantasias. Porém, é preciso ficar em alerta, tanto para casos positivos quanto negativos. Alguns fantasiam o ato da relação sexual, que pode se concretizar;

— Conversar com seriedade e não usar termos infantis;

— Dar privacidade ao casal, mas ficar atento;

— Os pais devem escutar, dialogar e orientar sempre."

Interrogações, sombras e silêncios

Zan Mustacchi é médico, pediatra e geneticista, especialista em Síndrome de Down. Ele é claro e taxativo em relação à sexualidade das pessoas Down com as quais convive: "Todos namoram. Todos têm uma paixão primária, platônica, como a que nós tivemos na vida. Eu, por exemplo, achava a Brigite Bardot uma mulher fantástica. Curiosamente, eles enfrentam um preconceito inicial. 'Não quero namorar aquele ali que tem Down', é a primeira reação, mas depois namoram, amam, têm vida sexual ativa. Hoje até se discute a possibilidade de terem filhos".

Mustacchi acrescenta um detalhe a ser pensado: "Não se pode deixar de enfatizar que eles amam como nós amamos, muito mais intensamente até. Parece que têm um querer maior de fazer carinho, do contato pele a pele, de manter uma convivência contínua e respeitam o outro de forma mais profunda do que as pessoas comuns".

Não há dúvida de que o assunto é carregado de interrogações, sombras e silêncios. Poucos se arriscam a falar do tema. O aparecimento das primeiras manifestações sexuais na adolescência é um fato muito angustiante para os pais e familiares. Mas, assim como nas pessoas sem deficiência, essas manifestações são vivenciadas com uma projeção de futuro. No sujeito com Down, elas não representam mais do que problemas. Pelo que pude ver a partir de conversas, praticamente nenhum pai imagina seu filho levando uma vida a dois e tendo relações sexuais. Diante dessa enorme dificuldade, a tendência tem sido negar ou reprimir a sexualidade das pessoas com Down.

Carlo Lepri, psicólogo italiano do Centro de Investigação para Integração das Pessoas com Deficiência, nos explica, e vejo isso no processo de amadurecimento do meu irmão: uma das diferenças entre um jovem com Down e outro não é que esse último pede, exige, quer sair à noite, quer liberdade, independência, e segue insistindo com os pais para ir conquistando paulatinamente maior liberdade. No caso do filho Down, essa situação gera muito medo e sofrimento, pois os pais, muitas vezes, veem seus filhos menores ou mais vulneráveis do que realmente são e temem pelo que possa ocorrer em suas relações sociais, ou seja, fora da proteção e do controle familiar.

Dudu vem, cada vez mais, buscando e se apoderando de seus espaços. Como toca muito na noite e, apesar das preocupações que todos os pais têm, com muita conversa e posicionamento, ele vem mostrando aos nossos pais seu crescimento e o merecimento da confiança deles. Recentemente, com muito esforço, conseguiu convencê-los a viajar com a banda "Trem dos Onze". Foi uma experiência muito rica e ele voltou radiante por mais essa conquista, que abriu espaço para outras. As pessoas precisam ser protegidas e cobradas de acordo com suas necessidades e capacidades. Protegidas nas situações das quais não conseguem se defender e cobradas naquilo que estão aptas a fazer.

Como todo jovem, Dudu fica atento a tudo e agora, na era dos aplicativos, participa de um grupo no WhatsApp com os primos, onde circulam vídeos de sexo, claro. Ele costuma dizer que não gosta muito de fotos e sim de vídeos, que sempre elogia, principalmente as cenas entre homem e mulher, ao mesmo tempo em que não gosta dos filminhos entre duas mulheres.

Muitas vezes, prefere comentar os vídeos com amigos a falar primeiro comigo. Adora conversar com os integrantes do grupo "Trem dos Onze" sobre o assunto. Acha-se importante.

Quando aconteceu sua primeira transa, queria de toda forma encontrar logo a turma para contar a novidade. Mais recentemente, tem gostado de falar de seus dilemas e dúvidas com Fabiane Ferri, do Projeto Mano Down SP. Segundo ele, as mulheres dão mais dicas e apontam caminhos.

Eternas crianças

Ainda de acordo com Lepri, "a adolescência é, de fato, a etapa que vai desembocar na atribuição de um papel social sem o qual não há possibilidade de uma identidade real para a pessoa com Down, papel que é, primeiramente, de estudante, mas que deve ser conduzido de modo a atingir um status social no mundo dos adultos. As pessoas as quais não é atribuído um papel social torna-lhes impossível reconhecer o papel dos demais. Portanto, para que a sociedade veja as pessoas com deficiência como adultas e, consequentemente, como seres sexuais que são, é preciso facilitar a plena inclusão delas no mundo".

Somente iremos avançar e quebrar os tabus que rondam a sexualidade das pessoas com Down quando separarmos nossos receios dos fatos concretos para que nossos preconceitos não interfiram. Escutar sem preconceitos ou qualquer predisposição é fundamental para a compreensão da situação, porque compreendê-la nos ajuda a dar a formação necessária e preparar as pessoas para viver sua sexualidade.

Meu trabalho com meu irmão é encorajá-lo para que ele se mostre, se manifeste, na medida do possível, fale de suas coisas, dúvidas e dilemas, transmita suas inquietações e experiências. Só assim poderei ajudá-lo a se preparar e a entender de fato a prática sexual. Uma das maiores dificuldades se baseia na busca de uma sexualidade diferente, que reforça as limitações e os mitos e não nos fatos e conhecimentos reais. Freud dizia que a informação sexual é ocultada por medo de despertar seu desejo. É por isso, por temor de despertar o desejo sexual, que não damos informação, não falamos do assunto.

Geralmente, as pessoas com Down recebem ainda menos informações. Poucas comentam sobre as diferenças anatômicas, as sensações, o sexo, o prazer. E isso gera confusões tremendas, inclusive com relação à identidade. Outro preconceito consiste em pensar que a deficiência, o atraso mental, não oferecem uma barreira de contenção suficiente para os primitivos impulsos sexuais. Nesse sentido, a sexualidade seria algo incômodo e descontrolado. No entanto, a limitação de impulsos sexuais não depende da inteligência, mas dos processos de identificação e simbolização. E para que esses últimos ocorram, torna-se suficiente uma inteligência intuitiva.

Outro fator que impede que se fale do assunto com uma pessoa Down é o fato de vê-la sempre como criança, como já enfatizamos. Ao infantilizá-la, não acreditamos que seja capaz de ter ou expressar sua sexualidade. Fato é que elas não desenvolverão condutas inadequadas mais do que o restante da população se tiverem as oportunidades reais de aprender sobre o tema. Quanto mais falarmos, melhor será o entendimento das mudanças no corpo e dos sentimentos. As pessoas com Down devem receber informações claras e merecem trato respeitoso baseado na intimidade e na privacidade de cada uma.

Às vezes há até uma excessiva ajuda às pessoas com Down no quesito higiene, como se elas não fossem capazes de cuidar de si mesmas. Paira a desconfiança: "Ele(a) não se limpa bem; não enxágua os cabelos da maneira adequada". Essa preocupação, quando não é absolutamente necessária, acaba gerando uma intromissão na intimidade do outro. E as pessoas com a síndrome precisam incorporar o conceito de intimidade, uma vez que preservá-la é um exercício que não só previne possíveis abusos, mas também estrutura e enriquece o sujeito, que toma consciência de seu eu corporal, da importância do corpo e do respeito consigo e com os demais.

A sexualidade faz parte do crescimento do sujeito e é necessário impor limites e educar. Ninguém pode fazer com o corpo do outro o que não faz com seu próprio. Isso tem que ser ensinado a todos, inclusive às pessoas com deficiência, tratando-as como uma entidade sexual específica e não as deixando viver como se fossem parte do corpo da mãe, sem sexo. Dessa forma, elas vão saber respeitar a si mesmas e aos demais e conhecer os limites.

Participante de um grupo que temos no Facebook, Silvana Machado foi uma das que responderam sobre a forma como lidam com a questão do sexo. Vejam: "Meu Érick Tudão tem 11 anos e meio e hormônios de adolescente, está cheio de pelos e já descobriu seu corpo sim. Com muito diálogo, principalmente do pai e de uma psicóloga comportamental, ele se masturba só no quarto, sozinho e de portas fechadas. Depois vai direito tomar banho. Mas percebemos que ainda não há interesse por meninas. Ele descobriu que é prazeroso e só. Tanto que foi numa luta com o travesseiro, MMA. (Rss.) Nunca recriminamos, porque sabemos que isso é natural. Está sendo uma fase tranquila porque passamos segurança para ele, com diálogo e muito amor. Conte sempre com minhas experiências. Admiro muito você e sua dedicação".

Sexo como direito

Os especialistas dizem que muitas pessoas com Down não adquirem compreensão clara do conceito de reprodução e ficam ancoradas em algumas das teorias infantis de cegonhas, nascimento pelo intestino, bebês gerados pelo beijo, etc. Isso se deve às suas próprias dificuldades, à informação escassa e à oposição do entorno com relação às suas possibilidades de reprodução. Enfim, a sexualidade dessas pessoas continua sendo, para muitos, um tema carregado de mentiras, com um objetivo claro: evitar a prática sexual.

Se um menino ou uma menina de dez anos diz que, quando mais velho, vai se casar e ter filhos, todo mundo aplaude sua decisão. Se esse desejo vem de alguém com Down, o resultado, muitas vezes, é angústia. Por isso ela cresce com carências enormes com relação à sua projeção de futuro, às suas relações afetivas e à sua sexualidade.

Conforme pondera Denis Vaginay, PhD em Psicologia Clínica e psicanalista, o fato de a sexualidade das pessoas com Down ser um tema controverso não deve, de maneira nenhuma, constituir um obstáculo para não confrontá-lo. "É evidente que, para os pais, planejar a paternidade de um filho com Down gera preocupações. Já avançamos bem, uma vez que, em uma primeira etapa, acreditava-se na inexistência da sexualidade das pessoas com Down. Depois passou a ser algo anormal. E, em um terceiro momento, a sexualidade é reconhecida e valorizada, porém truncada pela falta de diálogo". Por isso trabalho e converso muito com meu irmão para ajudá-lo a se aceitar, a entender seus sentimentos e a aprender a diferenciar fantasia, desejo e realidade. Com certeza, Márcia Gelape Muzzi, a psicóloga dele, ajuda muito neste processo.

A psicóloga espanhola Beatriz Garvia destaca que todo mundo é consultor da própria vida e a constrói com as capacidades que tem ou que pode chegar a ter, capacidades intelectuais, mas, sobretudo, afetivas, o que, com frequência, se esquece. "Nós, os demais, somos espectadores ou podemos, no máximo, intervir como ajudantes no que o outro necessitar. Cada cidadão vai fazendo uma obra improvisada que será única. Cada um constrói com lembranças e valores, priorizando-os, mudando-os, incorporando-os. A ajuda que oferecemos deve se basear em não destruir sua autoconstrução, em não cair na tentação de usurpar sua capacidade, e sim em potencializá-la".

E Garvia continua: "Um projeto de futuro no qual se contemple a possibilidade de uma vida normalizada, com trabalho integrado, lazer que facilite as relações, a saída da casa dos pais e uma vida sexual gratificante - tudo, naturalmente, com o suporte necessário -, aprimora o autoconceito, a segurança, a qualidade de vida e o bem-estar emocional".

Tento ajudar meu irmão, primeiramente reconhecendo a sua sexualidade. Tento ajudá-lo a passar pelas distintas etapas evolutivas, procurando não deixá-lo fixado em nenhuma delas, lhe proporcionando informação e confiança. O objetivo é que ele realize seu sonho, atinja a maturidade e possa desfrutar e cumprir com seus direitos e deveres, entre eles o de ter uma vida sexual.

Acompanhar de perto o processo de crescimento do Dudu e vê-lo trilhar o caminho da autonomia, da realização de seus sonhos e de seu amadurecimento como ser humano, me enche de orgulho e faz meus olhos brilharem. A cada passo ele mostra que podemos ir muito além. Nesta viagem, corremos riscos e erramos muito. E isso faz a vida ser bela.

Espero que, futuramente possamos escrever - quem sabe conjuntamente, por que não? - os próximos capítulos dessa história. Cada etapa evolutiva do Dudu gerou dilemas, inquietudes e, principalmente, aprendizado. Desde o momento do seu nascimento, a escolaridade, a adolescência e, agora, na fase adulta. Resta-me apenas reconhecer e respeitar o tempo de crescimento dele e saber aceitar agora a condição de adulto no lugar de uma eterna infância. E o mais bacana desse processo é que, ao acompanhá-lo, eu é que acabei saindo da "adultescência".

Por causa desse nosso relacionamento, felizmente, podemos ensinar muitas coisas para as pessoas, principalmente em relação aos mitos que rondam a Síndrome de Down. Ao ver meu irmão crescer, muitas pessoas aprenderam e desfizeram mitos sociais enraizados e, com certeza, poderão levar isso para as futuras gerações. O processo não para. Dudu continua trabalhando muito com sua psicóloga, principalmente sobre o entendimento de amor e sexo.

Nisso que fiquei pensando enquanto ele estava no quarto, na segunda vez dele. Como já disse, conversamos muito para ele ter ciência da diferença entre amor e sexo e que o ideal é o que ele sempre fala que quer é ter os dois na mesma relação.

Mitos

Evaldo Mocarzel é documentarista, autor de filmes importantes, entre eles "Do luto à luta", onde aborda a Síndrome de Down. Numa entrevista a Dráuzio Varela, quando o médico perguntou a ele se encontrou muitos casais enquanto fazia o filme, respondeu: "Encontrei sim. Inclusive um deles está casado, com vida sexual ativa e escreve um roteiro de ficção comigo. Felizmente, o preconceito da família em aceitar a sexualidade das pessoas com Down está sendo discutido e a mentalidade mudando, porque essas pessoas têm o direito de casar e ter vida sexual ativa como qualquer outro ser humano".

Os jovens e adultos com Down, hoje, constituem a primeira geração de pessoas que, de maneira geral, está conduzindo suas vidas de forma mais autônoma em todos os âmbitos: escolar, laboral, social e afetivo. De todos esses aspectos, a sexualidade é a que menos avançou, talvez pela dificuldade dos pais e educadores em abordar o tema, que é delicado, e também pela insistente imagem de ver as pessoas com Down como eternas crianças.

Percebo, ao conviver com os amigos do Dudu da Associação Crepúsculo, que eles possuem muitas dúvidas e inseguranças sobre o assunto. Alguns desconhecem o próprio corpo, questionam e pedem ajuda para iniciar ou manter relações íntimas. Há muita falta de informação e tenho observado a repetição de falas que não condizem com a realidade, como, por exemplo, "a sexualidade das pessoas com Down é descontrolada; pessoas com Down, se a gente deixar, se masturbam 20 vezes ao dia; pessoas com Down não ligam para traição". Não podemos deixar de lado esse tema, por mais espinhoso que seja. É necessário tratar a sexualidade com naturalidade e quebrar este tabu.

A vida afetiva e sexual das pessoas com Down está condicionada a uma série de mitos, preconceitos e fantasmas que inquietam famílias e profissionais. Mas não se trata apenas disso. Há preconceitos e medos porque a sexualidade do indivíduo com Down é também sexualidade humana e não uma sexualidade especial. Segundo Lepri, "a sexualidade existe por si só e se expressa como parte integrante da personalidade. As necessidades afetivo-sexuais mediatizam as relações que se estabelecem ao longo da vida".

Existem sim conflitos e dificuldades na sexualidade das pessoas com Down, mas a maioria provém, repito, da falta de informação, da imaturidade e de fixações ou alterações no desenvolvimento psicoafetivo. O tratamento infantilizado ajuda a reforçar demonstrações de atenção inapropriadas e a não diferenciação entre o público e o privado, entre o que é íntimo e o que não é.

Reforço, a Síndrome de Down não pode prevalecer sobre a pessoa. E quando isso ocorre, o indivíduo com síndrome é representado como uma criança que requer proteção e cuidado. Isso dificulta o processo de imaginá-la levando uma vida sexual adulta e satisfatória. Acredito que a SD não traz consigo a impossibilidade de o sujeito se mover por seu próprio desejo. Incorporar e levar em conta o desejo, a vontade e a capacidade de escolher é o que, em geral, se negligencia na educação das pessoas com Down.

Deixar que eles falem por si é uma das ações a serem feitas. Um exemplo: muitas vezes, no restaurante, o garçom pergunta para mim o que o Dudu quer beber ou comer. Aí eu respondo:

— Pergunta para ele.

A proteção excessiva marginaliza o sujeito da experiência afetiva e o impede de se conectar com a sua vontade: ele faz o que o outro lhe diz. Até eu tenho que me policiar. Algumas vezes já me peguei fazendo isso com o Dudu. Em algumas entrevistas, por exemplo. A verdade é que, até hoje, não conheci uma pessoa Down que goze de vida sexual ativa e satisfatória.

Amassos

Vejam o que disse o filósofo Michel Foucault: "A sexualidade faz parte de nossa conduta. Ela faz parte da liberdade em nosso usufruto deste mundo". Concordo com ele. Quem concorda também é Denise Coelho de Souza, que conta com bom humor e naturalidade os casos da filha Giulia Merigo, SD, 26 anos, atriz. Elas moram em São Paulo e Giulia namora Rodrigo faz dois anos e meio. Segundo ela, os dois estão se descobrindo, pois nenhum deles teve até agora relação sexual. "Mas percebo que a Giulia é mais 'assanhada' que o Rodrigo. Conversando com a mãe dele, achamos por bem deixá-los à vontade para se descobrirem. Se rolar, sem problemas. É claro que eu já a levei ao ginecologista para ficar prevenida", conta Denise.

Antes Giulia já namorou, por dois anos, o Edu e a mãe dela percebeu a mesma coisa. "Um dia, voltando de um almoço na casa dele, ela me disse que 'aconteceu'. Fui conversando com ela, perguntando o passo a passo, se tinham feito isso ou aquilo e ela sempre dizendo que não. Aí eu disse:

— Giulia, quer saber? Vocês tiveram uns amassos.

Demos muita risada e ela estava muito feliz e satisfeita com a experiência que tinham passado. Tinha sido tão intensa e sincera que ela tinha achado que tinham tido uma relação sexual".

Li outro dia que, muitas vezes, "por medo de expor o adolescente deficiente a riscos físicos e emocionais ou até por constrangimento de se expor, muitos pais negam a existência do problema e preferem encarar o filho como se fosse assexuado". Mas reprimir a sexualidade não vai fazer com que ela desapareça. Soube que tentativas de tornar assexuado o deficiente - o que considero um absurdo - acabam por angustiá-lo e torná-lo agressivo. A repressão pura e simples pode até alterar o seu equilíbrio emocional, diminuindo as possibilidades de que ele tenha um desenvolvimento melhor. O artigo diz ainda: "Quando bem encaminhada e orientada, a sexualidade melhora o desenvolvimento afetivo, facilitando a capacidade de se relacionar, melhorando a autoestima e a adequação à sociedade".

Enfim, diz a reportagem de Odenice Rocha, acadêmica de Jornalismo do Centro Universitário Luterano de Palmas, "a sexualidade das pessoas com

Síndrome de Down é igual a de todas as outras. Este mito se deve ao fato de que grande parte da população não considera sua sexualidade. Desta forma acabam sendo reprimidas e não recebem orientação sexual apropriada, ocasionando comportamentos inadequados".

Larissa Figueiredo Gomes, psicóloga, é curta e precisa: "Sexualidade tem que sair do armário para a sociedade como um todo. São muitas as perguntas feitas por grande parte dos pais. Cada um terá um tempo para amadurecer, fazer suas descobertas. Precisamos somente ser verdadeiros, acolher suas dúvidas, apoiar suas escolhas e orientá-los sobre prevenção de doenças e até mesmo contracepção".

Intuição de mãe

Outra pessoa experiente, Rozelita Andrade compartilha a experiência que teve com seu filho Marcelo, que já não está mais entre nós. Vejam: "Não me sentiria constrangida de chegar em uma palestra e dizer como resolvi o problema em relação à sexualidade do meu filho. Considero instinto normal de todo ser humano. Fiz tudo sem perguntar a ninguém. Fui a um sex shopping - para mim era mais fácil do que para ele. Muito acanhada, chamei o vendedor da loja, falei baixinho e expliquei a ele que tinha um filho com Síndrome de Down que já estava com 18 anos e que tinha muito receio dele ter relação com alguma mulher por causa das doenças sexualmente transmissíveis. E perguntei como ele poderia me orientar - lembrando que, na época, escutávamos muito falar em AIDS. Ele me mostrou algumas coisas que pudessem ajudar e optei por uma xereca que tinha um buraquinho onde ele colocava o pênis. Ensinei a ele como fazia. Deu certo. Depois eu lavava e colocava talco porque era de silicone. Depois até comprei uma que vibrava em São Paulo".

Sabemos que o tema é delicado e pouco debatido. É pouco comum os pais pedirem ajuda na educação sexual dos seus filhos. No entanto, os pais ficam ainda mais perdidos quando esse filho tem uma deficiência intelectual, cognitiva ou de desenvolvimento. A ansiedade sobre o quanto é suficiente e o quanto é demais pode atormentar pais e professores. A educação sexual, muitas vezes, fica em segundo plano. Muitos pais perguntam: "Será que meu filho realmente precisa de educação sexual?". A resposta é um enfático sim. A pessoa com deficiência cognitiva, intelectual ou de desenvolvimento precisa da mesma informação sobre sexualidade que todo mundo precisa para ser um ser humano seguro, saudável e consciente. Simples assim.

E foi com simplicidade que a família de Pepeu resolveu o problema, segundo conta sua irmã Mell Juanita Maciel: "Ele começou a se masturbar na sala, na frente de todos. Logo, na época, conseguimos explicar que era pra fazer isso no banho. Demorou um tempo, porém ele se acostumou e entendeu o porquê. Diálogo e explicações são muito importantes neste processo de educação sexual".

Cartas trocadas entre Dudu e Mariana

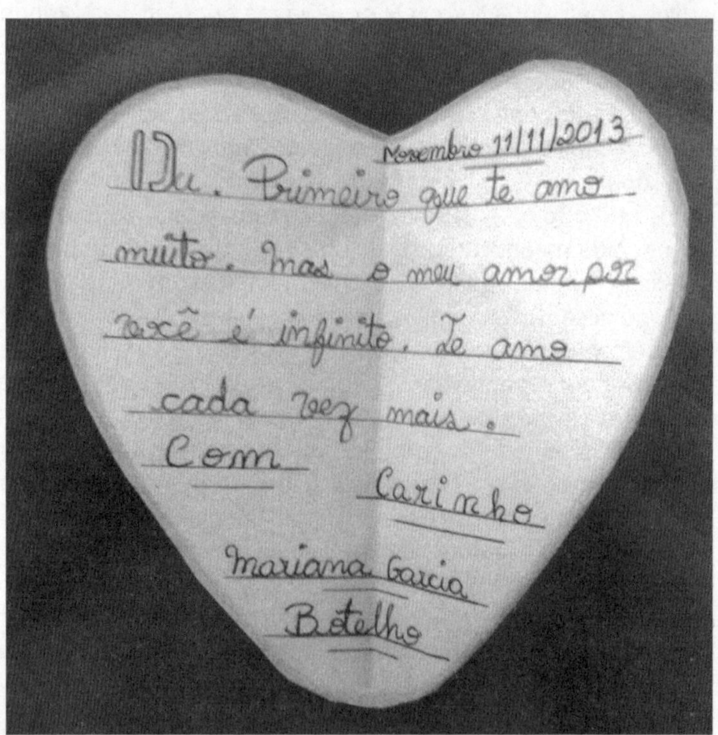

Novembro 11/11/2013

Du. Primeiro que te amo
muito. Mas o meu amor por
você é infinito. Te amo
cada vez mais.
Com
Carinho
Mariana Garcia
Botelho

Ilu.

Quatro anos de namoro. Muitos motivos para festejar. Uma linda história que estamos construindo juntos. Amadurecemos. Vejo que você está cada dia melhor. Sei que você tem muita força e coragem e consegue vencer e superar suas dificuldades. Não é fácil! Vou continuar sempre do seu lado.

Estou muito orgulhosa das suas conquistas. Você é o meu grande músico! Estou torcendo para que o seu DVD seja um sucesso. Continue batalhando e acreditando em você mesmo.

Como diz a música do grande Renato Russo:

— "Quem acredita sempre alcança!"

Com

Todo

Meu

Carinho

Mariana Garcia Botelho

ecko red

01/1 2014

Du. Vamos estar comemorando 2 anos e 9 mêses de namoro em 1º de Janeiro de 2014. Sabe que vou estar sempre comemorando o nosso aniversário de namoro em todo o ano.

Esse ano de 2014 vamos continuar o nosso namoro. Com muitas alegrias e muitas trocas de carinho um com outro. Uma coisa que quero dizer pra você. O meu carinho e o meu amor que tenho com você.

O que mais vale na vida é ter você por perto. Ile tudo que fiquei o tempo todo com você.

Por isso que te amo em toda ~~à minha vida~~. Em todos os momentos que passamos juntos.

Te
Amo ∞
Eternamente

S T Q Q S S D

01/02/2015

Ali. Quanto tempo passa. Em 1º de Fevereiro que a gente comemora 3 anos e 9 mêses de namoro juntos.

Sabe que estou muito feliz de ter você na minha. Você é uma pessoa muito especial. Que de tempos em tempos o nosso namoro e o nosso relacionamento seja mais leve.

O mais importante que nós vamos ficar juntos. O que eu queria dizer pra você e tanto que te amo muito, mas vou te amar mais que tudo.

Falando nisso o que você queria dizer com isso na mensagem, tem como me explicar. Pode começar dizer pra mim do começo. Só quero entender o que você pensou. Espero no teatro não repita mais isso, só quero que você me explica com a tranquilidade.

Te

Amo

Eternamente

Du. Estou muito feliz comemorando com você 2 anos e 6 meses de namoro.

Olha:

_ o tanto que você mudou o nosso namoro e o nosso relacionamento.

Percebi que está tudo diferente, mas você Du, é uma pessoa que pode dar esse amor muito grande por mim. Sabe que podemos dividir esse carinho um com outro. Até as nossas brincadeiras que fizemos juntos. Pra falar toda verdade que vou te amar sempre. Sei que te amo para vida toda. Como o melhor companheiro.

Te

Amo

Eternamente

capítulo 5

MUITO PRAZER, EU NASCI COM DOWN

"Eu sou assim, quem quiser gostar de mim, eu sou assim/ Meu mundo é hoje, não existe amanhã pra mim/ Eu sou assim, assim morrerei um dia/ Não levarei arrependimentos nem o peso da hipocrisia"

("Meu mundo é hoje", Paulinho da Viola)

Às vezes ficava intrigado. Não conseguia compreender direito o processo do meu irmão e não podia dizer, com certeza, se ele tinha ou não consciência de que é uma pessoa com Síndrome de Down. Já falei com ele sobre esse assunto algumas vezes, mas sempre percebia que ele desconversava e parecia não aceitar. Um caso interessante que ilustra essa sua dificuldade: nós dois fomos ver o espetáculo "Um inimigo do povo", baseado no livro de Henrik Ibsen. A peça estava em cartaz no Teatro Marília, em Belo Horizonte, e o ator principal era o também jornalista Jefferson da Fonseca Coutinho, que já tinha escrito reportagens sobre o Projeto Mano Down.

Ao final do espetáculo, me ocorreu a possibilidade de unir o talento de Jefferson com o de Clóvis Domingos, diretor da também encantadora peça "Atrás do arco-iris", da Cia Teatral Crepúsculo, que nos convida a entrar no mundo da imaginação e encontrar Lili, menina que, ao ganhar um livro mágico, passa a viver aventuras e descobre a alegria de conhecer pessoas. Na peça, se entrelaçam jogo, fábula, o desconhecido, o mistério, o sonho e a realidade que habitam em cada um de nós, para mostrar que, na multiplicidade da vida, há a mesma beleza que há nas cores do arco-íris. Minha ideia era juntar os dois para encenar um espetáculo, "Mano Down". Como diz o poeta, sonhar não custa nada.

Conversando com o Eduardo, perguntei se ele iria gostar de um espetáculo assim e ele disse que adoraria. Quando perguntei como ele distribuiria os papéis entre os atores ou se ele próprio preferia representar, veio a resposta:

— Léo, já sei. Eu serei o Mano e você o Down. Vai ficar ótimo.

Nesse momento me certifiquei de que, realmente, mesmo depois do livro e depois de todas as nossas conversas, ainda tínhamos muito que avançar para que ele entendesse o processo e se entendesse, se colocasse dentro dele. O processo é lento e deve ser levado com cuidado e delicadeza.

O assunto é polêmico e as perguntas são muitas. Pessoas com Síndrome de Down devem saber que possuem uma deficiência intelectual? Devem ter consciência de que são Down? Como deve ser essa abordagem? Ao se saber limitada, há o risco de a pessoa se sentir inferiorizada e se desinteressar por aprender? Ou o contrário, ao se saber limitada, a pessoa pode se esforçar para alcançar maior desenvolvimento?

Sem rótulos

Para Bernardo Ramos, médico especializado em ortopedia pediátrica e que consultou outros três colegas antes de responder essas questões, na medicina se lida com frequência com crianças especiais, termo que, particularmente, ele não gosta. "Não gosto de rótulos. Somos todos seres humanos. Diferentes, únicos. Alguns com maior capacidade física, outros com maior capacidade intelectual, outros com maior capacidade de amar, de unir. Quando tentamos elevar todos a uma pseudoigualdade, talvez estejamos cometendo o maior erro de todos. As diferenças tornam o mundo incrível. Tenho plena consciência de que todos devem ser estimulados de uma maneira peculiar a permitir que todo o seu potencial seja atingido. Individualmente".

Bernardo acha que exagerar nesse momento pode sim gerar frustrações e questionamentos de difícil reversão. "Dentro da própria Síndrome de Down, temos indivíduos com capacidades cognitivas completamente diferentes, criando assim subgrupos dentro de um grupo", ele diz.

Sobre o diálogo direto e franco com o paciente, Bernardo acha que familiares e profissionais envolvidos precisam ter um tato totalmente apurado. "Apesar de ser um direito de todo ser humano saber sua real situação, o efeito pode não ser o esperado. As reações, muitas vezes, são inesperadas. Qual o benefício real desse diálogo? Se não soubermos claramente essa resposta, talvez seja dispensável tal abordagem. Acho que acabamos limitando ao invés de permitir. Desestimulando. Sou otimista por natureza. Prefiro focar nas qualidades, no que se destaca". O médico acrescenta que, na vida de um modo geral, alguns serão advogados, outros jogadores de futebol, médicos, engenheiros, músicos, enfermeiros, porteiros, pedreiros, empresários. Mas apenas os "escolhidos serão profissionais em disseminar o amor, pessoas maravilhosas que sempre esquentarão os corações de todos ao redor. E eles, com certeza, já sabem bem disso. O sentimento nem sempre pode ser traduzido, transformado em palavras. É inexplicável. Pode apenas ser sentido. E todos sabem do que eu estou falando. Ao invés de falarmos das diferenças, vamos aprender a respeitá-las e falemos do que nos aproxima".

Mas Bernardo reconhece que o caminho para tudo isso é longo e árduo: "Educação não é um fruto de rápida produção. Mas a colheita é extremamente recompensadora. Portanto, todos pela inclusão. É muito importante respeitar os limites de todo ser humano, entendermos suas dificuldades e tentarmos, dentro do possível, atender a demanda de cada um". Resumindo, o médico acha que essas questões, essas perguntas, têm que ser individualizadas. "Pessoas com Síndrome de Down apresentam alterações cognitivas, físicas e intelectuais variáveis. Se os questionamentos partirem da própria criança ou adulto, acho mandatório que os devidos esclarecimentos sejam feitos. De uma maneira inteligível para elas. Suave. Visando a estimular os pontos fortes ao invés de frisar possíveis limitações. É essencial não transferirmos necessidades nossas para a outra pessoa".

Afinal, as pessoas com Down percebem suas deficiências? Será que, ao longo da vida, adquiriram esse autoconhecimento? Até onde conseguiriam entender uma conversa direta? Qual o objetivo dessa conversa? Ante as perguntas, Bernardo não hesita: "Seguindo meu pensamento, qualquer passo que ultrapasse uma demanda individual, seja intelectual, física ou cognitiva, pode trazer repercussões positivas ou negativas. Por isso, tanta importância em tratar cada indivíduo de forma única. Somos únicos. Pessoas que, em geral, buscam a informação, questionam sobre diferenças, têm uma tendência a lidar melhor com a realidade de suas limitações, usá-las a seu favor, tentar ultrapassar barreiras. Mas, sem dúvida alguma, existe sim o risco do desinteresse, confusão, depressão e outros distúrbios psíquicos que poderiam ser evitados".

E Bernardo Ramos faz questão de ilustrar com a sua própria experiência profissional: "A Síndrome de Down apresenta algumas alterações ortopédicas em algum grau e outras alterações. Sendo assim, lido rotineiramente com pacientes que demandam acompanhamento, a maioria de zero a 19 anos. Em Curitiba, dois adolescentes sabiam que tinham a síndrome e repetiam isso durante a consulta. A grande maioria cresce escutando sobre suas limitações. No entanto, uma minoria tem a capacidade de entender, interpretar de forma clara. A informação é processada de forma diferente. Difícil visualizarmos como eles pensam e o que irão absorver ou absorveram dessa informação. Portanto, volto a afirmar, cada ser é único. E suas próprias demandas devem ser atendidas. Sem generalizar. É exatamente nesse ponto que nos perdemos. Muitas vezes queremos nossa individualidade, mas não conseguimos entender a do próximo".

Explicar o inexplicável

Ao mesmo tempo em que tinha dúvidas da consciência do Dudu sobre a deficiência dele, fui ganhando a certeza de que ele estava se tornando um homem maduro e sensível, aos poucos compreendendo certas coisas graves e sérias. Como a morte, por exemplo. Vejam o que aconteceu quando a Luizinha, filha dos nossos amigos Breno Lanza e Fabiana Carneiro, faleceu repentinamente aos dois meses de vida.

O dia 18 de outubro de 2013 foi um dia muito triste. Ver um amigo enterrar uma filha de apenas dois meses mexe com qualquer ser humano. Como seguir em frente? Como ter forças para lutar? Como não questionar as injustiças do mundo? Como explicar o inexplicável? Como entender o que não temos condições de saber? Realmente, nessa hora, a matemática faz sentido, pois a parte não pode explicar o todo.

Os pensamentos teimavam a todo o momento em lembrar da pequena Luiza. Foram imagens duras, cenas marcantes, gritos doloridos, silêncios fortes. Parecia mentira, mas era tudo real. Os dias se passaram e as reflexões aumentaram. Questionamentos insistentes, perguntas sem respostas. Que caminho seguir? Que palavra falar? Qual a hora de calar?

Após uma viagem, para uma palestra, voltamos a Belo Horizonte e era hora de rever os protagonistas dessa história. Personalidades fortes, emocionantes. Conversei com alguns amigos antes de me encontrar com Breno e Fabiana em busca de algum caminho, alguma palavra que pudesse ajudá-los de alguma forma. Não existe dica. A vida tem que ser vivida no momento e, de preferência, com sentimento.

Momento marcante do abraço entre Dudu do Cavaco, Breno e Fabiana

Rever Breno e Fabiana foi pesaroso demais. A cada encontro, uma lição de vida. E quando pensamos que iríamos ajudar, nós é que fomos ajudados, incentivados, aconselhados. Foi marcante ver como, mesmo em situações extremas, o casal teve forças para nos receber e compartilhar momentos de vida, lições de esperança, fé no futuro, certezas nas incertezas.

Como disse Dante Milano, "a vida é complicada, mas querida. A morte é simples, porém temida. Nisto se resume todos os nossos problemas." No meio da visita, Dudu chegou e, com sua energia boa, levou sua mensagem para o casal. Extraiu sorrisos mesmo no luto. Pediu um tempo, escreveu uma carta e leu para eles. Momento intenso, aprendizado vivo, sensibilidade de quem ama a vida e os amigos. Por fim, tocou algumas músicas para o seu parceiro de samba. Realmente, a música é sinônimo de vida.

Carta que Dudu escreveu para Fabiana e Breno

A vida seguiu, mas as dúvidas aumentaram. Para Veríssimo, "quando a gente acha que tem todas as respostas, vem a vida e muda todas as perguntas". Aumentaram também meu orgulho de poder conviver com dois seres humanos que praticam efetivamente a tão falada resiliência, que mesmo em busca de rumos nos transmitem esperança de que a vida não tem atalhos e que temos que nos atentar para os sinais. Repetindo Oscar Wilde, "Viver é a coisa mais rara do mundo. A maioria das pessoas apenas existe". Breno e Fabiana nos ensinaram a viver e nos mostraram que é vivendo que se aprende a viver.

Saímos de lá com a certeza de que, como falávamos nas palestras do Projeto Mano Down, o amor é o combustível mais efetivo para seguir adiante. Dudu e Luiza, mais uma vez, nos ensinaram o caminho. Como diz Guimarães Rosa, "O correr da vida embrulha tudo. A vida é assim: esquenta e esfria, aperta e daí afrouxa, sossega e depois desinquieta. O que ela quer da gente é coragem". E isso, tenho certeza, Breno e Fabiana possuem de sobra.

Prometemos - e cumprimos - e, nos dias seguintes, fizemos as palestras e shows inspirados na Luiza. Estávamos todos muito comovidos com aquela fatalidade, especialmente eu, pois minha segunda filha, Laura, tinha nascido dois dias após o acontecido. Dias depois, surgiu um convite para participarmos da Conferência Anual do Grupo Positivo. Foi uma viagem longa até Poços de Caldas, a cabeça atordoada pensando em como ajudar nossos amigos após uma perda tão grande.

Como sempre, eu olhava para o Dudu e tentava reencontrar um sentido para a vida. Viajamos escutando o pai da pequena Luiza, Breno Lanza, cantando com o Dudu em seu casamento. Aquilo foi a única saída que encontrei para continuar a caminhar. Meu irmão tentava me animar e falava para eu me lembrar da alegria dos pais de Luiza. Exercitei isso e conseguimos chegar bem em Poços, apesar de alguns choros durante a viagem. Tudo tem que ter um sentido e foi com isso em mente que chegamos. Dudu abrilhantou a noite e me mostrou que a vida é feita para ser vivida. E que para seguir em frente é preciso força, fé e coragem.

O dia de trabalho começou cedo, e ver meu irmão palestrando junto com feras nacionais como Márcia Tiburi, César Nunes e Márcia Stores me energizou. Fizemos a palestra final inspirada na alegria de Breno e Fabiana e a dedicamos à Luiza. "É preciso ter força, é preciso ter raça, é preciso ter sonho sempre", dizia o poeta. Voltamos com a reflexão do quanto somos pequenos e frágeis. Devemos sempre caminhar. E o Projeto Mano Down se inspirará sempre na pequena Luiza.

Outra passagem que colocou em xeque o amadurecimento do Eduardo foi a doença do meu pai, que teve um tumor em 2014, quando o meu irmão tinha 24 anos. Papai teve que passar por uma cirurgia e me deparei com esta questão em relação ao Dudu. Mesmo com a evolução dele no cavaquinho e em outras atividades, parece que fica um resquício de infantilidade na hora de lidar com ele. Nesse caso, o pessoal da minha casa preferiu ocultar e desviar o assunto, embora eu tenha sido contra isso. Fui voto vencido. Entendo a intenção, mas acho que ele não pode ficar afastado dos problemas e dilemas da vida.

É muito importante que a pessoa com Down se torne sujeito ativo de seu próprio desejo e, para isso, tem de aprender a escolher, a ganhar, perder e, a partir daí, se solidarizar, compartilhar e se interessar pelos demais. Sempre observo que os pais tentam ocultar fatos e situações para evitar frustrações de seus filhos, particularmente os com Down. E os assuntos morte e doença têm sido estranhos para o Dudu. Infelizmente a vida é feita de frustrações e precisamos conversar sobre o tema até para conseguirmos ter resiliência para superar as adversidades impostas pela vida.

Conspiração do silêncio

No caso da morte da Luizinha, Dudu tocou para o casal na missa de sétimo dia e chorou compulsivamente na igreja. Depois conversamos e entendi que aquilo foi a forma dele expressar seu luto e pesar. Como não sabia lidar com a situação e nunca tinha falado sobre o tema ficou ainda mais difícil de entender. O processo de amadurecimento das pessoas com Down precisa ser enfrentado com coragem e minha opinião é que todos os assuntos devem ser abordados da forma mais real possível. Isso só contribui para o crescimento, tanto de pessoas deficientes quanto as não. A morte faz parte do desenvolvimento humano desde sempre e nos acompanha no nosso caminho.

Para mim, ocorre um grave distúrbio, um ruído na comunicação que chamo de conspiração do silêncio. Na verdade, não julgo os pais, pois imagino que eles devem ter muitas dúvidas em relação ao assunto. Na minha opinião, ocultar das pessoas o conceito de morte prejulgando que elas não vão conseguir entender não é o ideal e pode impedir que cresçam sem medo. É claro que, depois desses dois fatos, já conversei com o Dudu a respeito do tema. Obviamente que, não sendo especialista, falei da minha forma, além de comentar com a psicóloga dele pedindo que ela aborde o assunto nas sessões. O que falei para ele foi o básico: que a morte faz parte do ciclo natural da vida.

Como é um tema tabu para muitos - para mim também -, continuei procurando informações para entender melhor e também passar para o Dudu de uma forma que não gerasse traumas. Se os familiares têm medo da morte, possivelmente irão tentar poupar o filho da realidade. Mas se, por outro lado, a família mostrar com naturalidade o ciclo da vida, todos lidarão com a morte sem problemas. Para mim, era preciso avançar muito. Pelo que li, as pessoas enfrentam a morte de maneiras diferentes e são muitos os fatores que podem influenciar na reação delas. E também depende de como a morte aconteceu. Com certeza, trata-se de um assunto sobre o qual ainda precisamos amadurecer.

Carlo Lepri, de quem já falamos aqui, comenta que, no fundo, se quisermos ser autênticos na relação com o outro para permitir que ele se perceba autêntico no mundo, não podemos esconder a realidade. Podemos, no máximo, apresentá-la com algum véu, de modo a torná-la menos direta.

Outro embaraço é quando um ente querido fica doente e tem que se internar num hospital. A ausência e a quebra da rotina a que as pessoas Down costumam se apegar pode modificar o comportamento delas. Especialistas orientam, neste caso, que a equipe médica que está tratando do doente converse com a pessoa Down como com qualquer membro da família. O conhecimento reduz a insegurança. Também é aconselhável permitir que ele ou ela reconheça os sintomas, como perda de respiração, da consciência, incapacidade de falar ou responder.

No dia que Dudu e eu fomos ao hospital nos encontrar com o guerreiro Serginho foi um momento emocionante para ficar marcado. E considero isso um sinal de amadurecimento dele. Sérgio Cláudio Domingos é Down e é um exemplo de vida. Perto de completar 63 anos, tinha saído de uma cirurgia e quase foi dado como morto. Mas não desistiu da vida. Pelo contrário, vinha dando, dia a dia, sinais de que tem muita vontade de viver, mostrando-se indomável na sua força de vida. Dudu e minha mãe ficaram muito emocionados, principalmente por ver o carinho dedicado a ele. Minha mãe foi às lágrimas em diversos momentos e rezou para que o Dudu possa também ter esse carinho e aconchego quando precisar.

Lógico que o Dudu tocou várias músicas para ele e Serginho, ficou muito feliz com o presente que recebeu. Mais uma vez, tive a certeza de que os cromossomos não têm a última palavra. Conhecer Serginho e sua família foi a confirmação de que, com amor, aceitação e carinho, é possível reverter muitas situações adversas.

Fé no sonho

Muita gente já viu - e eu recomendo - "Colegas", que ganhou o Kikito de Melhor Filme no 40° Festival de Gramado, além de Melhor Direção de Arte. E o Prêmio Especial do Júri coube aos atores Rita Polk, Ariel Goldenberg e Breno Viola, todos com Síndrome de Down. Não há dúvidas de que foi o grande vencedor do festival de Cannes em 2012. O longa-metragem de Marcelo Galvão, narrado por Lima Duarte, retrata a aventura de Stalone, Aninha e Márcio, que fogem do instituto onde vivem para realizar seus sonhos: ver o mar, casar e voar, respectivamente. Para mim, esse filme é uma peça importante na questão da conscientização de ser Down e ajudou muito a aumentar a visibilidade das pessoas com deficiência intelectual, mostrando do que elas são capazes. Conscientes ou não de suas deficiências, muitas conseguem, por meio da arte, dar algum recado para a sociedade.

Também responsável pelo roteiro, Galvão criou a história em homenagem ao seu tio, Márcio, que também tem Síndrome de Down. "Eu passei a infância com meu tio e a lembrança que tenho é de estar com uma pessoa feliz, para cima. Quis passar essa sensação e acho que consegui", disse Galvão, momentos após receber o Kikito. Os atores com Down, Ariel, Breno e Rita, tinham certeza de que ganhariam o prêmio antes mesmo da exibição em Gramado e roubaram a cena quando subiram ao palco para receber o Prêmio Especial do Júri. Os três passaram muitos minutos no palco, choraram e agradeceram ao diretor Marcelo Galvão várias vezes. Breno Viola ainda quis que todo o público ficasse de pé para aplaudi-los. O pedido foi atendido prontamente.

Eu também bato palmas de pé para esse filme e esse diretor. Trabalho lindo, prêmio merecido. Viva a inclusão, a autonomia e a oportunidade! Em Belo Horizonte, organizamos uma sessão de "Colegas" no Diamond Mall. Éramos mais de 70 pessoas, sendo 30 com Down, e foi uma festa. Todos se divertiram e, ao final, quando a foto do Dudu apareceu nos créditos, foi uma algazarra total. Foi uma tarde inesquecível em que pudemos reunir muitas famílias e interessados no tema.

Na verdade conhecemos os produtores do filme já no fim das filmagens. E, infelizmente, o Dudu não pôde ir a Campinas na época. Aí, no fim, eles homenagearam as pessoas com Down que eles conheceram e inseriram fotos, inclusive do Dudu. Mandaram o figurino do filme para minha casa e tiramos uma foto. Ficou show!

Foi uma tarde mágica, histórica, inclusiva, alegre, emocionante e divertida. Com certeza, esse encontro ficará marcado nos anais do Shopping Diamond Mall. Foram exatamente 78 pessoas unidas em prol de uma causa, de um encontro, de uma esperança de construir uma sociedade mais justa, humana e inclusiva. No início, houve muita desconfiança por parte dos seguranças e do *staff* do shopping, que impediram o show do Dudu do Cavaco. Recebemos muitos olhares estranhos de quem passeava por lá e ficava sem entender a energia que emanava na entrada daquele cinema. Uma atmosfera leve, simples, singela e desinteressada, em busca apenas de esperança e troca.

Ao entrarmos para a sessão, alguns de mãos dadas, outros abraçados, foi muito lindo ouvir de uma funcionária do cinema, que trabalha lá há seis anos, que era a tarde de trabalho mais feliz da sua vida. "Nunca tive tanta alegria de trabalhar num sábado à tarde", ela disse. A gerência permitiu até que crianças de colo participassem da sessão.

Após entrarmos na sala 5 do Cineart, teve muita bagunça, muitos gritos e confraternizações. Mas, ao iniciar o filme, silêncio, foco, emoção. Para mim, foi mais uma prova de que todos temos talentos, que todos podem ir além. Foi uma rajada de esperança para as famílias que viram, além dos três protagonistas, excelentes atores, mais outros 70 garotos com Síndrome de Down no elenco. Vale ressaltar que o filme é produzido por um produtor executivo deficiente visual.

Saímos com a alma lavada. Com a certeza de que cada dia abrimos mais espaço, mesmo que, na saída, ainda tenhamos recebido muitos olhares desconfiados nos corredores do shopping. Ao ver a foto do Dudu no final, não me contive e, de novo, lágrimas e orgulho. Estava orgulhoso de conhecer tantas pessoas bem intencionadas, que não se fazem de vítimas, que enfrentam as dificuldades e os olhares com um sorriso. O filme nos faz refletir. Sempre temos que acreditar nas pessoas e nos sonhos.

Enfim, "Colegas" não é um filme sobre a Síndrome de Down, nem para você ficar com pena de ninguém. É um filme para refletir, para divertir e reverenciar a diversidade humana. A mensagem que fica é: temos que correr atrás dos nossos sonhos e nos permitir ser crianças, mesmo na idade madura.

Depois desse dia, Dudu ainda viu o longa mais duas vezes e contou o sonho e a atitude de cada um dos protagonistas, sendo que ele já conhecia os três: Breno Viola, Ariel e Rita. Ele comentou que gostou e aproveitei para abordarmos um pouco a temática realidade e ficção.

Conversei sobre o filme com muitas pessoas e ouvi diversas opiniões. Apesar de todos os prêmios recebidos, ouvi muitas críticas de famílias que se diziam decepcionadas. Algumas pessoas foram além e falaram que a abordagem das pessoas com deficiência no filme foi de forma pejorativa, às vezes retratando-as como ladras e marginais. Debati e ponderei com argumentos do diretor Marcelo Galvão. Não se trata de um filme sobre a Síndrome de Down, como muitas famílias esperavam, e sim uma comédia, que tinha como protagonistas três atores com Down. Particularmente, compreendi que o objetivo não era abordar a síndrome. Muitos esperavam algo meloso e emocionante. Como eu já sabia da pegada da história, não me frustrei. Gostei do que vi e, principalmente, da atuação dos atores, que fizeram ótimos trabalhos.

Nesta entrevista do diretor dada à "Revista Exame", ele deixa claro que "a saga de três amigos com Down que fogem da instituição onde moram para realizar seus sonhos de se casar, voar e conhecer o mar, é repleta de humor e delicadeza. Pura inspiração para resgatarmos da esfera do impossível nossos próprios desejos. Afinal, como um dos protagonistas diz, 'a vida é muito curta para ser pequena. Por isso, precisamos aproveitá-la".

A seguir, trechos da entrevista de Marcelo Galvão, que Dudu e eu tivemos a oportunidade de conhecer pessoalmente.

— Como surgiu a ideia do roteiro?
R: Convivi com um tio, falecido em 2011, que tinha Síndrome de Down. A inocência, a forma franca de falar, a emoção à flor da pele, o coração gigantesco e as atitudes engraçadas que ele tinha, sempre me cativaram. Resolvi escrever algo que transmitisse essa sensação boa. "Colegas" não fala sobre Down ou deficiência, e sim sobre sonhos, amizade, coragem, superação, amor – temas universais e atemporais.

— Foi sua intenção derrubar preconceitos?
R: O filme dialoga com todo mundo, principalmente com o público infantojuvenil. Conheci muitas pessoas que, depois de assistirem ao longa, vieram emocionadas me parabenizar pela oportunidade de ver um lado da síndrome até então desconhecido.

— Como você trata a questão da inclusão?
R: A verdadeira inclusão acontece a partir do momento em que você embarca na história, esquecendo que os três protagonistas são Down. O maior problema do preconceito é a falta de contato com essas pessoas, porque, quando você as conhece, se apaixona. Nossos atores têm uma incrível capacidade de entreter o público, fazendo-o rir e chorar. Antigamente, a família era a principal responsável pela exclusão social, pois escondia os filhos com Down, dificultando a interação. Hoje, muitos desses jovens frequentam escolas normais, trabalham e interagem de forma natural com a sociedade. Por isso, quanto mais pudermos expô-los a um convívio comum, mais iremos caminhar para uma vida justa e inclusiva.

Cada um com a sua história

A psicóloga Larissa Figueiredo Gomes admite, quando o assunto é a maturidade para ter consciência de si próprio: "Não tenho respostas, mas vou falar como psicanalista. A abordagem que a psicanálise propõe nesse campo relaciona-se com uma posição de abertura, caracterizada basicamente pela disponibilidade de escuta das situações. Cada pessoa tem uma história única, cada sintoma tem um sentido particular para cada um, cada deficiência vai adquirir significação a partir do contexto em que se insere. Que sentido tem, por exemplo, a deficiência de um filho para a família? Que significação inconsciente a própria criança dá à sua dificuldade, comandada pela significação fornecida pelos pais? A posição de escuta promove um lugar de esvaziamento do saber. Não se trata de fornecer um diagnóstico que fecha qualquer possibilidade de articulação, não se trata também de prescrever remédios que eliminariam toda a angústia familiar, muito menos de indicar treinamentos que alienariam o indivíduo, fixando-o em uma posição objetal. A posição de escuta permite o acesso à verdade da história de cada um. Não é por se tratar de uma pessoa com uma síndrome descrita nos livros que não haveria verdade a pesquisar, nem um saber inconsciente constitutivo, ou mesmo impeditivo, do surgimento da subjetividade".

O meio científico em geral, segundo Larissa, "prefere ignorar esse saber, colocando em seu lugar uma série de certezas representadas por quadros diagnósticos, técnicas, exercícios, medicamentos e treinamentos, sem se dar conta do efeito que isso pode produzir, o de privar a pessoa da dimensão humana essencial, a do desejo".

Além de psicanalista, Larissa Figueiredo Gomes é também nossa prima. Pedi a ela umas palavras sobre o Dudu e ela escreveu sobre sua relação com ele da forma mais terna possível:

Quando recebi seu convite para escrever para o livro, fiquei desconcertada. Explico. Dudu foi criado em casa, estava sempre presente, sabíamos de tudo sobre seu desenvolvimento, almoçávamos todo domingo juntos. Para mim era claro: uma criança eterna, sempre disponível. Não estava preparada para que fosse diferente. Mas foi. Perdemos a companhia do domingo, ficamos mais distantes. O que sei eu então para falar desse desenvolvimento nos últimos anos? Sei muito. Sei que chegou a hora de conter o instinto de querer manter a cria embaixo da asa, de protegê-lo de todos os erros, perigos e tristezas. Chegou a hora de assumir que nos tornamos desnecessários.

Explico novamente. Ser desnecessário é não deixar que o amor incondicional provoque dependência, atravanque a autonomia e confiança do ser amado. É deixá-lo traçar seu rumo, fazer suas escolhas, superar frustrações e cometer seus próprios erros. Não temos mais uma criança. Surgiu um adulto, com compromissos, agenda cheia, problemas e angústias. E o ciclo natural da vida se fez presente, aqui na minha frente. Crescemos. Por que ele não cresceria? Obrigada pela oportunidade de refletir sobre esta separação que tanto me angustiava".

A psicóloga do Dudu, Márcia Gelape Muzzi, acredita que tudo tem seu lado de limite e possibilidade, dependendo do prisma pelo qual queremos encarar. "Penso que existe uma percepção das limitações e do preconceito que, se não colocada às claras, se torna um tabu e cria um sentimento de inadequação ao social que a pessoa com síndrome trata como se fosse algo ligado a si mesma e não à sua condição. Logo, se ela sabe das limitações, consegue enxergar também as possibilidades, entendendo que não é algo pessoal e sim uma condição genética que deve ser trabalhada para que ela chegue onde quer e busque seus sonhos, ou seja, dentro do que é possível, que ela busque a realização e exerça seu direito de desejar, fazer planos, ter autonomia".

E as pessoas que, não sendo especialistas, convivem com alguém com Down, também dão palpites no assunto. De São Luís do Maranhão, por exemplo, Gis Lyra compartilhou sua experiência, falando do seu irmão de 54 anos que tem a síndrome:

"Quando a APAE foi inaugurada em São Luís, ele já tinha nove anos. Então, os estímulos que ele recebeu foram por pura intuição de minha mãe, ao contrário do meu filho atualmente. Na época, as pessoas o chamavam de mongoloide e ele se percebeu diferente, seu cognitivo e sua fala são bastante comprometidos, apesar de ele entender tudo. Minha mãe chegou a explicar a ele, mas ele se identifica apenas como 'da APAE', assim como identifica outros Downs quando os vê. Foi assim quando conheceu minha prima e meu filho, que ele também identifica assim: 'não é normal, é da APAE, mamãe'. Ele não tem consciência de ser Down, mas tem consciência de que é diferente, que tem limites, mas é uma das pessoas mais felizes que conheço, supercarinhoso e de bem com a vida".

João Tomaz da Silva, jornalista e pai da bailarina Aline Favaro, também deu sua opinião:

"No caso de Aline, nós fomos falando aos poucos, numa linguagem intimista, sem aprofundar na explicação técnica. Foi dito apenas o básico, que ela é um pouco diferente, porém muito amada por todos. Normalmente, ela sabe reconhecer outra pessoa com a mesma síndrome e adora estar junto com os nascidos iguais a ela. Uma coisa que ela não sabe discernir é a importância da condição de bailarina especial. Ela se apresenta para milhares de pessoas ou para uma só com o mesmo entusiasmo. Para ela, não faz diferença se a plateia é altamente elitizada ou de alguma instituição mais simples, que luta com dificuldades materiais. Em ambos os casos, ela se entrega totalmente para a arte. Se me pedirem um conselho, afirmo que não é necessário ir a fundo nas explicações, pois penso que tal procedimento poderia confundir a mentalidade inocente dessas pessoas. Ela aprendeu que Síndrome de Down não é doença e se mostra um pouco triste quando alguém, mesmo que raramente, usa esse termo".

Roberta e Caio Mendonça, que têm um irmão de 24 anos com SD, afirmam que ele tem total consciência disso. "Às vezes ele usa disso para o próprio benefício, mostrando a prega palmar, por exemplo, quando leva uma bronca. Chega a ser cômico", contam. "Mas nunca se sentiu limitado a fazer nada por ter a síndrome. Uma vez, se apaixonou por uma menina sem síndrome e ela não se apaixonou por ele que, conscientemente, assumiu ser por causa da SD. Aprendeu a ler, escrever, dança lindamente, é vaidoso, sociável e trabalha dentro das suas capacidades e limitações. Ser Down nunca foi um empecilho para o seu desenvolvimento. Se fôssemos dizer que existiu uma barreira para seu aprendizado, diríamos que foi a própria sociedade e seus preconceitos".

Roberta e Caio Mendonça continuam: "Acreditamos sim que seja importante a pessoa ter conhecimento de suas limitações, para poder ser estimulada a desenvolver suas capacidades. Todos nós, independentemente de diagnóstico médico, somos dotados de limitações e incapacidades e cabe aos estímulos externos nos ajudar a desenvolver com plenitude nossas capacidades".

Hérica Scapelato garante: sua filha Clara está com 10 anos e, desde os sete, sabe sobre a síndrome. "Foi a melhor coisa que fiz. Ela e a irmã de oito anos entendem a SD e suas dificuldades".

E Flaviana Freitas afirma: "Contei para Bruna, ainda pequena, que ela tinha a Síndrome de Down, mas ela não entende o que é. E ela não se acha diferente de ninguém. Quis explicar o que tinha para que ela soubesse se defender caso alguém a chamasse por nomes pejorativos, para que ela soubesse dizer: 'eu tenho é Síndrome de Down".

Dayana Sokem Dalloul contou como é o caso do seu irmão Mohamed, que desde pequeno sempre soube que tem a síndrome, embora não compreendesse o que era: "Diante de algumas situações, nós explicamos para ele o porquê de ele ter alguma dificuldade com tal atividade, assim como o aplaudimos por ter talento em outras. Com 17 anos, ele começa a compreender melhor. Como não teve convivência com muitas pessoas Down, ele nem sempre sabe distinguir. Para que ele compreenda melhor, não a deficiência em si, mas suas peculiaridades, vamos colocá-lo em atividades que envolvam outras pessoas com Down, inclusive porque ele é superamoroso e sonha em ter uma namorada".

Para Dayana, não se trata de defender a ideia de que pessoas com Down só podem namorar outras iguais a si. Ela acrescenta: "Acho que a convivência seria incrível. No mês passado, ele conseguiu pronunciar Síndrome de Down certinho pela primeira vez enquanto gravávamos uma narração para o seu documentário. Foi muito legal! Creio que o essencial é a pessoa saber que ela é sim diferente (todos somos, graças a Deus!) e que isso não a limita em nada. Pode haver mais obstáculos, mas isso representa a maior possibilidade de triunfos".

Maria Filomena Machado tem uma filha, Ivone, de 25 anos, e dá seu testemunho: "No início, ela se achava parecida com as pessoas Down, mas não queria sequer ver. Hoje ela se sente feliz em comemorar o seu dia e é uma linda menina moça".

A doutora. Letícia Leão, geneticista, conta que não conseguiu encontrar dados científicos a respeito da questão da consciência da identidade Down. Mas, baseada em observações feitas em sua prática, opina que as pessoas com a síndrome são muito diferentes entre si, como qualquer pessoa. "O desenvolvimento, tanto intelectual, quanto emocional, depende do potencial de cada uma, da saúde, dos estímulos e oportunidades oferecidos e da aceitação pela família. Trata-se de uma construção que começa no momento em que o diagnóstico é feito e segue ao longo dos anos".

Para Letícia, o contato com a informação de que têm a Síndrome de Down ocorre naturalmente em várias oportunidades. Alguns indivíduos conseguem perceber sua própria condição e outros não. Aparentemente, a capacidade intelectual e também alguns fatores emocionais parecem determinar essa diferença. Não acredito que a informação deva ser imposta a todos em um momento específico da vida. As pessoas com a síndrome que demonstram curiosidade ou incômodo, acabam tocando no assunto ou demonstrando resistências específicas que podem ser aproveitadas para esclarecer suas dúvidas e inseguranças. É preciso ter sensibilidade para perceber a necessidade e, às vezes, um profissional pode ajudar na abordagem. Sempre de forma individualizada".

Ao se saber limitada, ao tomar consciência das suas dificuldades, há o risco de a pessoa se sentir inferior e, de alguma forma, tornar-se vítima e até se desinteressar pela aprendizagem?

Ante a pergunta, Letícia Leão responde: "Acho que essa consciência não começa no momento em que a notícia é dada, mas muito antes. Às vezes ocorre de forma pouco elaborada e não verbalizada. Percebo que, desde a infância, muitos se sentem frustrados quando não conseguem atender as expectativas do ambiente: colegas, professores e, principalmente da família. Noto também que muitos problemas ocorrem em etapas marcantes da adolescência e da vida adulta, como começar a namorar, desejar tirar carteira de motorista, trabalhar, querer se casar e ter filhos, entre outras. Dependendo do apoio e do estímulo, muitos conseguem se sentir mais confiantes e acabam obtendo muitos progressos. A motivação não depende da notícia em si".

Letícia diz que conhece várias pessoas que têm consciência da própria síndrome. Segundo ela, em geral, os que alcançam melhores habilidades de raciocínio e crítica acabam adquirindo essa consciência. "Tive, inclusive, um caso de paciente que, ainda criança, fez perguntas objetivas sobre a Síndrome de Down. O que é? Por que ele tinha e o que não poderia fazer? Primeiro fez as perguntas à mãe, que é uma pessoa muito sensível. Ela respondeu com bastante honestidade e prometeu a ele ir à consulta para que eu explicasse também. A reação foi tranquila e o tempo mostrou que não houve qualquer prejuízo em relação ao desempenho dele. Tive também casos de adolescentes que rejeitavam fortemente o fato de terem a síndrome e desenvolveram distúrbios de comportamento. Necessitaram de acompanhamento por psicólogos e também de mudanças no ambiente. O princípio da individualidade deve ser seguido, como em qualquer condição humana".

Dudu com o Dr. Zan Mustacchi

Fizemos três perguntas a Zan Mustacchi, médico geneticista e pediatra, talvez a maior referência no Brasil em Síndrome de Down. Ele nos respondeu e reproduzimos aqui sua fala esclarecedora:

1. **O senhor acha importante - ou necessário - que a pessoa com Síndrome de Down tenha consciência da sua deficiência?**
   R: Sem dúvida nenhuma, a partir do momento em que existe um reconhecimento da própria diferença é importante dar a oportunidade do entendimento do processo que acomete o indivíduo, exemplificando, dentro do possível, com modelos comparativos, para que haja uma certificação desse processo de aprendizado e entendimento relacionado com a deficiência.

2. **Na sua opinião, ao se saber limitada, ao tomar consciência das suas dificuldades, há o risco de a pessoa se sentir inferiorizada e, de alguma forma, tornar-se vítima e até desinteressada na aprendizagem? Pode também ocorrer o contrário? Ao se saber limitada, a pessoa pode se esforçar pra alcançar objetivos?**
   R: Obviamente ambas as situações podem ocorrer e é possível que haja maior dificuldade ao tomar-se consciência das limitações e das dificuldades quando o processo da conscientização traduzido como inferioridade ocorre durante, principalmente, a faixa etária da adolescência, momento em que uma série de outros conflitos são traduzidos por desarranjos psicoemocionais e, se não adequadamente percebidos e atendidos, culminam em desorganizações psiquiátricas que consequentemente pioram com uma nova consciência do processo que os diferencia das demais pessoas.

3. **O senhor conhece alguém com SD que tenha consciência da sua síndrome? Como foi a reação?**
   R: Posso dizer que várias pessoas com Síndrome de Down, ao longo dos nossos 38 anos de trabalho, têm claro entendimento dos seus limites e do seu processo da determinante genética que sustenta estas diferenças. A maioria dos adolescentes e adultos jovens conseguem superar com uma aceitação, procurando organizar-se, exigindo o entendimento e o direito de compreensão das pessoas consideradas comuns para com seus próprios limites, argumentando basicamente que nós, pessoas comuns, precisamos aprender a "dar um tempo" e abordar temas de forma clara sem figurativos e, principalmente, muito objetivamente. Assim, eles conseguem nos limitar a aprender como tratá-los e como respeitá-los dando a eles sempre a oportunidade.

Para fechar este capítulo, ouso dizer que, com o trabalho da psicóloga Márcia Gelape Muzzi, o Dudu vem cada dia mais tomando consciência de que tem Down e já fala abertamente sobre isso. Um avanço neste sentido foi quando ele participou do Congresso Internacional da Síndrome de Down, em maio de 2015 em Campinas, e debateu sobre o tema. Percebo, por exemplo, que ele procura para namorar pessoas com Down e a Mariana conversa muito com ele sobre isso. Nosso desafio agora é, de alguma forma, mostrar que ser Down não tem só um lado bom, como muitas vezes ele acredita, até pela maneira como é tratado após os shows. Ele terá que conhecer o lado das limitações que devem ser respeitadas, como, por exemplo, ser dependente para algumas tarefas, morar sozinho, se casar.

capítulo 6

DONO DO MEU NARIZ

> *"Viver e não ter a vergonha de ser feliz/ cantar e cantar e cantar a beleza de ser um eterno aprendiz".*
>
> ("O que é o que é", de Gonzaguinha - 1945-1991)

Eu me sinto cada vez mais independente e realizado, me sinto muito bem em alegrar o dia das pessoas com o que mais gosto de fazer. Tocar, tocar cavaquinho com amor, tocar com carinho, tocar do fundo do meu coração!

Quando eu toco meu cavaco, eu sinto que sai uma energia incrível de dentro de mim. Sinto muita felicidade.

Adoro conhecer novas pessoas e novas cidades. Estou abrindo meus horizontes.

O Léo, meu irmão, que criou o projeto Mano Down, é a pessoa que eu mais amo na minha vida, é tudo pra mim, me ajuda em tudo e me completa. Adoro fazer as palestras musicadas com ele.

Amo demais toda nossa família, que sempre me apoiou muito, meus amigos do meu teatro e da dança contemporânea, meu grupo 'Trem dos Onze', meus professores Hudson Brasil e Pablo e todos meus amigos da minha academia.

Agradeço a Deus esse dom especial que Ele me deu, estou cada vez mais feliz e realizado e espero realizar vários outros sonhos que ainda tenho.

(A Paula só me ajudou a pontuar. Coloque no livro. Eu fiz sozinho. Te amo, Léo)".

Escolhi esta carta que o Dudu escreveu em julho de 2015 para abrir este capítulo e mostrar como ele está se sentindo ao soltar as amarras, cortar devagar o cordão e caminhar com os próprios pés. Ele próprio acha isso importante. É um desejo dele e tem sido essa a nossa principal luta.

Sei que é muito doloroso ver minhas filhas e meu irmão sofrerem. Se dependesse de mim, evitaria toda e qualquer situação que os frustrasse. Porém, cada vez mais me convenço de que esse comportamento é muito nocivo ao desenvolvimento e amadurecimento do Dudu, pois uma das coisas que o ajuda a se desenvolver como adulto é, precisamente, aprender a tolerar frustrações e conviver com elas, aprender com as experiências, fazer escolhas, perder e administrar o sofrimento. A autonomia favorece a tomada de decisão, o crescimento pessoal, a satisfação de desejos e, consequentemente, o poder de lidar com situações da vida adulta.

Como preparar as pessoas com Down para fazer parte do mundo adulto? Beatriz Garvía, psicóloga espanhola, novamente nos auxilia ao apontar que o jovem com Down deve aprender a assumir alguns riscos, a evitar algumas ingenuidades e a ter obrigações. Muitas vezes, percebo que o Dudu não usufrui de uma disposição natural para enfrentar situações desconhecidas ou para expor seu ponto de vista, como, por exemplo, viajar para tocar com sua banda. Vejo que, com o apoio da psicóloga, ele vem opinando mais e até batendo de frente em algumas situações. E vejo isso com os olhos brilhando, pois é fascinante começar a formar uma nova imagem do meu irmão. Geralmente a pessoa com Down costuma receber uma educação baseada no excesso de zelo, que a impede de crescer e amar como adulto. Segundo Beatriz, é essa educação que mais influencia também na sua sexualidade. O caminho passa pela educação baseada na confiança e na responsabilidade, quando há um projeto de futuro e quando, além da síndrome, se leva em conta suas forças e capacidades.

Quem não arrisca... não cresce

Vale aqui um parêntese para a reflexão de Michel Quoist, escritor francês, a respeito da autonomia das pessoas com deficiência: "Se o homem tem medo de andar, que não solte a mão da mãe. Se tem medo de cair, que fique sentado. Se tem medo do acidente, que deixe o carro na garagem. Se tem medo de escalar, que fique no abrigo. Se tem medo de que o paraquedas, não abra, que não salte. Se tem medo da tempestade, que não saia do porto. Se tem medo de não saber construir sua casa, que a deixe no projeto. Se tem medo de confundir o caminho, que fique em casa. Se tem medo de se sacrificar e do futuro, que renuncie à vida, se tranque e se deixe levar pela preguiça. Então, talvez, sobreviverá, mas não será mais um homem, já que a natureza do ser humano é querer arriscar, de maneira razoável, sua vida".

Sonho sempre que meu irmão possa dar um significado para sua própria vida. Que ele possa ser incluído em seus relacionamentos dentro da família e fora dela, que possa ser incluído temporalmente passando pelos ciclos da vida, incluído civicamente podendo se expressar como cidadão em todos os seus direitos e deveres. Dudu, por exemplo, faz questão de votar e sempre o incentivamos a participar da vida política da cidade, do estado, do país, indo às urnas como todo mundo. O destino das pessoas com Down, a possibilidade de fazer um projeto para si, está inevitavelmente ligado às representações sociais dominantes em determinado período e em determinado contexto.

Quando Dudu faz seus shows e palestras, as pessoas interagem com ele com a imagem de profissional e não de deficiente. Isso determina uma série de expectativas, que levarão a pessoa com SD a se comportar de maneira coerente com a imagem com a qual é representada pelos outros. Ao final dessa jornada fico com a sensação de dever cumprido ao saber que meu irmão vem ajudando a modificar a imagem de deficiência que se modifica ao longo do tempo porque mudam a cultura, os mitos, crenças e conhecimentos e, com eles, a mentalidade. Sabemos que essa mudança nem sempre é linear, progressiva, positiva, mas como diz o poeta, "o caminho se faz ao caminhar". Tento olhar as potencialidades e não apenas os limites que todos temos.

Espero que Dudu possa compreender o mundo no qual se encontra, compreender a si mesmo e ser compreendido, mas também que consiga se aceitar e ser aceito no contexto em que vive. Novos desafios virão sempre, pois o crescimento como pessoa evidencia novas exigências e novas necessidades. Encontrar com seus limites e dificuldades é o nosso destino como humanidade. Quanto maiores forem as oportunidades de inclusão social, maiores serão as possibilidades de encontrar respostas adequadas às próprias necessidades e de viver de modo consciente e digno.

Eu e Dudu do Cavaco sempre juntos, duplinha

Eu acredito, incentivo e apoio o meu irmão a realizar seus sonhos e acredito mais ainda que as pessoas com Down não devem se limitar apenas à satisfação das necessidades básicas. Tentamos propiciar a evolução dele e não apenas impedir algum retrocesso. Neste processo educativo, aprendi que não é só ele que evolui. Eu também me modifiquei com esta experiência.

Eu e Dudu do Cavaco: sinergia

Cortar o cordão

É cada vez maior a difusão de pessoas com Down que demonstram que estudar em colégios comuns, trabalhar, fazer esportes, teatro, dança ou música ajudam a enriquecer o relacionamento com o outro e até a se emancipar do lar paterno. Percebo que todos os que se ocuparam de alguma atividade assim cresceram com um projeto de futuro e foram muito apoiados. Possuem identidade e autoestima suficientemente sólidas para permitir seu desenvolvimento e sua inclusão no mundo adulto. Trata-se, portanto, de mudar o olhar e oferecer confiança. A confiança sempre implica risco. Só que, bem assumido, o risco se traduz em autonomia. Um exemplo: percebo que meu irmão está cada vez mais desenvolto nas entrevistas. Estamos sempre juntos, mas cada vez mais eu passo a bola para ele, peço que ele – e não eu – responda a perguntas do entrevistador ou entrevistadora.

Um dos caminhos é evitar representar a pessoa com Down como eterna criança, o que impõe uma temporalidade retida. A adolescência é uma crise de identidade que, em pessoas com SD, pode ser mais complicada, pois muitas vezes, como foi o caso do Dudu, é o momento da tomada de consciência da deficiência, o momento em que se busca os iguais, mas também os recusa porque não aceita a si próprio. É o momento de querer crescer ou de favorecer a regressão por falta de força e apoio suficientes no que seria um projeto de vida adulta.

Trabalhar não significa apenas fazer um trabalho. É também interiorizar o papel de trabalhador, de adulto útil, reconhecer o próprio poder, assumir as responsabilidades e os direitos que isso acarreta e, por meio desse papel, aceitar e compreender o papel dos demais. Enfim, fazer parte da sociedade. Ser adulto não quer dizer ser inteligente ou casar-se e ter filhos, mas sim viver, de forma consciente e responsável, o papel de adulto previsto pela sociedade. Significa melhorar o processo de identificação, o conhecimento de si próprio, o encontro com os limites e a independência na medida do possível. No fundo, sabemos que é difícil aceitar o crescimento. Mas é preciso. A puberdade na pessoa com Down se manifesta cronologicamente, assim como ocorre com os demais. A diferença, muitas vezes, se dá no aspecto psicológico. Não basta apenas a mudança corporal. É preciso construir uma nova identidade.

Dudu deseja fazer o mesmo que seus irmãos e os demais jovens, mas ainda não tem força suficiente para se opor ao instinto protetor de nossa família. Esse processo é lento e, muitas vezes, geramos uma dependência que dificulta o andamento da separação e individualização características dessa etapa da vida. Essa dependência pode ser tranquilizadora para a família mas, com certeza, estanca o desenvolvimento e reduz a autonomia.

Como dito por Lepri, "o impulso para estabelecer a própria identidade e a independência requer certo distanciamento dos pais. O processo de descobrir a necessidade de ser responsável por suas ações é necessário. A elaboração dos conflitos do adolescente também está muito ligada à sua participação em um grupo. Uma das funções das turmas é essa elaboração da consciência de identidade adolescente, pois é necessário estabelecer uma diferença em relação aos adultos para elaborar a consciência de si mesmo". Ao acompanhar meu irmão, percebi que ele carece desse grupo e tem de se ajustar para elaborar sozinho muita coisa. Isso complica o processo de passagem para a vida adulta. Suas turmas variavam muito entre os primos, já que, quando atingiam certa idade, naturalmente eles se afastavam para viver seus sonhos. Penso que é muito importante que os jovens com Down tenham um grupo de iguais onde possam desenvolver atividades de lazer e relações de amizade, afetivas, de cooperação, etc.

Com o Dudu aconteceu esse processo, pois, por mais que estivesse integrado à escola, por volta dos 14 anos seus companheiros se tornaram autônomos e começaram a formar grupos dos quais ele era excluído. A opção de ir para a Associação Crepúsculo caminhou muito neste sentido de ele poder ter uma turma com a qual se identificasse, sem abrir mão, obviamente, de conviver em outros espaços como faz muito bem até hoje.

Penso que o estigma de que uma vida de dependências, caridade, assistencialismo, infantilização, negando ao ser humano o direito de sonhar, idealizar e viver seus sonhos, é um dos maiores castigos que pode haver. O direito do ser humano de viver sua plenitude, sem que se estabeleçam parâmetros para seu potencial, é um dos ideais da verdadeira democracia (que em última instância, para mim, é dar igualdade de oportunidades). Vamos em busca da autonomia.

Curatela

Certo dia meus pais se deram conta de que o Dudu já era maior de idade, que já tinha passado do tempo de se alistar no Exército e que necessitava do título de eleitor para votar. Carteira de identidade ele já tem desde os

12 anos e se orgulha de mostrá-la. Demorou um pouco para entendermos que ele tinha direitos civis e independência que todos atingem aos 18 anos. Agora já finalizamos o processo de interdição parcial dele, instituto que visa à proteção da pessoa e o regimento ou administração de seus bens. Meu pai é o curador e, na falta dele, eu. Foi bem estranho perceber que ele precisava de toda documentação, já que vem conquistando cada vez mais autonomia.

A interdição parcial, para quem não sabe, é um instrumento que encontra resistência em nosso poder judiciário e são poucos os casos no Brasil. Com essa interdição, o Dudu ficará com os direitos de um jovem de 16 anos, que pode votar, assinar contratos de trabalho, adquirir bens e até vender, desde que com a assistência dos pais.

Com a sanção, em 03 de Agosto de 2015, da Lei Brasileira de Inclusão da Pessoa com Deficiência (número 13.146/2015) ainda estamos em dúvida sobre como ficará a curatela do Dudu. Acredito que nada vai mudar. A nova lei, no artigo 84, parágrafo 3º, diz que a curatela deverá ser "proporcional às necessidades e às circunstâncias de cada caso, e durará o menor tempo possível". Legisla-se, assim, a obrigatoriedade da aplicação, que leve em conta as circunstâncias de cada caso concreto, afastando a tão comum saída, utilizada até então de forma quase total, de simples decretação da incapacidade absoluta com a limitação integral da capacidade do sujeito. Isso, aliás, conecta-se também à necessidade da exposição de motivos pelo magistrado, que agora terá, ainda mais, que justificar as razões pelas quais limita a capacidade do sujeito para a prática de certos atos.

Ademais, tornou-se lei também a determinação de que a curatela afeta apenas os aspectos patrimoniais, mantendo a pessoa com Down no controle dos aspectos existenciais da sua vida, como, por exemplo, o "direito ao próprio corpo, à sexualidade, ao matrimônio, à privacidade, à educação, à saúde, ao trabalho e ao voto", expressamente apontados no artigo 85, parágrafo 1º do estatuto.

Já era tempo de reconhecer que uma eventual necessidade de proteção patrimonial não poderia implicar desnecessária limitação aos direitos existenciais do sujeito. Reforça-se, com tudo isto, que a curatela é medida que deve ser tomada em benefício da pessoa com Down, sem que lhe sejam impostas restrições indevidas.

Tomar a palavra

No dia 24 de junho de 2015, a Lei de Cotas completou 24 anos. Sem dúvida, uma lei importante, porém ainda temos muito que avançar para minimizar a invisibilidade social das pessoas com deficiência, em especial das com deficiência intelectual. A entrada no mercado de trabalho é um passo importante para que os jovens possam fazer a transição entre o mundo da infância e o mundo adulto. As pessoas que não estão empregadas tendem a ter mais depressão e menos autoestima. Isso acontece porque o ambiente de trabalho ajuda os indivíduos a ganhar responsabilidades e a desenvolver relacionamentos com grupos diversos. Além disso, favorece o desenvolvimento de habilidades cognitivas, mecânicas e de adaptação a diferentes situações, inclusive na vida pessoal.

Reconhecer-se como parte do mundo do trabalho fortalece o sentido de cidadania de jovens e adultos. No caso de pessoas com Down, muitas vezes as próprias famílias se surpreendem com mudanças de atitude, uma vez que elas se sentem mais independentes e capazes de realizar seus desejos. Sabemos que ainda há muito a fazer e a conquistar, mas não podemos deixar de comemorar os avanços e oportunidades trazidas por esta lei.

A legislação estabelece que as empresas com 100 (cem) ou mais empregados preencham uma parcela de seus cargos com pessoas com deficiência. A reserva legal de cargos, também conhecida como Lei de Cotas (art. 93 da Lei nº 8.213/91), depende do número geral de empregados que a empresa tem no seu quadro, na seguinte proporção:

I. de 100 a 200 empregados.................. 2%
II. de 201 a 500...................................... 3%
III. de 501 a 1.000.................................. 4%
IV. de 1.001 em diante.......................... 5%

Durante o XI Encontro Nacional das Famílias de Pessoas com Síndrome de Down, em Mahon, Minorca, o presidente da Down Espanha, Jose Fabian Camara Perez, disse que "chegou a hora de as pessoas com Síndrome de Down falarem por si próprias e reivindicarem suas necessidades e direitos, e que seus pais deixem de ser seus interlocutores". Ele salientou o papel desempenhado pelos irmãos de pessoas com SD, que veem os irmãos diferentemente da forma como os pais veem, ao tratá-los como iguais e reivindicarem o mesmo que têm para si para seus irmãos.

O presidente da associação fez essas declarações diante de 400 participantes. E quase metade dos palestrantes eram pessoas com Síndrome de Down, como era o caso da jovem Blanca San Segundo, que afirmou que eles já tomaram a palavra para reivindicar seus direitos em primeira pessoa e que querem continuar a avançar na realização de suas demandas. "Ninguém melhor do que nós para dizer como queremos o nosso futuro e para lutar por nossos sonhos. Agora queremos falar abertamente. Escutem-nos e deixem-nos seguir nosso próprio caminho, mesmo que às vezes não seja o mais acertado", disse para a plateia.

Por sua vez, o diretor-geral do Ministério da Saúde, Deficiência, Política Social e Igualdade, Jaime Alejandre, destacou o compromisso do governo com a deficiência intelectual e explicou as diversas medidas já aprovadas pelo executivo, como a reserva de 2% de vagas de emprego público para pessoas com deficiência intelectual, acessibilidade em novas tecnologias e mudanças da legislação de seguros. Alejandre assegurou que, em 2010, houve um aumento de 18% na criação de empregos para pessoas com deficiência e, em 2011, também foram gerados mais empregos. Para ele, o fundamental é o cumprimento dos direitos dessas pessoas, mas para isso é essencial o apoio econômico e financeiro.

Por outro lado, Pilar Sanjuan, professora e membro do conselho da Down Espanha, disse que a família deve ser a primeira escola para essas pessoas e não pode delegar toda a responsabilidade pela educação à escola: "Deve ser criado nas famílias um ambiente que incentive o desejo de aprender para estimular a curiosidade e incentivar a autonomia e tomada de decisão. Além disso, eles devem ser orientados a pedir ajuda, ao mesmo tempo respeitando a sua privacidade".

Pay per view

Dentro do quesito autonomia, vejam que caso interessante aconteceu com o Dudu. Nesse episódio, constatamos também um flagrante desrespeito ao consumidor. Eis que chega a conta mensal da TV a cabo da casa de meus pais com um valor de R$ 850,00. Muito surpreso, meu pai, sem entender nada, ligou para a Net, companhia responsável pelo serviço, para indagar sobre o alto valor cobrado. E, para sua surpresa, o responsável pelo aumento da conta tinha sido o nosso Dudu. Em fase de reconhecimento e entendimento da própria sexualidade, descobriu alguns canais da Net (Playboy, Sex Hot, etc.), que trabalham pelo sistema pay per view, os quais o consumidor pode acessar comprando no momento em que desejar e assim assistir aos filmes. Até aí, tudo bem. Só que, curioso com o assunto, o Dudu, sem conhecer muito a questão de dinheiro e preço, comprou diversos filmes, num valor total de R$ 600,00.

Para nós, principalmente para os meus pais, foi mais uma oportunidade para conversar com Dudu sobre o assunto e ele assumiu que comprou os filmes. O ponto de indignação foi constatar a forma desleal com que a Net vende esses serviços de pay per view, pois o usuário - no caso, o Dudu - ao selecionar a compra, tem acesso à senha que vem sugerida na tela: 0000 (zero, zero, zero, zero). Ou seja, qualquer pessoa que quer comprar o serviço vê a senha padrão na tela. Então, fica a dica: alterem a senha padrão. A Net, em nenhum momento, nos comunicou da possibilidade de troca da senha que, uma vez modificada, não mais aparece quando se quer realizar a compra.

Por falar em autonomia, foi depois de muita conversa e resistência que, finalmente, conseguimos uma psicóloga para o Dudu, exatamente para trabalhar essas questões com ele. Trata-se da especialista Márcia Gelape Muzzi, da qual já falamos algumas vezes neste livro. Na verdade, o trabalho dela não é apenas com o meu irmão, mas, indiretamente, com toda a nossa família. Eu é que tenho sido o acompanhante às sessões semanais do meu irmão. E, diga-se de passagem, ele gosta muito. Márcia está abrindo suas dificuldades e vislumbrando novas perspectivas. Estamos trabalhando também outros pontos como a sexualidade e a consciência de ser Down e suas consequentes limitações.

O primeiro desafio foi a autonomia do Dudu para deslocamento. E o primeiro passo foi ensiná-lo a andar de táxi sozinho. No começo, ele estava meio receoso, pois pensava que teria que dar todas as coordenadas para o motorista. Explicamos que bastava o endereço de onde ele iria e ele aceitou bem a ideia. Trata-se de um processo lento. O próximo passo será ele próprio escolher os lugares que quiser. Estamos trabalhando para que comece a ir sozinho às apresentações da sua banda, "Trem dos Onze". Para ele, vai ser a realização de um sonho e um pequeno passo para seu crescimento como ser humano. Dudu lida muito bem com o celular e o computador e sabe usar o Waze, para se localizar e buscar os locais aonde quer chegar.

Tenho observado que, com isso, o Dudu vem se sentindo melhor e vai aliviar um pouco o trabalho da nossa mãe, de levá-lo para todos os lugares o tempo todo. Afinal, o trânsito de BH está cada dia mais difícil. Além disso, na medida em que minha mãe avança na idade, possivelmente terá que reduzir suas idas e vindas com o Eduardo, o que pode comprometer o ritmo de desenvolvimento dele.

O direito de votar, que Dudu faz questão de exercer

É sabido que o cálculo matemático requer raciocínio abstrato que, como já foi dito, pode ser complicado para as pessoas com deficiência intelectual. Porém, a dificuldade não deve ser um fator impeditivo para que o Dudu e outras pessoas tenham uma vivência em situações em que o cálculo seja necessário, como no uso do dinheiro. Cabe a nós criarmos estratégias para que a experiência seja preservada e que eles possam ir até onde conseguirem, mesmo que não tenham autonomia para todos os passos. Estamos trabalhando nisso com uso de notas, cores, etc. Um exemplo: mesmo que ele não saiba realizar todas as operações com cartões e caixas eletrônicos, podemos orientá-lo e auxiliá-lo na condução das etapas que ele já domina, pois a experiência vivida faz a diferença, inclusive no desenvolvimento de melhores recursos cognitivos. Estamos usando o celular, que ele manuseia bem, e também calculadoras. Costumamos escrever os principais gastos de seu dia a dia para ele ter uma noção melhor. Essa visualização funciona.

Como palestrante, o testemunho da conquista da própria autonomia

Atentem para esta história que aconteceu com o Dudu, no Parque Lindu, em uma de nossas viagens a Recife, onde mora um irmão nosso. Foi ele próprio que me contou. Um belo dia, lá estava o Eduardo brincando, vendo o homem-aranha e outras atrações, quando dois meninos se aproximaram dele e pediram dinheiro. Dudu disse que não tinha e eles começaram a xingá-lo e a ameaçá-lo. Ele ficou assustado, pois os meninos tentaram pegar seu celular e dinheiro e ele teve que proteger o bolso. Depois, tentou conversar com os dois garotos, argumentando que não tinha mexido com eles, que era da paz e que eles tinham que respeitá-lo, pois ele estava na dele. E continuou caminhando pelo parque, mas os meninos começaram a segui-lo. Ao perceber que estava sendo seguido, já bem assustado, Dudu parou perto de um policial e contou a ele o ocorrido. Felizmente, os policiais o protegeram e ele voltou para casa ileso. Fica a lição: na insegurança, procure um policial. Para nós, também ficou a lição: meu irmão Dudu está aprendendo a se virar, a se defender. Isso é autonomia.

Dudu do Cavaco vaidoso: ele se cuida e gosta de se fotografar

Reconhecer potencialidades

Os pais protegem seus filhos por instinto. Mas dar autonomia a eles também faz parte da educação. Quando há na família uma criança com deficiência, o risco de se exagerar na dose de proteção é ainda maior. Por desconhecimento do tamanho da deficiência ou por medo de rejeição, muitos acabam impedindo o filho de realizar diversas atividades que ele seria perfeitamente capaz de executar sozinho. Com a melhor das intenções de deixar a criança em segurança, os pais acabam caindo em uma armadilha. O cuidado exacerbado atrasa e, outras vezes, até impede e embaraça a possibilidade do desenvolvimento físico e emocional do filho ou filha.

Ter deficiência não significa ser incapaz. Cada um tem suas potencialidades. Cabe aos responsáveis reconhecê-las e trabalhá-las. O melhor caminho para evitar a superproteção que isola a criança com deficiência é a informação. Saber das suas necessidades e ajudar a superá-las, acreditando na sua capacidade, é o melhor caminho. Ser autônomo significa saber cuidar de si. Ou seja, ser capaz de se virar sozinho com suas potencialidades. O importante é ter este objetivo desde que a criança é bem pequena para ir, aos poucos, preparando-a, dando a ela os instrumentos para que se torne independente. E o primeiro passo é acreditar que a autonomia é possível e necessária, principalmente para a autoestima do filho. Não se esqueça: educar é também dar condição de autonomia.

Vejam que matéria interessante eu li na "Revista Crescer", cujo trecho reproduzo aqui:

"Para poder trabalhar, a administradora Neide Maturana, de São Paulo, precisou logo procurar escola para o casal de filhos. No caso do menino, Victor, que tem a Síndrome de Down, a busca foi mais complicada. Na primeira escola, Neide se apresentou apenas na companhia da filha, que não tem a deficiência, e perguntou se aceitavam crianças excepcionais. Imaginando que a cliente esperava uma resposta negativa, a atendente explicou: 'Fique tranquila! Aqui não aceitamos crianças excepcionais'. Só na terceira escola procurada, o Externato Gente Miúda, Neide ouviu o que queria: 'No momento, não temos nenhuma. Mas aceitamos sim'.

Victor entrou na escola aos dois anos de idade. Os benefícios começaram logo. 'A criança com Down tem o corpo mais molinho e meu filho era muito inseguro para andar. A convivência com outras crianças representou um estímulo imediato. Ele as via correr e queria acompanhá-las. Em 15 dias, já estava andando', conta Neide. Cada obstáculo enfrentado pelo menino na aprendizagem significou um desafio para a escola, que tinha de se adaptar às necessidades de seu aluno especial. Quando estava concluindo o Jardim I, por exemplo, Victor foi avaliado e a escola decidiu que ele não deveria passar para o Jardim II. No ano seguinte, o menino percebeu que não estava com os mesmos coleguinhas e se ressentiu. 'Victor perdeu o estímulo para aprender. Conversamos com a direção da escola e vimos que a melhor solução era colocá-lo novamente com a antiga turma. Aí ele voltou a se entusiasmar', conta Neide.

Na pré-escola, a dificuldade do garoto era acompanhar as atividades do livro didático. A professora decidiu continuar usando o livro da série anterior para trabalhar com ele. Victor notou que seu livro era diferente dos demais, não gostou e voltou a ficar desestimulado. A saída foi adaptar o material didático para ele. O conteúdo era o mesmo, mas com ele a professora abordava os assuntos de outra maneira, reforçando o que ele era capaz de acompanhar. Hoje Victor tem oito anos e está na primeira série. Ainda não sabe ler nem escrever como seus colegas de turma, mas está a caminho: já reconhece seu nome, as vogais e os números, o que os pais e professores consideram uma grande conquista.

Há mais de uma década, acreditava-se que era impossível alfabetizar pessoas com a síndrome. 'Hoje se sabe que grande parte dessas crianças pode ser alfabetizada, sim', explica a educadora Rita de Cássia Cardoso Carvalho, coordenadora da área educacional da Associação de Pais e Amigos dos Excepcionais de São Paulo (APAE-SP).

O percurso de Victor teria sido outro sem o incentivo da mãe em casa, orientando-o em suas tarefas e mantendo a escola informada sobre cada dificuldade e cada avanço. A dedicação da professora e o apoio dos colegas também têm sido fundamentais. 'Não podemos esperar para ver o que a criança com deficiência pode oferecer. Temos de estimulá-la e mostrar que ela pode mais. E ela própria dá as dicas para isso. A criança com Down tem consciência de suas limitações e é questionadora. Por isso pode progredir', diz Maria Emília Morais Curopos, professora de Victor".

Grande conquista: universitários com Down

Aos 19 anos, Jéssica Mendes de Figueiredo sente um misto de ansiedade e expectativa. Assim como a maioria dos jovens nesta idade, ela está radiante com o novo status de caloura universitária. Na semana passada, começou a cursar Fotografia no Instituto de Ensino Superior de Brasília (Iesb). Em dois anos, Jéssica fará parte do pequeno grupo de brasileiros com Síndrome de Down que possuem diploma de educação superior. Dados do Censo de Ensino Superior elaborado pelo MEC apontam que havia, em 2015, 2.173 alunos com deficiência matriculados em universidades, sendo 1.135 em instituições públicas e 1.038, em particulares. Porém, desse total, o ministério não sabe precisar quantos têm Síndrome de Down. A pasta nem sequer tem programas específicos para esse público. As ações são majoritariamente voltadas para a questão de acessibilidade.

Apesar da falta de políticas governamentais específicas, a nova rotina universitária não assusta Jéssica. Ela já cogita no futuro fazer uma segunda graduação, em Moda, curso no qual também foi aprovada. Mas optou por Fotografia porque tem uma verdadeira paixão por imagens de natureza e paisagens. "Espero que o curso seja dinâmico e que o professor goste de interagir com os alunos", disse a jovem quando entrevistada. A mãe, Ana Cláudia, contou que a vontade de fazer vestibular partiu da filha. "Acho que por ela ter estudado em um regime de ensino regular, sempre conviveu com esse ambiente já no colégio. Por isso se interessou muito em prestar vestibular", comentou.

Ana Cláudia ainda comemora o sucesso da filha, mas compartilha a ansiedade comum entre os pais cujos filhos acabaram de ingressar no ensino superior: "Acredito que ela estará lidando com pessoas mais maduras, mas, com certeza, vai conquistar o espaço dela. O psicólogo Eduardo Rios, especialista em análise do comportamento, explica que o receio de Ana Cláudia é natural em todos os pais, e não se restringe àqueles que têm filhos com Down. "Eles são comunicativos, sentimentais e amáveis. E isso colabora muito para a integração com os colegas", analisou.

Na opinião de Marcos Mazzotta, membro fundador do Laboratório Interunidades de Estudos sobre Deficiências (Lide), da Faculdade de Psicologia da Universidade de São Paulo (USP), a principal barreira para a inclusão desse público é o estigma e a discriminação negativa. Realidade que Valéria Tarsia Duarte, mãe de Érica Duarte Nublat, 25 anos, fez o possível para evitar. Valéria também enfrentou algumas dúvidas quando a filha decidiu cursar Pedagogia no Instituto Superior de Educação Franciscano Nossa Senhora de Fátima, no Distrito Federal. Segundo ela, uma das maiores preocupações era o lugar em que a filha estudaria. Não queria que fosse uma instituição grande e pouco acolhedora, como a Universidade de Brasília, por exemplo. Érica acabou optando pela instituição que já conhecia, por ser parte do mesmo grupo do colégio em que havia concluído o ensino médio.

A preocupação com o acolhimento desses alunos não é exclusiva dos pais. Em fevereiro, Kalil Assis Tavares, 21 anos, foi o primeiro candidato com Síndrome de Down a ser aprovado no vestibular da Universidade Federal de Goiás (UFG) para cursar Geografia. De acordo com a coordenadora do Núcleo de Acessibilidade da UFG, Dulce Barros de Almeida, a instituição já estava preparada para recebê-lo. "Temos a sensibilidade necessária. Inclusive, vou me reunir com os professores do curso de Kalil para verificar se eles precisam de apoio", garantiu assim que o aluno foi aprovado.

O caso da UFG, no entanto, é exceção. Segundo a presidente da Federação Brasileira das Associações de Síndrome de Down (FBASD), Maria de Lourdes Marques Lima, um dos maiores problemas em termos de políticas educacionais para esse público é a capacitação dos professores, que ainda é muito desarticulada. O especialista da USP, Marcos Mazzotta, concorda: "Temos que ter ações efetivas de formação dos professores com enfoque especializado para dar esse suporte", afirmou.

Na opinião do hoje senador Romário Faria (PSB-RJ), conhecido pela militância na causa no Congresso Nacional, o Brasil precisa investir urgentemente em políticas inclusivas.

A ideia do Instituto Mano Down é desenvolver um portal que possa ajudar a termos dados e informações sobre as pessoas com Down, uma vez que os do governo federal e do MEC não são confiáveis.

Uma reflexão recorrente

Somos capazes de pensar as pessoas com Down como adultas? O que irá acontecer com nosso filho(a) quando não estivermos mais aqui? O já citado Carlo Lepri faz uma reflexão interessante sobre essas dúvidas neste texto:

"O processo do 'tornar-se adulto', para todos nós, mas em particular para as pessoas com comprometimento intelectual, não está ligado apenas ao *timer* biológico, e sim à qualidade, à intensidade e à persistência dos olhares dos outros e, principalmente, à imagem que estes olhares refletem. Se a consciência de ter um filho adulto ou de ter um filho pequeno que vai se tornar adulto um dia não nasce dentro do coração dos pais, e, mais em geral, da sociedade, dificilmente essa condição poderá se concretizar. Nesse sentido, a família e a sociedade assumem o papel de verdadeiros protagonistas da construção da identidade adulta das pessoas com SD. Somos capazes de permitir-lhes que se reconheçam adultos nos nossos olhares e, consequentemente, nos nossos comportamentos? (não nos esqueçamos de que as palavras e as ações se organizam em torno da imagem que temos do outro). Estamos prontos a imaginar adulta uma criança com SD e fazer com que essa imagem se concretize com o tempo? Estamos dispostos a aceitar a ideia de que a maturidade de uma pessoa com Síndrome de Down pode se realizar apenas em parte e, talvez, de maneira diferente daquela que havíamos imaginado?".

A autodeterminação significa a oportunidade de adquirir habilidades e desenvolver crenças que capacitem às pessoas exercerem um controle cada vez maior sobre suas vidas. Significa ter liberdade para dirigir a própria vida, mesmo que, para isso, seja necessário suporte por parte de amigos, da família e de outras pessoas do meio social. Envolve fazer suas próprias escolhas e projetos de vida. Mas a invisibilidade social imprime um tipo de sofrimento que fere o cerne da dignidade humana. Mesmo que Dudu venha crescendo em sua profissão como músico e palestrante e tenha uma vida social intensa, percebo que existe espaço para maior expressão e participação, pois ainda há aspectos invisíveis. Que ele possa sanar esta lacuna e não ser mais representado e sim possa tomar a palavra no que se refere a si mesmo.

Segundo a Associação Americana de Deficiência mental (AAMR,1992), a deficiência intelectual é caracterizada por uma maior limitação no uso dos recursos cognitivos e em pelo menos duas habilidades relacionadas à vida diária (também chamadas de habilidades adaptativas como comunicação, cuidados pessoais, habilidades sociais, desempenho na família e na sociedade, independência, saúde, segurança, desempenho escolar, trabalho e lazer). Mesmo quando há um comprometimento no tecido cerebral, a deficiência intelectual não é uma doença e sim uma condição muito peculiar no modo de compreender e apreender as situações. Se a forma de compreender é diferente, a maneira de se estar no mundo também fica configurada de forma diferente. É uma maneira de existir, não uma doença. Percebemos que, de fato, o Dudu tem algumas dificuldades em absorver muitas informações rapidamente, mas isso não significa impossibilidade de compreensão e participação. Basta prestarmos atenção em outras formas de repassar a informação e apoiá-lo.

Saúde em dia

Parte integrante - e essencial - da autonomia são os cuidados com o próprio corpo e com a saúde, que pode apresentar problemas específicos. Pincelei alguns casos do livro "Síndrome de Down, um problema maravilhoso", escrito por Garcia Moreno: "Muitas pessoas com Down apresentam, por exemplo, alterações da função da tireoide, sendo o hipotireoidismo o mais frequente. Estima-se que entre 4% e 8% da população com trissomia apresenta disfunções da tireoide. Anote-se: hipotireoidismo é quando a glândula tireoide fica pouco ativa. Para quem não sabe, a tireoide fica no pescoço, em frente à traqueia, logo abaixo da laringe. Ela produz várias substâncias químicas, os hormônios, que circulam pelo corpo através do sangue. Esses hormônios, entre os quais a tiroxina, ajudam a regular os níveis de energia do corpo. A tiroxina exerce um papel muito importante no desenvolvimento físico e mental, assim como no bem-estar geral. Isso acontece porque ela ajuda a controlar o ritmo das reações químicas em todas as células do corpo".

E mais: "Transtornos da tireoide em pessoas com Down são geralmente causados pelos chamados problemas autoimunes. Estes ocorrem quando o corpo produz anticorpos que começam a atacar a própria glândula, fazendo com que ela trabalhe de forma menos eficiente (disfunção da tireoide). Pessoas com SD também são mais suscetíveis a outras questões autoimunes do que o restante da população, como o diabetes e a alopecia (queda de cabelo). Dessa forma, os que já têm uma disfunção autoimune possuem chances maiores de desenvolver outras disfunções. Assim, se a glândula tireoide é pouco ativa, a pessoa é incapaz de produzir tiroxina suficiente e pode se sentir cansada, engordar, fazer as coisas mais devagar e ter reações físicas e mentais lentas. A ocorrência de disfunção da tireoide aumenta com a idade. Cerca de 15% dos adolescentes com a síndrome têm a glândula pouco ativa e esse número vai crescendo conforme as pessoas ficam mais velhas".

O texto continua: "As disfunções da tireoide são muito similares em pessoas com Síndrome de Down e o restante da população. Os tratamentos usados também são os mesmos. Se uma pessoa tiver a glândula tireoide pouco ativa, pode tratar-se tomando um ou dois comprimidos por dia para a reposição da tiroxina. Para a maioria, uma vez iniciado, o processo de reposição da tiroxina deve ser mantido indefinidamente. Exames de sangue regulares, assim como acompanhamento de peso e crescimento e também de sintomas, são necessários para garantir que as doses de tiroxina estejam adequadas para cada indivíduo. A dose pode precisar ser ajustada de tempos em tempos". Quanto ao Dudu, neste quesito tireoide, foi constatado pela médica Érika Gomes que ele tem hipotireoidismo e diariamente ele toma seu remédio para manter a glândula controlada.

Outro problema comum nas pessoas com SD e que deve merecer atenção da família é a baixa quantidade de plaquetas. Temos enfrentado isso com o Dudu e estamos atentos. Não sabemos se é desde o nascimento, pois começamos a monitorar somente a partir de 2003. A faixa ideal de plaquetas para um indivíduo saudável está entre 150.000 a 400.000 plaquetas por milímetro cúbico e o meu irmão vem apresentando entre 78.000 e, no máximo, 100.000 plaquetas.

Obviamente que isso gera angústia e preocupação. De qualquer forma, os médicos consultados disseram que é um problema com o qual teremos de conviver e que, até o momento, temos é que acompanhar e não há nada a fazer. Em termos gerais, a saúde do Dudu é muito boa e não mudou em nada seu comportamento.

Pessoas com Down são também mais suscetíveis a certas alterações dermatológicas, como a língua fissurada, lentigos (manchas na pele), alopecia areata (que provoca a queda de cabelo), dermatite seborreica e vitiligo (perda de pigmentação da pele). Além disso, é possível que apresentem alterações de imunidade, o que pode levar a uma maior incidência de infecções cutâneas por bactérias, fungos ou vírus. Vejo que o meu irmão tem a pele muito escamada e passa alguns produtos para melhorar, mas ainda não obtivemos resultados satisfatórios. Estamos ainda em busca de um dermatologista que possa, efetivamente, nos orientar para sanar esse problema de forma mais efetiva.

Somos atentos também à questão odontológica. Em 2014, Dudu fez um tratamento dentário completo, pois seus dentes estavam muito desgastados. Ele tem bruxismo e é preciso ficar de olho. Com isso, percebi que ele melhorou sua autoestima e passou a sorrir mais, pois a estética dos dentes mudou, ficou melhor. Viva o sorriso do Dudu!

De olho na escola

A independência começa com a escolaridade. Preparadas, as pessoas com SD têm mais chance de comandar a própria vida, trabalhar e dar conta de si mesmas. E, convenhamos, colocar uma criança com Down numa escola regular como manda o figurino é tarefa para os fortes. Para se ter uma ideia, até encontrar uma instituição que o aceitasse, meu irmão foi rejeitado em outras 17. Sobre o assunto escola reproduzimos aqui as orientações da advogada Cláudia Grabois. Trata-se de uma resposta aberta aos que estão perguntando sobre o que fazer em caso de negativa e/ou interrupção da matrícula e falta de acessibilidade nas escolas regulares:

1. **Ter conhecimento da legislação, principalmente:** Lei 7853/89, Art. 8; Constituição Federal Arts. 205, 206, 207, 208 (entre outros); Convenção sobre os Direitos das Pessoas com Deficiência, Art 24 e demais - norma constitucional - os sistemas de ensino devem ser inclusivos; Estatuto da Criança e do Adolescente; Lei 12.764/2012.

2. **Escola privada:** procure a escola de sua preferência. Todas devem oferecer educação de qualidade para todas as crianças e adolescentes, sem restrições de direitos. Lembre-se de que os pais não são obrigados a pagar taxas extras pela oferta de acessibilidade. Todos os recursos de acessibilidade devem ser disponibilizados em todos os espaços e ambientes da escola. Escolas privadas seguem as normas da educação nacional e devem oferecer o Atendimento Educacional Especializado.

3. **Escola pública:** fique sempre atento ao período de matrículas, lembrando que o direito de preferência não exclui o pedido de matrícula em data diversa. Reivindique o direito ao transporte, se necessário. Todas as escolas devem receber crianças e adolescentes com deficiência. A oferta do Atendimento Educacional Especializado é obrigatória. Acessibilidade é direito.

4. **Tente o diálogo antes de iniciar qualquer procedimento.** Tenha em mãos a legislação e mostre ao responsável pelo estabelecimento de ensino, se for o caso. Tente novamente.

5. **Caso não seja bem-sucedido**, dirija-se ao Ministério Público ou à delegacia mais próxima para o registro da ocorrência. Leve a legis-

lação. Acessibilidade e Educação são direitos fundamentais. Negar e fazer cessar matrícula por motivo de deficiência é crime - pena de reclusão de 1 a 4 anos - Lei 7853/89.

6. **Não desista. Insista.** A escola é de todos e de cada um. A relação ensino-aprendizagem deve acontecer, necessariamente, na classe comum da escola regular. Estabelecimentos de ensino - públicos ou privados - devem acolher crianças e adolescentes com deficiência no paradigma do direito. Recursos humanos e materiais devem ser disponibilizados.

7. **Não aceite alternativas que confrontem a educação** na classe comum da escola regular, pois educação é direito humano, indisponível e inalienável. Conheça, reivindique e exija todos os direitos.

My name is Eduardo

A ideia de levar o meu irmão para conhecer a Disney, em outubro de 2012, partiu, na verdade, do meu irmão mais velho, o Marcelo, que convidou também a minha mãe para irem juntos. A princípio, Dudu não reagiu bem, não achou interessante. Falava que não era mais criança e que não tinha tanto interesse. Mas, após algumas conversas e pesquisas, descobriu que lá não é apenas lugar para crianças e se deslumbrou diante da possibilidade de andar nas montanhas russas e conhecer outras atrações.

Marcelo, minha mãe e ele ficaram numa casa nos arredores da Disney e, segundo relatos, ele ficou apaixonado pelo parque e foi em muitos brinquedos. Encarou vários desafios e chegou muito empolgado. Na volta, me contou tudo e prometeu que, um dia, vai voltar lá comigo, pois achou imperdível e disse que gostaria de me apresentar a este novo mundo.

Por questões de trabalho, não pude ir com ele nem para tirar passaporte em Brasília. Minha mãe é que o acompanhou. Eles ficaram na casa da minha irmã, que mora lá. Soube que ele se mostrou orgulhoso quando recebeu o passaporte, pediu para tirar uma foto do documento e disse:

— Agora estou importante.

Até me mandou uma mensagem contando. Não sei se ele sabe, se tem consciência do significado de um passaporte. Segundo minha mãe, ele se comportou superbem e respondeu às perguntas adequadamente, algumas com o auxílio dela.

Quando voltou da Disney, ele falou muito sobre as filas e sobre a prioridade que ele tinha. Se não me engano, existem até famílias que contratam pessoas com deficiência para ter prioridade nas enormes filas de lá. Parece até que estão vetando isso. Senti muita saudade dele nesse período. Que dor no peito senti por ficar longe do meu grande parceiro e companheiro.

Foi a sua primeira vez no exterior, onde ele ficou 20 dias. Fiquei aqui torcendo para que ele aproveitasse bastante. Pensei na frase de Clarice Lispector, que escreveu: "Descobri que saudade é um pouco como a fome: só passa quando se come a presença. Mas, às vezes, a saudade é tão profunda que a presença é pouco. A gente quer absorver a outra pessoa toda. Essa vontade de um ser o outro para uma unificação inteira é um dos sentimentos mais urgentes que se tem na vida".

Claro que, enquanto Dudu esteve viajando, a gente se falava por mensagens. Ele sempre me ensinando. Vejam o diálogo:

— Leo, eu já cheguei em casa aqui já tem um tempo já. Hoje eu fiquei rodando igual peru fazendo compra em Autillete, mas está tudo bem aqui, vey.

— Nossa, Zinho, você viu a homenagem que vai receber? Tô feliz demais, cara. Tô morrendo de saudade. Te amo demais. Dá moral para mim no face, Zinho. Tô divulgando o convite. Vai ser bacana demais. Manda umas fotos suas aí, vey.

— Pode deixar, viu, Leo. Fica aí tranquilo aí, vey. Eu vô dar moral lá no seu facebook, viu, Leo. Fica aí de boa, vey. Fala com o velho que amanhã eu vô no outro parque e vou no Circo De Solei, beleza, vey.

— Pô, vey, dá moral, vey. Tô contando os dias para te ver tá, Zinho. Te amo.

— Vou dar pode deixar, falou, vey.

— Me manda foto, Zinho. Quero ver sua cara aí nos states, vey.

— Você vai ver. Calma, porque ainda não passou pro computador, entendeu? Leo, tirei foto com todos os personagens da Disney e tirei foto com as Princesas, vey. Vai colocar tudo no facebook, viu, Leo?

— Fino, vey, tá curtindo? Andou nos brinquedos? E o inglês?

— Andei, vey. É bom demais. Aqui é outro mundo, não tem nenhuma violência, não tem nada aqui. É bom demais, Leo. Estou adorando essa viagem, vey. Foi a melhor viagem que eu já fiz na minha vida. O inglês tá bom, Leo. Já estou falando umas palavras em inglês já, vey. Só pra você sentir aí: My Name Is Eduardo Waarel Im Fine Good Money, Good Nithe pra pedir água em inglês é Worer pao e Pen, leite é Milk suco Orange Juice e Appel juice. Estou aprovado, Leo?

— Nossa, Zinho, seu inglês tá ficando bom. Vou postar no blog. Adorei. É isso aí, sempre aprendendo. Te amo demais.

— Leo, obrigado aqui é Tenkio. Você mora no meu coração, viu, Leo?

— Te amo, Zinho. Viu o convite para a homenagem? Vou postar, vey. Seu inglês tá melhorando, a galera vai curtir. Mostra o convite para todo mundo aí e para Marina. Ela vai amar. Chorei de emoção. beijos."

A homenagem sobre a qual falávamos era o convite que havíamos recebido: meu irmão Eduardo Gontijo iria receber o Diploma de Honra ao Mérito da Câmara Municipal de Belo Horizonte. E depois que enviei a ele o convite, vejam o que ele escreveu:

"Leo, eu fiquei muito feliz com essa notícia. Eu fiquei muito emocionado com isso, eu estou muito importante e fiquei alegre demais. Eu estou mais do que feliz, Leo. Muito obrigado pelo esse e-mail que você passou pra mim. Pode deixar comigo, porque eu agora fiquei mais famoso ainda, eu me senti uma emoção muito grande com essa vitória tão importante da minha vida, Leo. Pode ficar tranquilo que estou sempre com a minha família reunida. Não vou esquecer de ninguém, viu? E o pessoal do Trem dos Onze tem que ir. Isso tudo que estou dizendo que saiu do meu coração e a Mariana, ela sempre fala pra mim que ela tem muito orgulho de mim e a minha sogra e o meu sogro também e fiquei muito feliz com essa novidade. Beijo do Dudu Do Cavaco".

Quando o assunto é independência, não se pode ter pressa. Cada conquista, por menor que possa parecer, merece aplausos e elogios. Não me esqueço de quando vivenciei mais uma etapa com meu irmão, o dia que ele fez sozinho a própria barba. Um sucesso. Já fazia uns oito anos que, toda sexta-feira, às 17h30min (ele é metódico com horário) eu ia até a casa do Dudu fazer a barba dele. Aliás, nos últimos anos, vinha fazendo isso duas vezes por semana, devido ao rápido crescimento dos pelos. Um dia, em março de 2013, quando cheguei na casa dele no horário marcado, fui surpreendido com o sorriso dele me mostrando a cara:

— Léo, agora consigo fazer sozinho com este barbeador elétrico que ganhei da nossa mãe.

Ensinei a ele alguns pequenos retoques e saí muito contente com a sua constante evolução e busca de autonomia. Perderei o prazer dos momentos em que fazia a barba dele, quando conversávamos bastante. Em compensação, estou ganhando um irmão cheio de atitude e cada vez mais consciente de seu papel no mundo. Depois de um tempo, ainda em 2013, ele passou a usar cavanhaque e gosta muito. Passou então a ir ao barbeiro para caprichar mais no visual e aproveitar para bater um papo.

A matemática da grana e outras abstrações

Meu irmão ainda tem muita dificuldade com a abstração. Isso dificulta seu aprendizado de matemática e, consequentemente, sua lida com o dinheiro. Ele identifica as cédulas, mas não é capaz de pensar que uma nota de dez reais pode se transformar em duas cédulas de cinco ou dez de um real e assim sucessivamente. Interessante é que, em última instância, a música é uma ciência exata, com suas combinações de notas e acordes, e esse campo ele domina bem. Dudu também odeia moedas que, segundo ele, só servem para encher a carteira. A ideia de que as pessoas com Down não podem chegar a formas de pensamentos abstratos ainda hoje é muito aceita. Porém, vale a pena refletir mais uma vez: se continuarmos educando essas pessoas pressupondo que não poderão superar essa etapa, muito provavelmente não poderão mesmo.

O fato de aprenderem mais lentamente e, em alguns momentos, regredirem no aprendizado, não significa que não podem ou não vão aprender. Se concluirmos que eles não irão aprender, acabamos tomando o meio pelo fim e o que seria uma dificuldade maior transforma-se em impossibilidade, em inviabilidade. Ainda temos muito que aprender neste campo. Cheguei a levar o Dudu para uma aula no Kumon e ele gostou bastante. Fez muitos exercícios e, quem sabe, pode ser mais uma tentativa.

Outra maneira de incentivar a aprendizagem é o uso de brinquedos e jogos educativos como o banco imobiliário, por exemplo, tornando a atividade mais prazerosa e interessante. O ensino deve ser lúdico e divertido e fazer parte do cotidiano para despertar o interesse. Tenho lá minhas dúvidas, pois, para mim, todo ser humano é ilimitado. Penso que não se educa uma criança Down, mas uma criança. São os momentos, o modo de interferir, a oportunidade e o amor que devem ser redobrados. No caso do Dudu isso tudo foi "n" vezes multiplicado.

Talvez a potencialidade de uma pessoa com Down seja difícil de ser percebida, pois o processo de aprendizagem é mais lento do que o de uma pessoa dita comum. Apenas devemos descobrir qual é o melhor método a ser utilizado para atingir a potencialidade. Aliás, como acontece com qualquer pessoa. O ponto fundamental para se descobrir a eficácia da pessoa com deficiência é dar oportunidade e acreditar que, mesmo com dificuldades, ela tem sua parte de eficiência. Basta oferecer as oportunidades para que ela, mesmo dentro de seus limites, mostre suas capacidades e possa superar entraves.

Dudu possui conta bancária, cartão de crédito e adora comprar e pagar suas coisas. Estamos no caminho e, com certeza, ainda teremos outras conquistas neste campo. Trabalhamos com ele a forma de manusear o aplicativo do banco no celular para que ele pudesse conferir seu saldo, ver os extratos e o que comprou. Claro que, ao andar com o cartão, existem riscos. Mas o benefício, a meu ver, supera esse risco.

Enfim, o cálculo matemático requer o raciocínio abstrato que pode ser um pouco complicado para as pessoas com Down. Porém, a dificuldade não deve ser um fator impeditivo para a vivência de situações em que o cálculo seja necessário, como no uso do dinheiro, por exemplo. Estamos insistindo e tentando, sempre. Outro ponto que trabalhamos é a noção sobre o que é caro e o que é barato. Usamos muito o exemplo da nota de 20 reais, que ele usa muito para pagar o táxi quando vai para seus shows com a banda "Trem dos Onze". Claro que ele já foi enganado em algumas ocasiões. Mas eu também já fui algumas vezes em Buenos Aires e até no Rio de Janeiro. Como se trata de uma área de vulnerabilidade, o que praticamos é tentar negociar o valor antes e explicar para ele a média de valores do táxi, do cinema, dos lanches. Ele anota tudo no celular e vai, aos poucos, pegando confiança.

Comemoramos e ficamos muito felizes quando, no dia 26 de dezembro de 2013, ele saiu sozinho de casa e comprou flores para a nossa irmã

Paula Gontijo Vilela, que estava aniversariando. Não é um sucesso a forma como ele vem alcançando sua autonomia? E, no dia 28, postou a seguinte mensagem no Facebook:

"Léo, você é um irmão muito especial e feliz Natal pra você muitos cheios de vida, Esperança. Paz e amor no coração. Leo, eu te amo para a vida quero, sempre esta com você porque você faz parte da minha vida. Um beijo do Dudu". E ainda avisou aos amigos: "Olha a carta que eu fiz pro Leo. Vejam aí".

O quadro facilita a visualização e ajuda o Dudu a se organizar

Outra experiência que divido com vocês: comprei um quadro. Observei que, com ele, o Dudu consegue visualizar e organizar melhor as tarefas da semana e exercitar sua autonomia. Já tinha constatado que ele aprende mais fácil e melhor quando visualiza. Pode ser uma boa dica para quem convive com pessoas Down. Tentem reparar de que forma elas aprendem com mais facilidade.

Exercício de independência

Em novembro de 2014 recebemos três jovens da Fundação Síndrome de Down de Campinas, que vieram a Belo Horizonte exatamente para vivenciar e exercitar a independência. Sobre essa experiência, escrevi o texto que reproduzo aqui e que saiu até no jornal da Fundação SD de Campinas, vejam:

"Foi o poeta João Cabral de Melo Neto quem disse: 'Não há melhor resposta que o espetáculo da vida'. Conhecendo cada vez mais o excelente trabalho da Fundação Síndrome de Down de Campinas, fico pensando na importância da autonomia para todas as pessoas, em especial as pessoas com Down. Neste fim de semana recebemos três jovens, Leonardo, Camila e Andreia, que vieram diretamente de Campinas, juntamente com a funcionária da Fundação SD Simone, para exercitar a autonomia.

A viagem fez parte do programa da fundação que visa estabelecer relações além do ambiente familiar e promover a interação social. Ocorre com a participação dos interessados que realizam reuniões semanais visando à escolha da data, pesquisa de hotéis, escolha do meio de transporte, solicitação de orçamentos, definição do que seria necessário levar ao viajar, proporcionando assim aos participantes uma maior autonomia e independência em suas escolhas pessoais.

Foi muito gratificante eles escolherem vir para Belo Horizonte para conhecer um pouco da cidade e do dia a dia do Dudu. Estivemos lá em março e foi uma troca muito proveitosa.

O processo de amadurecimento e crescimento da pessoa com deficiência intelectual é afetado por uma série de barreiras que, muitas vezes, não têm relação com o seu déficit cognitivo, e sim com a falta de possibilidades e/ou vivências. A representação social destas pessoas geralmente se fixa na ideia de eterna criança. Essa realidade pode impedir que possam resolver os pequenos problemas comuns do cotidiano, para os quais seguramente seriam capazes.

Os comportamentos infantilizados, muitas vezes apresentados por pessoas com deficiência intelectual, são geralmente fruto da vivência em ambientes superprotegidos e se modificam quando estas pessoas se inserem em ambientes normalizados, que lhes demandem autonomia e responsabilidade e lhes possibilitem crescimento e satisfação de suas necessidades pessoais, econômicas e relacionais.

Foi muito bonito presenciar isso na prática. Todo o tempo eles exercitaram sua autonomia e colocaram seus pontos de vista de forma muito bacana. Foi engrandecedor vê-los tomando decisões, se preocupando com todas as questões e, principalmente, tendo voz ativa.

Penso que deveremos refletir com as famílias sobre a diferença entre amar e superproteger. Penso que temos que amadurecer para que as pessoas com Down tenham cada vez mais autonomia e independência. Sinto que temos que correr mais riscos e deixar um pouco a redoma familiar que protege, mas que, de certa forma, lhes tira o prazer da liberdade.

Se acreditamos que a criança com Síndrome de Down vai crescer e aprender em todos os sentidos, se a prepararmos para uma vida social plena, para uma sexualidade adequada e para uma autonomia global, estaremos formando um verdadeiro ser humano, caminhando com ele em direção a um objetivo real, e não enjaulando na pequenez de uma sentença.

Inclusão para a autonomia é a chave para a acessibilidade, para que os familiares confiem em seus filhos e parentes com Síndrome de Down e para que tenhamos ainda mais estímulo para lutar para que as leis sejam cumpridas. É nisso que o Projeto Mano Down acredita e seguirá atuando. Muito obrigado pelo aprendizado. Continuamos juntos".

Gente grande

No barzinho com a turma de Campinas

Turistando com a turma de Campinas

Dudu do Cavaco na balada com os amigos

Somos capazes de pensar nas pessoas com SD como pessoas adultas? Mais uma vez, a pergunta volta e, diante dela, recorremos, de novo, a Carlo Lepri, do Centro de Investigação para Integração das Pessoas com Deficiência: "Precisamos avançar e compreender que a deficiência mental não tira das pessoas com Down possibilidades de raciocínio, abstração, generalização, senso crítico e tantas outras que lhes foram negadas durante tanto tempo. Ao mudar o olhar, somos levados a propor outras formas de funcionamento para compreendermos e penetrarmos nesta rede subterrânea de processos internos na mente das pessoas com Down a fim de que ela possa produzir por meio de outros arranjos e outras formas de aprendizados".

Como diz Clarice Lispector, "mudando, mas mudando devagar. O importante não é a velocidade, mas saber a direção". Saber aonde queremos ou podemos chegar é motivação importante para qualquer processo ou ação, pois nos permite uma organização prévia e a escolha de estratégias e recursos para atingir objetivos predefinidos. Trabalhando e acreditando na inclusão, sabemos que direção é essa, sabemos que queremos, ao transformar o olhar da educação, ampliar o respeito às diferenças e o conceito de cidadania. Numa visão que não priorize o déficit e a dependência, mas sim que saiba favorecer as capacidades e a autonomia.

Para Carlo Lepri, "precisamos de uma nova luz que ilumine não apenas os seus déficits, mas, principalmente, seus recursos e suas capacidades. Não apenas suas necessidades de dependência, mas principalmente as de autonomia. Não tanto suas 'anomalias', mas a sua humaníssima originalidade. Precisamos dizer sim à possibilidade de viver de maneira consciente e responsável o próprio tempo, capazes de pedir ajuda, mas sem depender totalmente dos outros".

Ele continua: "O universo das pessoas com Down torna-se cada vez mais um universo de pessoas 'adultas', realizadas e realizadoras. E é este o foco que, como pais e educadores, devemos ter. Pensar que estamos plantando aqui, para colher mais adiante, como acontece com todo mundo. As aprendizagens vão acontecendo, em seu ritmo e estilo, mas com um objetivo: alcançar o máximo de aprendizagem e autonomia que aquela pessoa possa atingir. Ouvir o que o jovem tem a dizer, olhar e ver suas potencialidades, investir nos talentos e dar oportunidades, permitir e dar espaço para uma existência ativa e não mais aquela vida passiva em que seus desejos, possibilidades e saberes eram definidos pelos outros".

Lepri vai mais longe: "É importante registrar que o notável aumento da expectativa de vida das pessoas com Down começa a determinar consequências concretas no plano do estilo de vida das famílias e da organização dos serviços. A primeira consequência está no fato de que cada vez mais frequentemente elas sobrevivem a seus pais. Isso obriga as famílias a se questionarem: o que acontecerá com nosso filho quando não estivermos mais aqui? O 'durante nós' das famílias nasce da consciência de que o futuro dos próprios filhos não pode ser exorcizado e que quanto maior forem hoje os investimentos para uma qualidade da vida autônoma e socialmente integrada, mais garantida será amanhã a possibilidade de uma vida independente, mesmo sem os pais e familiares. Outra consequência do aumento da idade média está relacionada ao surgimento de novas necessidades das pessoas Down, isto é, ao seu direito a uma instrução, a um trabalho, a uma vida social e afetiva, a espaços para o lazer. O aumento da idade, enfim, colocou em evidência a insuficiência de serviços sociais e educativos, nascidos historicamente com a ideia de ajudar 'crianças' e, frequentemente, numa perspectiva predominantemente sanitária".

A tese que Carlo Lepri sustenta em relação a isso é simples: uma pessoa com Down pode tornar-se "psicologicamente adulta" desde que a família e a sociedade acreditem que isso seja realizável. A possibilidade de se tornar adulto e a consequente capacidade de se reconhecer como tal, em relação aos direitos e deveres dessa posição, precisa, de fato, de um reconhecimento e de uma legitimação que apenas "os outros" podem dar. Nessa perspectiva, não é possível entender simplesmente como um "olhar" fugaz e passageiro, sem consequências significativas, o da família e da sociedade, em relação à condição adulta da pessoa Down.

Em dezembro de 2014 participei do programa "Brasil das Gerais", da Rede Minas, comandado pela jornalista Roberta Zampetti. O tema era "Quem vai cuidar dos nossos filhos com deficiência" e, além de mim, estava lá o professor e engenheiro Mário Morgan, que tem um filho com paralisia cerebral. Foi uma conversa muito produtiva, pois o assunto costuma angustiar muito as famílias. Concluí e me certifiquei, mais uma vez, de que a única grande resposta a essa questão é o amor. Falamos da necessidade de um planejamento econômico, mas o que ficou mesmo foi a ideia de que o afeto e a fé no ser humano são imprescindíveis.

Voltemos a Carlo Lepri, que continua perguntando: "Vale mais a pena acompanhar as pessoas Down rumo ao difícil mundo dos adultos ou mantê-las eternamente no mundo protegido das crianças?". E responde: "Usando uma metáfora, poderíamos dizer que, para as pessoas Down, entrar no mundo dos adultos é como ter de abrir uma porta que precisa de duas chaves. Uma das chaves está nas mãos deles, mas a outra somos nós que possuímos. Se não houver nossa autorização, nosso consentimento, nosso encorajamento convicto, a porta dificilmente poderá ser aberta. Ou, no máximo, vai se abrir uma fresta a partir da qual será possível entrever um mundo que, no entanto, continuará inacessível. Tomar conhecimento de que somos nós que possuímos uma das chaves para permitir o acesso a uma identidade psicologicamente adulta das pessoas Down é o primeiro passo para que isso se torne verdadeiro na realidade".

Considero riquíssima essa metáfora das chaves. É exatamente assim. Concordo também quando ele continua: "Podemos tentar identificar alguns dos obstáculos que estão na base da dificuldade de reconhecer pessoas Down como adultos. Parece-me que o primeiro aspecto pode estar relacionado à ideia de se acharem indispensáveis para sempre como pais. Eis, então, que os tão desejados processos de separação e distanciamento podem sofrer atrasos ou interrupções e aquela correta - mas também variável - distância afetiva e organizacional entre os pais e o filho ou filha com comprometimento se torna difícil de ser conseguida. Distanciá-lo pouco a pouco como ocorre com todas as crianças e em todos os processos educativos se torna, assim, uma ação que é percebida como perigosa".

Pois é essa a nossa batalha. Sabemos que o Dudu ainda tem muito que avançar. Mas, aos poucos, vem dando passos cada vez mais largos em busca da sua autonomia. E quem atesta isso, lembrando-se de todos os passos, é a psicóloga dele, Márcia Gelape Muzzi, que nos enviou esta mensagem quando pedimos a ela para escrever algo sobre a evolução do Dudu:

"Em uma quarta-feira, como de costume, nos encontramos para conversar sobre a vida, sobre os problemas, sobre as alegrias e os desejos. Porém, naquele dia, tínhamos algo mais a fazer: um convite para olhar para trás e refletir sobre como as coisas mudaram e estão em constante crescimento.

Para nós, o ponto principal desse trabalho é a autonomia. Quando começamos, o Du ainda não saía de casa sozinho, tinha medo de andar na rua e ser assaltado, não entendia bem como as pessoas às vezes falavam afirmações que eram brincadeiras e que não iriam realmente acontecer. A ideia de receber cachê com a música e ter uma conta no banco eram também um sonho distante.

Então começamos a questionar as diferenças entre ele e as outras pessoas. Aí, um dia, o Dudu quis saber o que era a Síndrome de Down e expliquei para ele que era uma condição genética, ou seja, que a pessoa nasce assim e ela terá algumas dificuldades que terá que superar. Não pode ter preguiça – eu disse.

Então começamos a andar pela rua aprendendo a ver o sinal de pedestre e a observar quais as lojas possuíam as coisas que precisávamos comprar. Em seguida, pensamos em oficializar o cachê do Du, já que ele tocava toda semana na noite. Era justo que ele recebesse cachê como os outros músicos. Ele então resolveu conversar com o líder do grupo, que por sua vez apoiou a iniciativa e toda semana passou a depositar o cachê na conta do Dudu. Nesse meio tempo, resolvemos também abrir uma conta para ele no banco e começamos o desafio de usar o cartão de débito.

Com os depósitos toda semana, passamos a acompanhar pela internet a movimentação da conta, treinar matemática e jogar xadrez. Conversávamos sobre muitas coisas pessoais, que o Du achou melhor a gente não contar para todos. Uma delas, que ele quis compartilhar, foi a coragem de usar o cartão de débito para comprar um suco. Depois de treinarmos um pouco, fomos até a lanchonete e ele pediu um suco de uva. Quando retirou o cartão e entregou para a atendente, ela olhou surpresa. Ele digitou a senha com calma e, na hora que o papel saiu da máquina, ele deu um grito comemorando a vitória. Todos que viram foram contagiados pela emoção!

Hoje, o Dudu já pega táxi sozinho, paga suas coisas com o cartão, compra blusas, deseja, sonha, se coloca diante das coisas que acontecem. Enfim, cada dia buscamos mais lidar com os desafios de forma real e ponderar as emoções e ações.

Esse trabalho é um pouco diferente do que estou acostumada a fazer, um trabalho construído junto com o Dudu, eu diria. Finalizando, lembro Freud, que afirma: o ser humano é sempre uma possibilidade".

A vez dos pais

Nada mais significativo do que encerrar este capítulo, que fala de independência e autonomia, com os depoimentos de Marcelo Fábio, nosso pai, e de Marina Valadares, nossa mãe, que apesar da insegurança natural que marca este tipo de paternidade e maternidade, nunca perderam a fé no seu filho especial e sempre apostaram na sua autonomia. Vejam o que o meu pai escreveu:

"Nestes últimos anos, o Dudu visivelmente se desenvolveu de uma maneira espetacular. É lindo de se ver, é lindo de acompanhar! Eduardo está mais seguro e independente, seu vocabulário aumentou muito e ele está cada dia mais feliz e realizado como pessoa. Dudu toca com a alma, é emoção pura. É um profissional dedicado, esforçado e realmente especial!

Como pai do Du e do Léo, que criaram o Projeto Mano Down, me sinto orgulhoso demais, pois eles amam o que fazem e fazem apenas por amor. Isso é para poucos. Eles estão crescendo muito no cenário nacional e torço para que realizem todos os seus projetos e sonhos, pois merecem muito.

Parabéns, Eduardo e Leonardo, pelo profundo trabalho que estão desenvolvendo a favor da inclusão das pessoas com deficiência. Que Deus continue a iluminar vocês a trilhar esse caminho de sucesso".

Agora, as palavras da nossa mãe:

"Depois de tantos incentivos, tanto trabalho e, principalmente, muito amor e dedicação, Dudu vai se tornando cada dia mais concentrado e esforçado, dedicado e responsável. Coloca a profissão de músico acima de qualquer interesse próprio. É realmente um exemplo a ser seguido.

Dudu se apresenta com carisma e emoção, para orgulho de todos nós, família e deficientes. Sorrindo, irradiando felicidade e comprometimento, dedica-se à música ensaiando incansavelmente com seus dedinhos grossos e calejados, faça chuva ou faça sol. Determinado, luta muito em busca da realização de seus sonhos, colocando sua emoção acima de qualquer nota musical. Quando recebe um não, sabe tratá-lo com muita delicadeza, sem questionamentos.

Com sua atuação, Dudu nos convida a viver momentos de paz, serenidade, fé e esperança. Ele nos ensina que tudo pode se tornar melhor e a lutarmos sempre por um mundo mais igual, menos indiferente e violento. Dudu é único, inconfundível. É uma das pessoas mais perfeitas e serenas que conheço, pois sabe lidar com as adversidades de uma maneira admirável.

Temos muito a aprender com ele. Precisamos valorizar o ser humano pelo simples fato dele existir. Temos que fazer história e sermos responsáveis pela humanização de nossa sociedade tão insensível.

É realmente uma linda história de amor conviver com um filho Down. Dudu hoje desabrochou, virou um homem. Um lindo e elegante amigo, no sentido de que não desmerece as pessoas, apenas as compreende. É ele hoje o meu amigo predileto, meu conselheiro, sempre me surpreendendo com seus ensinamentos e dificuldades, com seu imenso amor. Só quem os tem é capaz de me entender. A grande surpresa da minha vida é que hoje não sei mais viver sem ele. Meu amigo de todas as horas, dos dias que passamos juntos.

Meu filho cresceu, se desenvolveu, com sua enorme dedicação, comprometimento e responsabilidade. Dedicado ao extremo, preocupa-se em se apresentar bem. Escolhe suas vestimentas, prepara seus instrumentos, coloca amor em cada nota. Dudu é ensinamento - todos são. É o esteio, o alicerce da nossa família no sentido da união, da partilha, do verdadeiro conhecimento. Simples assim. Ele ensinou a mim e aos irmãos o que realmente importa. Obrigada, meu querido filho, você é a verdadeira pérola de nossas vidas! Te amo!"

epílogo
SÓ MAIS UMA PALAVRINHA

Se existe um consenso no que diz respeito a irmãos é que uns ensinam aos outros uma infinidade de coisas. Devido à natureza e à intensidade do relacionamento, os irmãos fornecem informações e oportunidades de ministrar e aprender várias habilidades motoras, sociais e linguísticas. Esse relacionamento, esse modo contínuo de ensinar e aprender pode ser naturalmente acentuado ou prejudicado, dependendo de várias circunstâncias familiares. No nosso caso, felizmente, essa troca foi e é muito saudável e harmônica.

Sou consciente hoje de que ter um irmão com Down é uma bênção para mim. E hoje nem poderia imaginar minha existência sem esse tesouro, esse professor da vida. Possível, para ele, é conseguir o máximo dentro da realidade de cada momento. E isso ele sabe fazer como ninguém. Penso que, na profundeza da alma, onde moram os mais estranhos e sinceros desejos, o ser humano sonha ser livre para escolher seu caminho, mesmo que errado, e para falar o que sente, mesmo se não agradar. Sei que a total liberdade é utopia. O mundo tem leis, regras sociais e valores éticos. Para uma boa convivência, temos que respeitá-los. Pagamos também um preço por isso, por reprimir nossos instintos. O segredo é aprender a viver em grupo, sem vender a alma. E isso o Dudu faz muito bem.

Nesta jornada junto com o Dudu, aprendi algo interessante sobre o ser humano, a questão do olhar do outro. Sempre buscamos no outro a confirmação de nossas capacidades e, muitas vezes, me vejo sendo esse termômetro de aprovação do Dudu para suas atitudes. Sinto que é uma grande responsabilidade, mas sei que estou preparado para isso.

A simplicidade, a calma, o otimismo, a alegria, o amor que deseja ao outro toda a felicidade, do fundo do ser; a paciência, o altruísmo e a esperança. Tudo isso aprendi com o Dudu, um irmão que me dá tanto sem nunca me pedir nada, uma pessoa que atua como um guia contínuo, em direção ao mais alto nível do consciente que um ser humano é capaz de atingir. Tenho certeza de que, ao final desta jornada, sou e serei uma pessoa melhor. Não melhor do que ninguém e sim melhor do que eu era e melhor do que eu mesmo seria se não tivesse um irmão como ele, esse adulto encantador que emociona e me faz sentir mais humano. A ele devo a ascensão da alma e a sensação de plenitude.

A ele devo a luz que hoje tenho no meu caminho. A ele devo todo o amor e gratidão. Ele é capaz de entender muito bem as coisas com naturalidade. Não é necessário um linguajar especial nem atitudes e comportamentos diferentes para lidar com ele. É receptivo na aproximação, interage melhor conosco do que nós com ele, pois é ele que inicia o contato. Basta responder e tocar o mais natural possível. É preciso reconhecer que nos foi dada uma grande oportunidade em nossa vida, a de provar que o ser humano é bastante misterioso para nos surpreender diariamente e superar as nossas mais firmes expectativas.

Como bem disse a psicóloga Elizabeth Tunes, de um modo geral, a sociedade não está preparada para aceitar as diferenças. As regras sociais, geralmente repassadas sem questionamentos, traçam um perfil do ser humano normal e a expectativa é de que todos devem ajustar-se a ele. Aqueles que escapam de algum modo, se veem como alvo de preconceitos e discriminações. As revistas de moda, a televisão, os veículos de comunicação ditam um padrão de beleza, um modelo estético que não é o mais comum na população e, por isso, não poderia ser tratado como normal. Todavia, fazem-no de tal maneira, e com tal insistência, que acabam por oficializá-lo como modelo estético normal, ainda que não represente a maioria. Nós, mesmo sem perceber, o adotamos como ideal de perfeição e passamos a dirigir esforços no sentido de atingi-lo, procurando ser o que não somos e tentando construir uma aparência diferente da que temos. Nem sempre conseguimos. E quantos não são infelizes por isso?

Também penso que aceitar significa ver as pessoas como seres humanos, com sua própria personalidade, limites e desafios. Cresci nesta caminhada com o Dudu, sou mais tolerante e com um grau de compreensão maior em relação às diferenças. As batalhas que vencemos são fruto de muito amor e cumplicidade. A luz que emana do meu irmão é a mais intensa bênção de nossa família, iluminando a vida de todos, com seus olhos puxados e brilhantes, com seu sorriso sincero e abraço afetuoso.

É muito importante rever coisas na vida. Olhar para trás e observar o que mudou, o que ficou igual, o que melhorou. Se os rumos que tomamos foram os certos, se decisões tomadas tiveram os resultados esperados. Rever foi o que fiz quando me propus a escrever este livro.

Rever a vida, meus conceitos e meus sonhos. Antes de conhecer o Dudu, eu pensava, como muitos, que a deficiência era uma fisionomia marcada. A sociedade, de modo geral, nos impõe algumas regras e alguns mitos que trazemos desde a infância até a vida adulta. Um desses mitos é ter pena de pessoas tidas como diferentes, pessoas que têm algum tipo de limitação. O tempo me ensinou e desmitificou o que me foi imposto, inclusive pela escola, que deveria ensinar justamente o contrário. Percebi que o Eduardo é uma pessoa privilegiada e quem tinha várias limitações era eu. Que ser humano dito como normal pela sociedade consegue expressar seus sentimentos de forma tão pura e clara como já vi inúmeras vezes ele fazer? Tantas vezes esbarrei em pessoas normais infelizes e amarguradas. Dudu ama a vida e as pessoas, distribui alegria sem medo de acabar. Vê encanto na simplicidade e ensina que a mente tem o passo mais ligeiro, mas o coração vai mais longe. Penso que ele é superfeliz ao seu modo.

Ele me ensina que o importante é o presente, que tem duração de um instante que passa, que é preciso viver cada momento com intensidade máxima e sonhar sem perder os minutos presentes.

Vivemos em uma sociedade em que se é treinado para não expor a vida íntima a estranhos, embora, com o advento das redes sociais, estejamos passando por uma mudança. Evitamos falar dos problemas e das dificuldades mais profundas como se nos mostrar humanos e verdadeiros nos diminuísse. Preferimos parecer contidos deuses perfeitos aos olhos alheios. E o Dudu nos ensina a leveza da transparência, a beleza da sinceridade e a lindeza da autenticidade. Só crescemos quando nos mostramos por dentro, sem máscaras, sem firulas, com menos roupa. Ele nos ensina sem saber. Sei que é mais difícil para todos aceitarmos o que é diferente, o que foge do padrão. Abençoados os que não têm preconceito, pois nos ajudam a respirar.

Ao escrever este livro, pensei na riqueza do viver e em quantas opções existem. Pensei nos sonhos, na necessidade tão simples e primordial de projetar, de antever a vida de forma sensível, feita de desejo e imaginação. Vez por outra, penso no futuro do Dudu, na ausência de nossos pais. Isso apenas me faz ter a certeza de que ele sempre terá companhia. A caminhada seguirá desconhecida. Com esperança e otimismo enfrentaremos os obstáculos e comemoraremos muitas vitórias juntos.

Como a escritora Cecília Dias muito bem colocou, é fácil amar o perfeito, o belo, o correto. É fácil conviver com a normalidade, conhecida e previsível. Difícil é gostar do desconhecido, do especial, do imperfeito. Mas quando se chega a este amor pleno, percebe-se o privilégio de conquistá-lo. Então, a alma fica repleta de ternura, de bem querer. É uma sensação tão boa que há muito não posso imaginar minha vida sem ela.

Penso que o verdadeiro obstáculo que temos que vencer não é a pessoa ou a síndrome, mas, precisamente, o enorme preconceito que a envolve. Para o Dudu, a amizade não tem distinção. Ele ama igualmente, pois seu amor é incondicional. Por mais que um ser tente alcançar um grau de pureza, nunca conseguirá ser como ele, que é feliz como é. Somos limitados por não entendermos isso. O amor fala mais alto e ele sempre me surpreende quando o assunto é amor.

Temos diversos exemplos de pessoas que conseguiram realizar aquilo que se pensava que não pudessem. Essa realidade deve servir para questionarmos: se hoje elas podem fazer tudo isso, por que antes não podiam? E se hoje podem, será que no futuro não poderão mais? Não podemos mais aceitar como normal quando não aprendem e vemos como uma vitória o pouco que conquistam.

Torcemos para que o Dudu voe alto, sonhe muito. Estarei sempre o observando e aprendendo que quem possui limite são os municípios. Como diz o filósofo Jean Cocteau: "E sem saber que era impossível, ele foi lá e fez".

A ciência já demonstrou que as etnias humanas são muito mais semelhantes entre si do que aparentam ser, porque grande parte da variação que nós vemos entre as mesmas são resultantes de diferenças culturais. Por isso, não podemos, apressadamente, concluir que uma diferença que percebemos na aparência ou jeito de uma pessoa deve-se à diferença na sua constituição genética. Se a diversidade é a regra, por que temos tanta dificuldade em aceitar a diferença?

A inclusão só vai ocorrer se acontecer também em nossos corações, com real vontade de inserir as PCD em nossas vidas, na família, na sociedade. E essa inclusão significa ajudá-los a conquistar a sua cidadania, ensinando-os a cumprir deveres como qualquer cidadão. Somente os governos, a escola, as leis e os profissionais não fazem o milagre da inclusão. Ela só vai acontecer quando aceitarmos a PCD como ela é e não como queríamos que fosse, sem cobranças, sem críticas, sem fugir à realidade. Não podemos exigir direitos sem cumprir deveres.

Compreender é muito mais que aceitar. É acreditar que todo ser humano é limitado, independentemente de ser deficiente ou não, e que todos temos um potencial a ser descoberto. Em uma sociedade competitiva e preconceituosa como a nossa, essa é uma tarefa, no mínimo, difícil. Se, atualmente, falamos muito em inclusão social, não a colocamos em ação porque a verdadeira inclusão acontece no momento em que deixamos a teoria de lado e partimos para a prática, deixando os preconceitos de lado e dando oportunidade para que a PCD mostre sua eficiência.

É triste, ao final desta jornada, constatar que o maior bloqueio ao progresso e inserção das pessoas com deficiência não é o imposto pela genética, mas sim por nós mesmos. Se não permitirmos esta convivência e inclusão, como podemos aprimorar nossa sociedade?

Há quem diga que, num futuro talvez até próximo, a engenharia genética desenvolva-se ao ponto de eliminar a trissomia do cromossomo 21. Porém, não devemos aguardar a ciência para superarmos a nós mesmos e aceitar a conviver com a diferença. Nossos irmãos estão aí. Diferentes sim. Capazes também. Temos que ser os primeiros a acreditar neles. Sem falsas ilusões, inseri-los no contexto de acordo com o seu potencial. Descobrir isso junto com eles é o nosso desafio. Sem pena, ressentimentos ou frustrações. Apenas enxergando suas qualidades e aptidões.

Temos que acabar com os rótulos e começar a enxergar o potencial de cada ser humano, procurando atendê-los de acordo com suas dificuldades, sempre criando possibilidades para o pleno desenvolvimento, dentro da capacidade, possibilidade e vontade de cada um. Como educadores, não devemos nos conformar em avaliar habilidades, destrezas, conhecimentos que o ser humano tem ou não tem ou em que medida os tem. Precisamos nos fixar na evolução do processo e não apenas no resultado final. Quanta evolução o Dudu já nos mostrou!

Colocar-se no lugar do outro é uma postura que pode nos possibilitar posicionamentos mais éticos e de respeito, modificando preconceitos e injustiças, pois sempre que pensamos como nos sentiríamos se estivéssemos no lugar do outro modificamos modos de pensar e agir.

Preconceitos, geralmente, são produtos de nossa ignorância, resultado de nossa postura de pensar a realidade a partir daquilo que conhecemos e vivenciamos, sem pensar em outros aspectos, sem avaliar o que os outros podem sentir. Que possamos, portanto, evoluir e compreender essa realidade que o Dudu tanto nos ensina: todos somos diferentes, mas devemos ter oportunidades iguais. Como nos ensina o filme "Do luto à luta", quando os bebês começam a andar, nós os chamamos para caminhar. Ter um parente ou amigo com deficiência é um chamado para nos conhecer melhor e nos aprimorar como ser humano. Sabemos que nem todas as pessoas têm obrigação de aceitar as PCD, mas respeitá-las é o mínimo que se espera.

Digo que o meu irmão me trouxe para uma nova realidade. Deu à minha vida um sentido especial. Com ele consegui ver o mundo com um olhar mais humano. Dudu me permite evoluir, pois me faz questionar sobre nosso papel no mundo. As oportunidades são dadas. Cabe a nós aproveitá-las. Para mim não é possível viver são sem um sentido para a vida. Isso é deixá-la passar em branco. Dudu foi a maior oportunidade que eu tive para desenvolver e reconhecer as minhas próprias forças e fraquezas.

Como acompanhei toda a trajetória de vida do meu irmão, sei de alguns de seus sofrimentos, de suas dificuldades e de suas superações e lutas. Fizemos o que todos deveriam ter feito. Nada mais, nada menos do que dar amor, essa palavrinha mágica que só funciona se for de verdade. Amor não se finge, não se acha, nem se compra. Simplesmente se ama ou não.

Como não poderia deixar de ser, e antes de finalizar o livro, convido os leitores que tiveram a oportunidade de ler até aqui para ver os vídeos dele que constam no Youtube e no nosso site www.manodown.com.br, bem como escutar o DVD dele que está no

https://www.youtube.com/watch?v=rCbdoFBcTL4 .

Ter um irmão com Down, para alguns, pode ser um grande trauma. Obviamente nos causa muitas perguntas, principalmente sobre nossos valores e sentido da vida. Por ter esta oportunidade, agradeço imensamente, primeiramente aos meus pais e especialmente ao Eduardo. Obrigado, sempre.

Com esta iniciativa do livro, gostaria de ressaltar o exemplo do Dudu. Convoco todos a entrar em seu mundo e ver que, além de sua aparência tão marcada pela síndrome, estão seus medos, seus conflitos, seus desejos e, quem sabe, possamos ver o que talvez não esperávamos: que seus sentimentos são tão semelhantes aos nossos. Quem sabe agora, após contar esta história, quando encontrarmos pessoas com deficiência na rua possamos fixar nosso olhar não na síndrome que o faz ser diferente, mas nos empenhemos em nos questionar: quem está aí?

Ninguém é igual a ninguém. Por isso, somos autênticos e únicos.

Dudu me ensinou o mais importante na vida, nunca deixar de demonstrar nossos sentimentos aos que amamos. Foi esse ensinamento que tentei demonstrar neste livro.

MÍDIA MANO DOWN

Leonardo e Eduardo Gontijo

O AMOR E A MÚSICA COMO FORMAS DE SUPERAÇÃO

Mano
Down

“O AMOR SÓ É LINDO QUANDO ENCONTRAMOS ALGUÉM QUE NOS TRANSFORME NO MELHOR QUE PODEMOS SER.”

Mário Quintana

Artistas e personalidades com quem Dudu já tocou e encontrou:

Adriane Galisteu
Aline Calixto
Arlindo Cruz
Auzier
Bárbara Evans
Bruninho (vôlei)
Bruno Soares (tenista)
Chico Buarque
Cidade Negra
Dean Rodney (projeto paraolimpíadas)
Diogo Nogueira
Eliane Brum (escritora)
Fernando Ângelo
Fernando Meligeni (tenista)
Antonio Anastasia (ex-governador)
Hamilton de Holanda
Haroldo (banda Skank)
Jairo Marques (jornalista)
Jorge Aragão
Luan e Victor (Atlético-MG)

Mandruvá
Márcia Tiburi
Marco Túlio (Banda Jota Que
Jakelyne Oliveira (Miss Brasi
MPB4
Oba Oba Samba House
Parreira e Felipão
Paula Pimenta (escritora)
Paulinho da Viola
Pollyana Aguiar
Portela - Show da Marrom
Rogério Flausino
Romário
Ronaldinho Gaúcho
Suzana Vieira
Thiago Delegado (músico)
Tite (lutador)

MANO DOWN NA MÍDIA

Acessifest
Barbacena com a Banda Via Láctea
Barbacena no Plaza Shopping
Bienal do Livro MG
Campinas
Casa São Jorge
Casa São Jorge Campinas
Chalezinho
Chevrolett Hall
Clube do Choro Brasília
Clube Recreativo
Colégio São Tomaz de Aquino
CREA
Expominas
Feira do Livro Ipatinga
Fundação Síndrome de Down Campinas
Gamboa SP
Garota Carioca
Hard Rock Café
Hospital Modelo CAISM Campinas
Maxiline Brasil
Museu Abílio Barreto
Museu Inimá de Paula
Observatório
Ouro Preto
Pedacinho do Céu
Pimenta de Ávila
Abertura do novo Mineirão
Praça do Coco – Campinas
Quadra da Portela Alcione
Recife
Ribeirão Preto
Rio de Janeiro
Rio Pomba
Rio Scenarium
Senado Federal
Sesc Chorinho
Shopping Falls em BH
Shopping Montes Claros
Teatro Alterosa
Três lagoas - Mato Grosso do
Ubá
Unicamp
Vallourec Cultural

MANO DOWN NA MÍDIA

Estado de Minas
Pampulha
Jornal Leia Agora
Folha de S. Paulo

EM CULTURA

A VOLTA POR CIMA DE
MANO DOWN

CAVAQUINISTA DE 24 ANOS REJEITADO NA INFÂNCIA EM
17 ESCOLAS POR CAUSA DE SUA SÍNDROME, DUDU DO
CAVACO SE PREPARA PARA LANÇAR SEU PRIMEIRO CD,
TEM INSTRUMENTO AUTOGRAFADO POR CHICO BUARQUE
E ACALENTA O SONHO DE TOCAR PARA ROBERTO CARLOS

JORNAIS

MANO DOWN NA MÍDIA

vista
vista Exclusive
ja BH
vista Viver Brasil
vista Impacto
vista Incluir
vista Alphaville de Campinas

de 2011 Viver

LIDARIEDADE

or de
ceria:
stória
proje-
MANO
WN

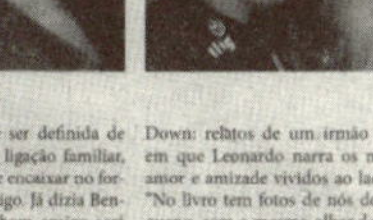

Campos

irmão pode ser definida de
iras. Além da ligação familiar,
mbém pode se encaixar no for-
o adjetivo amigo. Já dizia Ben-
lin que "um bom amigo será
o um bom irmão". E quando
resume esses dois significa-
não e amigo? Pois é assim com
Eduardo Gontijo.
, esses dois personagens mos-
mente para o mundo que o
m fronteiras para as diferen-
uais forem. Com esse apren-
e Dudu (como são chamados
e pelos amigos) construíram o
o Down, vislumbrando a auto-
duardo, que tem síndrome de
ação genética produzida pela
um cromossomo a mais no
m ele tornou-se mais amplo,
não só a vida do Dudu, mas de

Down: relatos de um irmão apaixonado", em que Leonardo narra os momentos de amor e amizade vividos ao lado do irmão. "No livro tem fotos de nós dois desde pequeno, com o mesmo olhar de cumplicidade. A diferença da nossa idade é de quase 13 anos, e quando o Dudu nasceu fiquei um pouco confuso, mas rapidamente descobri um novo mundo. Conviver com meu irmão é motivo de muito orgulho, admiração e aprendizado. Nossa ligação é muito forte e nossa cumplicidade é percebida rapidamente por todos. Nossa troca de olhares diz tudo", relata Leonardo.

Dudu continua progredindo tanto que seu trabalho e talento musical já são reconhecidos em Minas Gerais e outros lugares do Brasil. O Dudu do Cavaco, além da sua carreira solo, também é um dos destaques da banda mineira Trem das Onze. Ele também sabe tocar pandeiro, dominando rodas de

e fui fazer as aulas com os meus professo
de música Hudson Brasil e Pablo. São vár
os artistas que me inspiram, porque eu s
eclético. Chico Buarque é um deles. Além
música, faço teatro e dança contemporân
comenta Dudu. Seu repertório é compo
por mais de 30 músicas de samba e MI
tudo isso compartilhado em seus shows.
É a experiência de ver o mundo c
um olhar mais humano e alegria e o am
de dois irmãos que todos os dias aprend
um com o outro. "Hoje sou conhecido p
ser irmão do Dudu do Cavaco. Os c
mossomos não possuem a última palav
e muitas vezes são nas curvas da vida q
aprendemos a amar. Basta apenas que
aprender com as surpresas que a vida r
reserva. Com o Dudu aprendi a respeita
diversidade e acreditar sempre em nos
sonhos", disse Leonardo.

Inclusão tem preço

Escolas particulares – e públicas – obrigam pais de crianças com deficiência a pagar um profissional para acompanhar os meninos na sala de aula. A cobrança é ilegal e disseminada

Thais Lazzeri

Simone Cruz visitou quase uma dezena de escolas para matricular os filhos, Manuela, de 11 anos, e Gabriel, de 8. Manuela tem síndrome de Down. Gabriel tem atraso mental – ainda hoje, não fala. "Tudo é motivo de angústia para o pai de uma criança com deficiência", diz Simone. Na primeira escola particular, a equipe não se preparou para receber Manuela. Sem estímulos adequados, a menina não teve evolução. "Olhavam para minha filha como se ela fosse uma coitada." Na segunda, um caso de constrangimento de um aluno com Down – o garoto foi entregue aos pais sujo de urina e fezes – fez Simone desistir da escola. Na terceira, a filha não se adaptou. Agora, os irmãos estudam no Colégio Fernandes Vidal, uma escola de classe média na Ilha do Governador, no Rio de Janeiro. Por cinco anos, o custo dos profissionais de cada um dos filhos de Simone era bancado pela escola, como prevê a lei. Com o aumento do número de crianças com deficiência, diz Simone, a coordenação repassou a cobrança de um dos profissionais para Simone – além das duas mensalidades, cerca de R$ 500 cada uma. "Como consumidora, entendo os argumentos da escola. Como mãe, sinto que, ao assumir o custo, é como se a profissional fosse a única responsável pelo desenvolvimento da Manu. Estão dando conteúdo do 1º ano para ela, sendo que a Manu está no 3º." A escola afirmou desconhecer a lei que obriga a contratar o profissional de apoio. Diz que Simone tem desconto nas mensalidades para custear esse pagamento.

Obrigar pais a contratar um funcionário para acompanhar o filho dentro da escola é contra a lei. Um decreto de 2014 determina aplicação de multa em caso de descumprimento. Das 20 famílias ouvidas para a reportagem, todas foram discriminadas por escolas na busca por vagas – "já alcançamos a cota de deficientes", ouviu uma mãe. Poucas quiseram se identificar e expor o problema, por medo de o filho sofrer preconceito ou algum tipo de retaliação em sala de aula. Metade teve a oferta da matrícula condicionada à contratação, com recursos próprios, do profissional de apoio. "Não aceitar a matrícula ou negociar a entrada com pagamentos extras são atos discriminatórios e devem ser punidos", diz Martinha Clarete, diretora de Políticas de Educação Especial do Ministério da Educação (MEC). O senador Romário Faria (PSB-RJ) publicou neste ano um projeto de lei (45/2015) que proíbe a já ilegal cobrança de taxa adicional para matrícula de alunos com deficiência. O

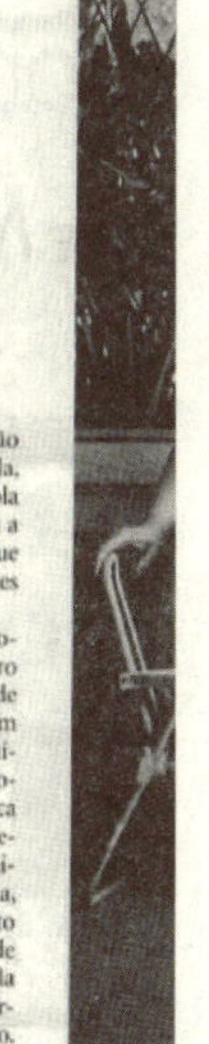

REVISTA

RAC Campinas
TV VERDADE
JORNAL DA RECORD NACIONAL
CBN
TV XUXA
BH NEWS
ARTE NO AR
TV PUC
TV Horizontes
Serginho Groisman
TV Uni BH
Simplesmente SBT
TV Ester Assumpção
Rede Minas
Brasil das Gerais
TV Câmara
Programa Espaço PUC
Rede Super
TV UFMG
Globo Esporte

CLIPES DE QUE PARTICIPOU

Dentro de um abraço – Jota Qu
Ser Diferente é Normal

PROGRAMAS DE T

MANO DOWN NA MÍDIA

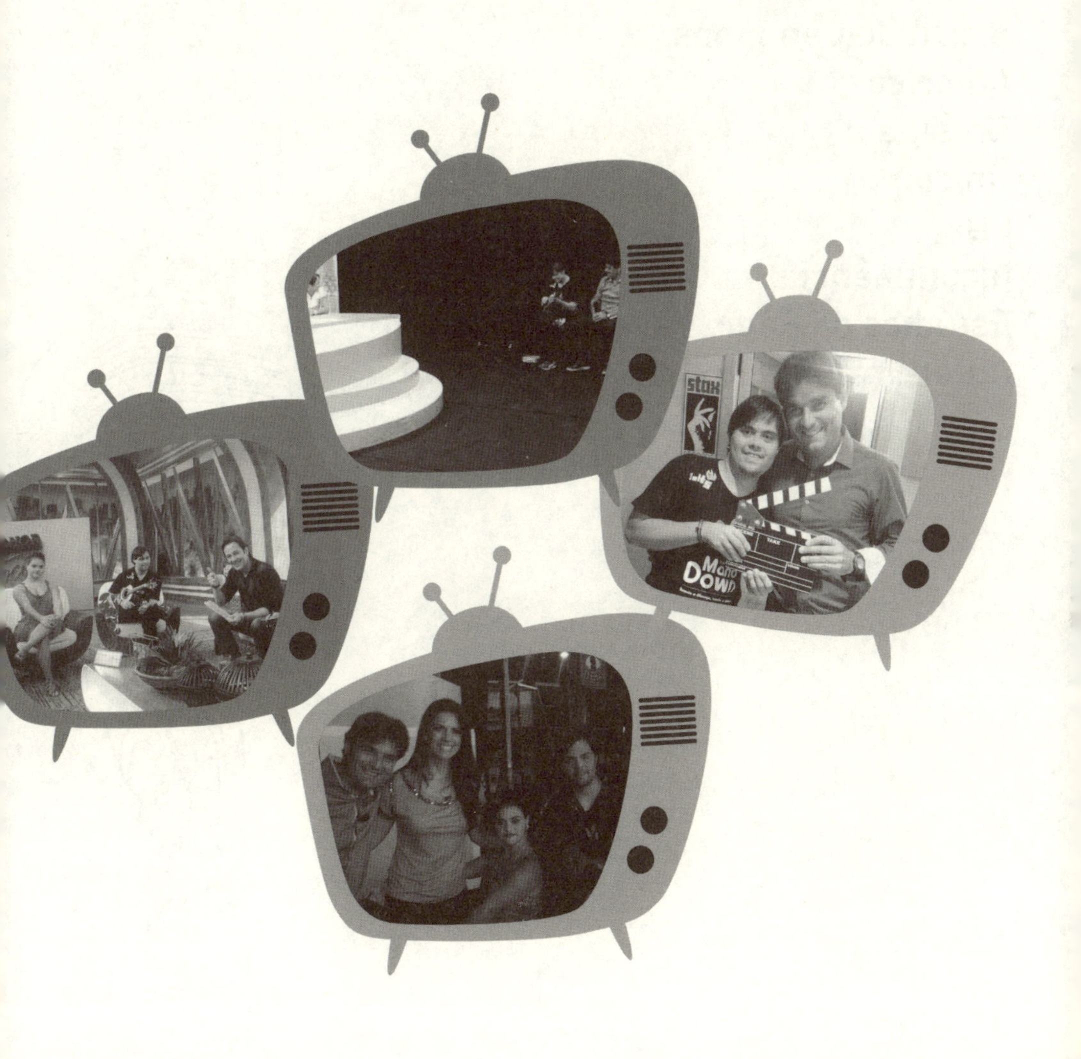

Brasil de Campinas
América
Brasília
Unicamp
CBN
Inconfidência
Estúdios da Rádio Favela
Autêntica FM 106,7

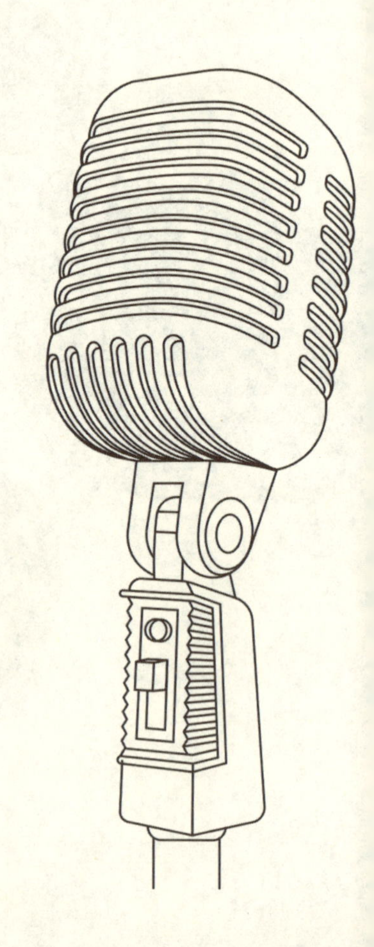

RÁDIO

MANO DOWN NA MÍDIA

ortal Terra
atraca Livre
inas Inova

SITES

Imagem de capa: freepik.com

Mais informações:
31 9613-9566 (Leonardo) 31 9128-8340 (Carolina)
email: gontijo.leonardo@gmail.com | facebook.com/leonardogontijo

www.manodown.com.br